Kano
NIGERIA

Minna
NIGERIA

agos
IGERIA

Kinshasa
KONGO

Nairobi
KENIA

Moshi
TANSANIA

Dar Es Salaam
TANSANIA

Luanda
ANGOLA

Kitwe
SAMBIA

Pemba
MOSAMBIK

Lubango
ANGOLA

Nampula
MOSAMBIK

Livingstone
SAMBIA

Gaborone
BOTSWANA

Windhuk
NAMIBIA

Maputo
MOSAMBIK

Johannesburg
SÜDAFRIKA

DER UNTERSCHÄTZTE KONTINENT

Bettina Gaus

DER UNTERSCHÄTZTE KONTINENT

Reise zur
Mittelschicht
Afrikas

1. Auflage 2011

© Eichborn AG, Frankfurt am Main, September 2011
Umschlaggestaltung: Christina Hucke
Lektorat: Carmen Kölz
Ausstattung, Typografie: Susanne Reeh
Satz: Fotosatz Amann, Aichstetten
Druck und Bindung: CPI – Clausen & Bosse, Leck
ISBN 978-3-8218-6517-1

Eichborn Verlag, Kaiserstraße 66, 60329 Frankfurt am Main
Mehr Informationen zu Büchern und Hörbüchern aus dem Eichborn Verlag
finden Sie unter www.eichborn.de

Für Stanley

Inhalt

Einleitung

Eine Reise durch 16 afrikanische Länder, überwiegend mit öffentlichen Verkehrsmitteln, wird in diesem Buch beschrieben. Um die Lebensbedingungen der Mittelschicht geht es dabei vor allem – also um jenen Teil der Bevölkerung, zu dem auch ich gehöre. Ich habe unterwegs viel Neues gelernt und erfahren. Aber eigentlich hat meine Reise durch Afrika schon vor fast 30 Jahren begonnen.

1982 flog ich zum ersten Mal dorthin, genauer: nach Kenia. Mein damaliger Freund und späterer Ehemann, den ich beim Studium in München kennengelernt hatte, wollte mir seine Heimat zeigen. Obwohl er mir viel darüber erzählt hatte, waren meine Vorstellungen vage. Ich wusste, dass er aus einer Kleinbauernfamilie stammte, das älteste von sieben Geschwistern war und dass er seine Ausbildung verschiedenen Stipendien verdankte. Aber was bedeutete das konkret für die Lebensumstände seiner Familie? Keinesfalls wollte ich den Eindruck erwecken, überhöhte Ansprüche zu stellen oder nicht anpassungsfähig zu sein. Also erkundigte ich mich nur sehr vorsichtig, ob es denn dort, wo wir wohnen wollten, Strom geben würde. Und fließendes Wasser. Irgendwann reagierte Stanley gereizt: »Ich werde dich nicht in einen Slum bringen.«

Wohin dann? Ich hatte keine Bilder von Afrika im Kopf, die nicht entweder mit schrecklichem Elend oder mit obszönem Luxus verknüpft waren. Die erste Überraschung nach unserer Ankunft: wie unspektakulär mir die Bedingungen erschienen, unter denen wir lebten. Wir wohnten drei Monate lang in der Hauptstadt Nairobi bei zwei unverheirateten Brüdern von Stanley, von denen einer als Sportjournalist arbeitete, der andere als

Angestellter in der Zweigstelle eines internationalen Konzerns. In der Dreizimmerwohnung im Erdgeschoss eines mehrstöckigen Mietshauses gab es fließendes Wasser – allerdings nur kaltes –, Strom, Telefon, einen Gasherd, eine ockerfarbene Polstergarnitur. Einen Kühlschrank gab es nicht, ein Fernseher wurde erst einige Jahre später angeschafft. Der Lebensstandard der beiden Männer, die damals Mitte 20 waren, unterschied sich nicht grundlegend von dem Studentenleben, an das ich gewöhnt war, und auch die Fragen, die sie beschäftigten, waren mir vertraut. Politik und persönliche Zukunftsvorstellungen – darüber konnte ich sowohl in München als auch in Nairobi diskutieren.

Ganz anders als alles, was ich bis dahin kannte, war allerdings die schlechte Infrastruktur. Auf dem Parkplatz, der von mehreren Mietshäusern umgeben war, türmte sich der Müll, der eigentlich von der Stadtverwaltung hätte entsorgt werden sollen. Busse verkehrten selten. Private Sammeltaxis – Matatus genannt –, die bis heute das Rückgrat des öffentlichen Verkehrs in Nairobi bilden, waren regelmäßig überfüllt und selten verkehrssicher. Der Anblick einer Polizeistreife bot stets Anlass zur Besorgnis. Irgendeinen Grund würden die Beamten schon finden, um ein wenig Geld aus Passanten herauszupressen, die sich keiner Schuld bewusst waren. Verlässliche staatliche und kommunale Dienstleistungen gab es nur wenige.

Die Sicherheitslage war damals in der kenianischen Hauptstadt noch nicht so schlecht wie heute. Über die Jahre hinweg konnte ich die Aufrüstung im privaten Bereich verfolgen. Bei meinem ersten Besuch gelangte man durch eine einfache Holztür in die Wohnung. Das nächste Mal, zwei Jahre später, waren die Fenster vergittert und ein eisernes, abschließbares Gitter vor der hölzernen Tür sicherte den Eingang zusätzlich. Wiederum zwei Jahre später war das Gitter durch eine massive Metalltür ersetzt worden. Dennoch wurde danach mehrfach in die Wohnung eingebrochen. Die sozialen Gegensätze in Kenia haben sich in den letzten Jahrzehnten beständig verschärft. Das bleibt nicht folgenlos.

Stanleys Brüder wollten mit dem Versuch, die Wohnung zu schützen, das Versagen öffentlicher Institutionen durch private

10

Initiative ausgleichen. Ein kleines Beispiel für eine – weltweit – typische Verhaltensweise der Mittelschicht. Also des Teils der Bevölkerung, der weder vermögend und einflussreich genug ist, um dem eigenen Land bei Bedarf mühelos den Rücken kehren zu können, noch so arm und ohnmächtig, dass es ohnehin aussichtslos zu sein scheint, die eigene Umgebung stabilisieren zu wollen. Was im Kleinen gilt, gilt auch im Großen. Die afrikanische Mittelschicht ist es, die verhindert, dass dieser schlecht verwaltete und oft chaotische Kontinent flächendeckend zum Rückzugsgebiet von Terroristen wird, zur unkontrollierten Giftmüllhalde, zur Geldwaschanlage, zum Versuchslabor für wissenschaftliche Experimente. Ausländische Mächte und Organisationen können eine positive oder eine negative Entwicklung befördern. Aber für jede Form der dauerhaften Stabilität wird eine ortsansässige Bevölkerung gebraucht, die ein eigenes Interesse an möglichst angenehmen, sicheren Lebensverhältnissen hat.

Ob es eine Mittelschicht in Afrika denn überhaupt gebe, wurde ich in Deutschland regelmäßig gefragt, wenn ich von meiner Absicht erzählte, die Lebensbedingungen dieses Teils der Bevölkerung in der Region südlich der Sahara zu erzählen. Obwohl ich mich gut daran erinnere, dass ich vor meiner ersten Reise nach Afrika ähnliche Fragen hatte, habe ich irgendwann aggressiv reagiert und gesagt, nein, natürlich gebe es eine Mittelschicht dort nicht. Die Afrikaner hockten noch immer auf den Bäumen, es gebe keine Rechtsanwälte, Ärztinnen, Verwaltungsbeamte, Lehrerinnen, Unternehmer. Nur Krieg und Elend – und viele barmherzige, ausländische Helfer, die versuchten, die Not zu lindern.

Selbstverständlich fördert eine derart hochfahrende Antwort ein sachliches Gespräch nicht gerade. Aber auch in der Frage verbirgt sich ein gerüttelt Maß an – möglicherweise unbewusster – Arroganz. Afrikaner sind arme Opfer, meistens, oder gelegentlich böse Täter: korrupt, gewaltbereit, gewissenlos. Jedenfalls in der Wahrnehmung der überwältigenden Mehrheit der deutschen Bevölkerung. Allenfalls leben in Afrika noch einige naivfröhliche Menschen, deren überschäumende Lebensfreude man daran erkennt, dass sie gerne tanzen. Vorzugsweise in der Nähe von Touristenhotels und in Maasai-Tracht.

11

Die Realität hatte und hat mit diesem Zerrbild wenig zu tun. 1982 nicht und heute nicht. Gäbe es in Afrika nicht wie überall sonst auf der Welt eine ehrgeizige Mittelschicht: Kein Staat hätte sich als Touristenziel etablieren können oder als lohnenden Absatzmarkt für hochwertige Industrieprodukte. Nur etwas mehr als fünf Prozent der afrikanischen Bevölkerung südlich der Sahara leben UN-Angaben zufolge in einem Kriegsgebiet oder in einer Krisenregion. Anders ausgedrückt: 95 Prozent tun das nicht. Es ist verlockend, »die Medien« und die Sensationsgier von Journalisten dafür verantwortlich zu machen, dass sich das nicht herumgesprochen hat. Eine derartige Schuldzuweisung wäre jedoch allzu einfach, wie ich aus Erfahrung weiß.

1989 zogen Stanley und ich mit unserer kleinen Tochter, die zwei Jahre zuvor zur Welt gekommen war, nach Nairobi. Obwohl unsere Ehe nach einigen Jahren scheiterte, blieb ich bis 1996 dort und arbeitete als Korrespondentin der *taz* für Ost- und Zentralafrika. In die Zeit meines Aufenthaltes fielen, unter anderem: der Bürgerkrieg, die Hungersnot und die ausländische Militärintervention in Somalia. Der Zerfall des Kongo, der damals noch Zaire hieß. Der Krieg im Sudan, der inzwischen in die Teilung des Landes mündete. Der Bürgerkrieg in Burundi, der Sieg der Rebellenbewegungen in Äthiopien und Eritrea. Und der Völkermord in Ruanda.

Wer damals von Nairobi aus als Reporterin unterwegs war, wurde zur Kriegsberichterstatterin. Das war unvermeidlich, und ich hielt und halte es für richtig, über Krisen und Kriege ausführlich zu berichten. Opfer haben einen Anspruch darauf, dass der Rest der Welt ihr Schicksal wenigstens zur Kenntnis nimmt. Die gelegentlich in bester Absicht erhobene Forderung, man dürfe doch auch »das Positive« in Afrika nicht übersehen, hat einen herablassenden Beigeschmack. Wenn in der Toskana plötzlich ein Bürgerkrieg ausbräche, dann würde die *Tagesschau* genau das zum Thema machen und nicht ein gleichzeitig stattfindendes Musikfestival in Rom. Es gibt keinen Grund, den Nachrichtenwert von Ereignissen in Afrika an anderen Maßstäben zu messen als im Rest der Welt.

Das allerdings bedeutet, dass undramatische Informationen über die Lage in Ländern südlich der Sahara und über deren

Bewohner spärlich sind. Da weder in wirtschaftlicher noch in strategischer noch in politischer Hinsicht die Entwicklungen in diesem Teil der Erde für Deutschland von vergleichbar großer Bedeutung sind wie Ereignisse in Europa, in den USA und in Teilen Asiens, wird Afrika in den meisten Medien nur sehr begrenzter Raum gewährt. Was dazu führt, dass jene Leute unsichtbar bleiben, die dafür sorgen, dass der Kontinent bewohnbar bleibt. Also zum Beispiel eine Frau wie meine Freundin Joyce Oneko. Ohne sie wäre es mir vermutlich nie gelungen, in Nairobi heimisch zu werden. Regelmäßig trafen wir uns in der ersten Zeit, als ich dort lebte, zum Mittagessen, und ebenso regelmäßig fragte sie: »Na, was hat dir mein Land jetzt wieder angetan?« Dann schimpfte ich eine Stunde lang über die abscheuliche Infrastruktur, über Löcher im Dach, über schlechte Straßen und über alles, was mir sonst so einfiel. Joyce hörte verständnisvoll zu, gab mir in allem recht – das ist wichtig in einer solchen Situation –, und ich ging jedes Mal hoch befriedigt und viel besser gelaunt weg, als ich hingegangen war.

Die Mutter von vier Kindern kann auf einen Lebensweg zurückblicken, der sich als leuchtendes Beispiel für die Bereitschaft eignet, Verantwortung zu übernehmen – sowohl für sich selbst wie für andere. Im Alter von 40 Jahren begann die Sekretärin ein juristisches Fernstudium. Inzwischen ist sie 57 und verdient ihren Lebensunterhalt als Rechtsanwältin in Nairobi. Immer größere Bedeutung aber nimmt in ihrem Leben eine andere Aufgabe ein: In Ujoma, der Heimatregion ihres Mannes Mike am Viktoriasee, hat sie eine Hilfsorganisation gegründet, die sich um vernachlässigte Kinder kümmert und um Aids-Aufklärung für junge Mädchen bemüht.

Alles begann 1997 mit einer Veranstaltung, die eigentlich als einmalige Initiative geplant gewesen war. Die Gegend um den Viktoriasee hat eine besonders hohe Rate von HIV-Infektionen. Das liegt unter anderem daran, dass auf die Schulbildung der Mädchen traditionell in vielen Familien nur geringer Wert gelegt wird:»›Wenn du ein Mädchen ausbilden lässt, dann ist es so, als würdest du das Feld von jemand anderem bewässern‹, hat ein Vater einmal zu mir gesagt«, erzählt Joyce entrüstet.

13

Ohne Ausbildung sinken die ohnehin schlechten Chancen der jungen Mädchen auf einen bezahlten Arbeitsplatz noch weiter. Die Versuchung ist groß, durch sexuelle Gefälligkeiten an ein bisschen Bargeld oder wenigstens an kleine Geschenke zu kommen – und die Gelegenheit ist gerade in kenianischen Dörfern am Viktoriasee günstig, wo Fischer aus weit entfernten Gegenden landen, sogar aus den angrenzenden Ländern Tansania und Uganda. Ein typisches Phänomen. Auch entlang der Pisten für grenzüberschreitenden Lkw-Verkehr ist die HIV-Durchseuchung überproportional hoch.

Joyce und Mike wollten seinerzeit eigentlich nur über die Gefahren von Aids aufklären, die in ihrer dörflichen Heimat damals unterschätzt wurden. Sie glaubten, dass Aufklärung in der lokalen Sprache Luo und vorgetragen von respektierten Mitgliedern der Gemeinde eine größere Wirkung erzielen könnte als alle noch so schönen Schaubilder internationaler Organisationen. Sie behielten recht. Aber sie hatten einen Sturm entfacht.

Mütter kamen auf Joyce zu und erklärten, Aufklärung sei wenig sinnvoll, solange es keine Möglichkeit gebe, Geld für die Schulgebühren ihrer Töchter aufzutreiben. Also suchte Joyce nach Einkommensmöglichkeiten für neue Frauenorganisationen. Manche Versuche scheiterten – »der Markt für gefärbte Stoffe war auf lokaler Ebene zu klein und außerhalb dieser Ebene zu schwer zu erobern« –, andere Versuche, wie der Anbau bestimmter Gemüsesorten auf gemeinsam bewirtschaftetem Land, waren, zumindest einigermaßen, erfolgreich.

Viel Geld hatten damals weder Joyce noch Mike. Sie verdiente als Sekretärin umgerechnet etwa 350 Euro im Monat, er mit freiberuflicher Beratertätigkeit ungefähr dasselbe. Eines Tages kamen vier Kinder, die sie noch nie gesehen hatten, auf ihr Grundstück in Ujoma. Die beiden älteren trugen die beiden jüngeren Geschwister auf dem Rücken, von denen eines sehr krank zu sein schien. Die Mutter war drei Monate zuvor gestorben. »Ganz offensichtlich waren die Kinder hungrig, und wir haben ihnen etwas zu essen gegeben. Der eine Junge war so schwach, dass wir dachten, er würde vor unseren Augen sterben. Aber nachdem er gegessen hatte, wollte er Ball spielen.«

Wie sollten die Kinder überleben? »Wir sagten ihnen: Kommt zurück, wenn ihr hungrig seid, wir geben euch Brei.« Innerhalb einer Woche waren es 17 Kinder, die in der Hoffnung auf Essen kamen. »Dann haben wir eine Kindertagesstätte gegründet.« Heute bekommen bei *Mama na Dada,* so der Name der Organisation, mehr als 40 Kinder eine warme Mahlzeit am Tag, eine Dusche, Fürsorge. Viele der Kinder sind Waisen, deren Eltern an Aids gestorben sind, andere kommen aus Familienverhältnissen, die aus anderen Gründen schwierig sind.

Eigentlich hatte Joyce gehofft, dass es ihr gelingen würde, eine Altersbegrenzung nach oben durchzusetzen – nämlich bis zum Beginn des Schulbesuchs. »Dann zeigte uns ein Mädchen, das seit Jahren bei uns gewesen war, stolz am Tag der Einschulung die Schuluniform, bevor es sich ganz selbstverständlich für das Mittagessen anstellte. Hätte ich sagen sollen: ›Jetzt bist du ein Schulkind, jetzt bekommst du nichts mehr zu essen‹?« Natürlich sagte Joyce das nicht. Inzwischen werden also auch Schulkinder in der Tagesstätte versorgt. Was andererseits bedeutet: die Warteliste für *Mama na Dada* wird immer länger.

Um als nichtstaatliche Organisation behördlich anerkannt zu werden, mussten Voraussetzungen erfüllt werden: »Zum Beispiel getrennte Toiletten für Kinder und Erwachsene«, berichtet Joyce. »Außerdem mussten wir sicherstellen, dass wir Jungen und Mädchen getrennt duschen. Wir reden von Dreijährigen! Und zwar von Dreijährigen, die zu Hause überhaupt keine Körperhygiene kennenlernen und im Busch aufs Klo gehen.« Sie fand die Anforderungen absurd – aber sie sorgte dafür, dass sie erfüllt wurden. Die Anerkennung der Organisation erleichtert es, Spenden zu sammeln, die dringend gebraucht werden.

Ist all das ein wunderbares Beispiel für nachhaltige Entwicklungshilfe? Nein. Ganz und gar nicht. »Ich ernähre Kinder, die sonst nichts zu essen hätten. Nicht mehr, nicht weniger. Mit Nachhaltigkeit hat das nichts zu tun. Manchen schenke ich allerdings vielleicht Kindheitserinnerungen«, sagt Joyce. Möglicherweise hört es sich kitschig an, es ist aber wahr: Genau in diesem Augenblick, in dem Joyce das sagt, ist lautes, quietschendes Lachen aus der Kindertagesstätte zu hören. Vermutlich werden nicht alle, die da lachen, das Erwachsenenalter erreichen – viele der betreuten Kinder sind HIV-positiv. »Mir reicht es, wenn ich einem HIV-positiven Kind ein paar schöne Erlebnisse beschere. Wenn wir gar nichts anderes zuwege brächten, dann fände ich *Mama na Dada* immer noch eine sehr sinnvolle Einrichtung.« Ich auch.

In der Familie von Joyce hat Hilfsbereitschaft eine lange Tradition. Ihre Mutter bringt derzeit elf Kinder verstorbener Familienmitglieder durch. Irgendwie. Joyce selbst hat es geschafft, für acht Kinder aus der Verwandtschaft die Schulgebühren zu zahlen – neben den vier eigenen, versteht sich. Ich bin stolz, Joyce zu kennen, und stolz darauf, dass sie mich eine Freundin nennt. Aber in der öffentlichen Wahrnehmung des afrikanischen Kontinents in Deutschland bleibt eine Frau wie sie eben unsichtbar.

Unsichtbar bleibt auch ein Mann wie Michael Mwandwa, seit 2008 Rektor einer Schule im Slum von Gentiana in Nairobi. Der 37-Jährige bringt ausgezeichnete Voraussetzungen für seinen Posten mit – eine besondere Mischung aus Mitgefühl und Härte, die man vielleicht nicht erlernen kann, sondern die sich aus der eigenen Biografie heraus entwickelt haben muss. »Wir wollen unsere Schüler mit den grundsätzlichen Fähigkeiten ausrüsten, überleben zu können«, sagt Mwandwa. Etwa die Hälfte der Absolventen schaffe es auf weiterführende Schulen, die anderen gingen aufs Land zurück – oder sie tauchten im Slum unter und seien unauffindbar. Für eine Schule in dem Elendsviertel einer afrikanischen Großstadt ist das eine ziemlich bemerkenswerte Erfolgsrate. Zumal sich die Lehrer nicht auf die Unterstützung der Familien ihrer Schüler verlassen können.

Viele Eltern kaufen weder Uniformen noch Schreibmaterial für ihre Kinder. Sie kommen auch nicht zu den Elternsprechtagen. »Wenn du ein Kind solcher Eltern vorübergehend von der Schule suspendierst, dann kommt es zwei Monate lang nicht zurück. Weil es den Eltern einfach egal ist, ob Sohn oder Tochter zum Unterricht gehen«, erzählt der Schulrektor.

Michael Mwandwa ist in einem Dorf geboren, das etwa hundert Kilometer südwestlich von Nairobi liegt. »Ich kann mich nicht an eine Zeit erinnern, in der ich nicht gewusst hätte, dass ich anders aussehe. Schon im Alter von vier Jahren habe ich die Hautfarbe meiner Hand mit der meines Bruders verglichen«, sagt er. Seine Hand war im Vergleich immer sehr, sehr hell.

Der Schulrektor ist ein Mann mit Albinismus, ebenso wie zwei weitere seiner sechs Geschwister. Was bedeutet: Er leidet unter einer Pigmentstörung, die neben anderen gesundheitlichen Problemen eine erhebliche Kurzsichtigkeit und Schwerhörigkeit mit sich bringt, außerdem eine deutlich erhöhte Gefahr, an Hautkrebs zu erkranken. Zwei Flaschen Sonnencreme verbraucht er im Monat, um sich davor zu schützen. Jede Flasche kostet in Nairobi umgerechnet etwa 18 Euro. »Ich muss sie selbst dann benutzen, wenn es bewölkt ist«, erklärt er.

Sogar in geschlossenen Räumen braucht Michael Mwandwa eine Kopfbedeckung. »Ich weiß nicht, ob ich meine Kappe aufbehielte, wenn ich den Präsidenten träfe. Aber vielleicht würde ich gar nicht merken, dass ich sie aufhabe. Sie ist schon zu einem Teil von mir geworden.«

Als er ein Kind war, wollten die Eltern nicht, dass er in die Dorfschule oder zum Markt ging, weil ihn dort immer alle anstarrten: »Das war ja auch sehr unangenehm. Wenn meine Großmutter sich mit mir auf der Straße zeigte, dann wurde sie ausgelacht.« Immerhin: Der Aberglaube, dem zufolge Menschen mit Albinismus Glück bringende Kräfte besitzen, ist in seiner Heimatregion nicht verbreitet. Er musste also nicht befürchten, dass er – wie Leidensgenossen in Tansania – ermordet werden würde, damit aus seinen Organen vielversprechende Zaubermittel hergestellt werden konnten.

Das Leben von Michael Mwandwa verlief normaler. Im Alter von vier Jahren wurde er auf eine 300 Kilometer entfernte Missionsschule geschickt – eine Blindenschule. Auch die Oberschule, die er einige Jahre später besuchte, war ursprünglich nur für Blinde gegründet worden. Mwandwa liegt daran, zu betonen, dass er das im Rückblick nicht für einen Nachteil hält. Beide Schulen seien ausgezeichnet gewesen und hätten ihm den Zugang zur Universität eröffnet. Dort war er dann allerdings der einzige Mensch mit Albinismus unter 3000 Studenten. »Eine Freundin zu finden war schwierig.«

Irgendwann fand Michael Mwandwa doch eine Freundin – und später auch eine Frau, mit der er heute eine 3-jährige Tochter hat. Seine Lebensgeschichte ist weder dramatisch noch tragisch. Nur ein bisschen schwieriger als die Biografie anderer Leute. Das genügt nicht, um Aufmerksamkeit in deutschen Medien zu erregen.

Auch Michael Mwandwa gehört also zu den vielen Unsichtbaren in Afrika. Ich könnte die Liste fast beliebig verlängern und beispielsweise noch über einen Freund schreiben, der als 5-jähriges Kind vor dem Krieg im Süden des Sudan floh, auf Umwegen nach Kenia gelangte und seine Eltern 13 Jahre lang nicht mehr sah. Als der 18-jährige junge Mann sie endlich wieder traf, herrschte zunächst Sprachlosigkeit. Der Vater kam nicht mit der Tatsache zurecht, dass er seinen Sohn nicht hatte beschützen können, dem Sohn fiel es in jeder Hinsicht schwer, Gefühle auszudrücken. »Lange habe ich alle Fragen nach meinem Hintergrund abgeblockt.« Jahre später bitte ich ihn, einen mittlerweile erfolgreichen Unternehmer, um eine Definition des Begriffs »Mittelschicht«. Er fängt beinahe an zu weinen: Er gehöre doch nicht zur Mittelschicht, jedenfalls habe er sich niemals selbst so eingeordnet. Flüchtling sei er. Und nichts, was in seinem Leben geschehe, könne daran etwas ändern.

Offenbar nicht hinsichtlich seines Selbstbildes. Aber eben doch hinsichtlich des Blicks, den Außenstehende auf seine Existenz haben. Danach gehört er fraglos zur Mittelschicht in Afrika. Sie kann sich ihrer Stellung wohl nicht so sicher sein wie die Mittelschicht auf anderen Kontinenten. Aber es gibt sie.

Seit rund drei Jahrzehnten habe ich Afrika regelmäßig bereist. Mein ehemaliger Ehemann und ich sind eng befreundet geblieben – ohne ihn wäre dieses Buch nicht entstanden –, jedes Jahr fahre ich mindestens einmal, oft zweimal dorthin, um Verwandte und Freunde zu besuchen. In steigendem Maße stört mich die Diskrepanz, die zwischen dem öffentlichen Bild von Afrika und der Realität ihres Lebens besteht. Mit diesem Buch versuche ich, die Lücke zu schließen. Zu Wort kommen hier nicht ausländische Experten, sondern Afrikanerinnen und Afrikaner, die mir ihre Zeit geschenkt haben.

1. Auf Safari in Afrika

Es ist ein trüber, nasskalter Morgen in Nairobi. Das gemäßigte Klima des kenianischen Hochlandes ist einer der Gründe dafür, dass die Briten zu Beginn des letzten Jahrhunderts hier die Hauptstadt ihres damaligen Protektorats Ostafrika gegründet haben. Aber gemäßigtes Klima bedeutet eben manchmal auch: Schmuddelwetter. So wie dieser Morgen fühlt sich ein unfreundlicher Apriltag in Deutschland an. Und die Stimmung der Reisenden, die vor dem Silver Springs Hotel auf die Abfahrt des Kleinbusses ins tansanische Arusha warten, erinnert an die öde Atmosphäre auf deutschen Regionalbahnhöfen.

Keine Spur von jener aufgeregten Vorfreude, die Touristen erfüllt, wenn sie auf Safari gehen. Dabei tun wir genau das. Safari ist ein Swahili-Wort, das schlicht Reise bedeutet – nicht etwa Großwildjagd. Meine Mitreisenden fahren zur Arbeit, zum Vorstellungsgespräch, sie besuchen die Familie oder sie werden an einer Konferenz teilnehmen. Um Alltag geht es, nicht um Abenteuer.

Dass ich diese Einzelheiten überhaupt erfahre, verdanke ich einer Panne. Zunächst sitzen wir schweigend im Bus. Auf den fast leeren Straßen der Innenstadt kommen wir zügig voran. In wenigen Minuten, etwa ab halb sieben Uhr morgens, werden hier Tausende kilometerweit zu Fuß ins Industriegebiet laufen, die meisten in der Hoffnung auf eine Beschäftigung als Tagelöhner. Sammeltaxis verstopfen dann zusammen mit klapprigen Kleinlastern, Luxuslimousinen und verbeulten Rostlauben die Stadt.

Die Infrastruktur von Nairobi hält dem wachsenden Bevölkerungsdruck längst nicht mehr stand. Weder die Wasservorräte noch die Stromversorgung noch eben die Verkehrswege sind auch nur auf die offiziell drei Millionen Menschen ausgelegt, die heute dort wohnen, und vermutlich liegt die reale Einwohnerzahl ohnehin höher. Deshalb kann man, wenn man Pech hat, zur Stoßzeit mehrere Stunden für eine Strecke brauchen, die wir jetzt in knapp 15 Minuten zurücklegen. Dann haben wir die breite Ausfallstraße erreicht, die zum Flughafen führt und – schon bald sehr viel weniger prächtig – weiter in die Küstenstadt Mombasa. Nach ungefähr 40 Kilometern biegen wir rechts ab. In Richtung Tansania.

Wir: das sind zwei kenianische Nonnen, ein indischstämmiges Ehepaar, eine junge Frau, die *Mansfield Park* von Jane Austen liest. Ein junger Mann, den ich schon beim Einsteigen um seinen besonders kleinen, leichten Rollkoffer beneidet habe. Genau so einen hatte ich vor meiner Abreise vergeblich in Berlin gesucht. Er hat ihn in Nairobi gekauft, wie er mir später erzählt. Das Warenangebot ist dort inzwischen mindestens vergleichbar mit dem europäischer Metropolen. Es gibt für Importeure genug zahlungskräftige Kunden.

Außerdem sitzen in dem halb leeren Bus eine Frau aus Ghana und eine Frau aus Malawi. Ein Sikh, am Turban zu erkennen. Ein älterer, weißer US-Amerikaner. Und ich, die ich drei Monate lang Afrika bereisen will. So weit wie möglich auf dem Landweg. Die Passagiere unseres Kleinbusses unterscheiden sich also ebenso sehr voneinander wie die Bewohner von Nairobi insgesamt. Das ist wunderbar.

Vor rund 30 Jahren, als ich Kenia zum ersten Mal besuchte, waren Weiße in öffentlichen Verkehrsmitteln noch Anlass für Getuschel und neugierige Blicke. Es sei denn, es handelte sich um Rucksacktouristen, an die sich die Bevölkerung damals, eher widerwillig, gerade zu gewöhnen begann. Selbst gewählte Beschwerlichkeiten auf Zeit: Das fanden und finden Leute, die der Armut erst unmittelbar entkommen sind oder die ihr überhaupt nicht entrinnen können, meist weniger eindrucksvoll, als Abenteuerlustige gerne glauben möchten.

Viele der dauerhaft in Kenia lebenden Europäer nahmen eine andere Haltung ein als die Besucher auf Zeit. Sie taten seinerzeit so, als sei eine Busfahrt unverantwortlich leichtsinnig. Es stimmte ja damals, und es stimmt noch heute: In Kenia ereignen sich besonders viele schwere Unfälle. Gemessen an der Zahl der zugelassenen Fahrzeuge gehört das ostafrikanische Land in dieser Hinsicht zu den Spitzenreitern im weltweiten Vergleich. Schlechte Straßen, mangelhaft gewartete Fahrzeuge, eine korrupte Polizei und daher unzureichende Kontrollen sind gute Voraussetzungen für traurige Rekorde.

Dennoch gelangt – natürlich – die überwältigende Mehrheit der Reisenden unversehrt an ihr Ziel. Sogar Motorradfahrer überleben ja weltweit im Regelfall ihre Ausflüge, obwohl ihr Verkehrsmittel konkurrenzlos gefährlich ist. Außerdem sind die mit Krankheiten verbundenen Gefahren sehr viel größer als eine Fahrt im Bus. Die meisten Europäer in Afrika waren und sind bereit, hohe gesundheitliche Risiken in Kauf zu nehmen.

War also die Furcht vor öffentlichen Verkehrsmitteln damals wirklich nur dem Wunsch nach Sicherheit geschuldet? Oder hing sie auch damit zusammen, dass eine gemeinsame Fahrt frei ist von Hierarchien und körperliche Nähe unausweichlich macht? Die Kolonialzeit und die Überzeugung, Weiße seien ein besonders wertvoller Teil der Menschheit, die zu allen anderen Leuten gebührend Abstand halten müssten, lag zu Beginn der 80er-Jahre gerade erst eine Generation zurück.

Die Fragen werden sich nicht mehr beantworten lassen. Denn inzwischen benutzen eben alle Bevölkerungsgruppen öffentliche Verkehrsmittel. Berührungsängste sind verschwunden oder zumindest kleiner geworden. Nicht immer verlaufen historische Prozesse dramatisch. Manchmal setzt sich auch einfach gelassene Normalität durch. Wie gesagt: wunderbar.

Andere Entwicklungen sind nicht ganz so wunderbar. Mit etwa sechs Stunden Reisezeit müsse ich rechnen, hatte Olola mir geschrieben, ein alter kenianischer Freund, der seit vielen Jahren in Tansania arbeitet und mein erster Gastgeber sein würde. Für optimistisch hielt seine Frau Tina diese zeitliche Einschätzung. Ich hielt sie für pessimistisch. Die rund 250 Kilometer von Nairobi nach Arusha hatte ich vor 15 Jahren auf der damals neuen Asphaltstraße mühelos in gut zwei Stunden zurückgelegt, und von dort ist es nur ein kurzer Weg bis in die Kleinstadt Moshi, meinem heutigen Reiseziel in Tansania. Selbst wenn man großzügig eine Stunde für die Grenzformalitäten an der kenianisch-tansanischen Grenze einplant – wo liegt das Problem? Tina sollte recht behalten. Die Straße ist nämlich keine Straße mehr, sondern ein Acker. Eine von tiefen Gräben durchzogene Kraterlandschaft, in der nur scharfkantige Reste der Asphaltdecke als winzige Inseln an den Komfort von einst erinnern. Der erfüllte Traum jedes Reifenhändlers. Zerfetzte Gummiteile säumen unseren Weg.

Es gibt Gründe für den Verfall. Seit 1995 tagt in Arusha der Internationale Strafgerichtshof, vor dem die Anklagen gegen die mutmaßlich Hauptverantwortlichen des Völkermords in Ruanda von 1994 verhandelt werden. Außerdem finden dort regelmäßig internationale Konferenzen statt. Und: Die Stadt ist ein Zentrum des Tourismus, unter anderem für die Besteigung des Kilimandscharo.

Rund 350 000 Einwohner wohnen heute in Arusha, siebenmal mehr als in den 70er-Jahren des letzten Jahrhunderts. Der Schwerlastverkehr, der ja auch die ausländischen Dauergäste versorgt, ist noch viel stärker angestiegen. Das überfordert auf Dauer jeden Straßenbelag. Selbst dann, wenn Auftraggeber und Auftragnehmer nicht im augenzwinkernden Einverständnis und zum beiderseitigen Nutzen verabreden, die Decke zehn Prozent dünner aufzutragen als offiziell vertraglich vereinbart. Derlei soll gelegentlich vorkommen.

Parallel zu dem Acker, auf dem wir unterwegs sind, wird an einer neuen, breiten Straße gebaut. Natürlich unter chinesischer Leitung. Die Chinesen bauen derzeit vieles, was in Afrika im internationalen oder nationalstaatlichen Auftrag errichtet wird. Nicht nur Straßen, sondern auch Flughäfen, Krankenhäuser, Sportstadien, Pipelines. Es ist ein Geschäft auf Gegenseitigkeit: Für die Verbesserung der Infrastruktur gibt es Zugang zu Rohstoffen, vor allem zu Öl, und zu Absatzmärkten. Aber selbst Peking erbaut nicht an einem Tag. Die neue Verkehrsverbindung zwischen Nairobi und Arusha ist eben noch nicht fertig. Deshalb rumpeln wir auf den Resten der einstigen Schnellstraße unserem Ziel entgegen. Solange wir Glück haben.

Hundert Kilometer hinter Nairobi, 60 Kilometer vor dem Grenzort Namanga haben wir kein Glück mehr. Wir stehen im Schlamm. Freuden der Regenzeit. Vor uns und schnell auch hinter uns stehen viele andere Autos und fast ebenso viele Lastwagen. »Vergesst es. Da ist keine Straße mehr. Die Leute hängen hier seit letzter Nacht fest«, sagt keuchend ein Mann, der weit – weit, weit – nach vorne lief, um die aktuelle Lage zu sichten, und der nun von seinem Erkundungsmarsch zurückgekehrt ist.

Die aktuelle Lage ist betrüblich. Nichts geht mehr. Wir reagieren je nach Temperament genervt, geduldig, routiniert, resigniert. Oder mit einer Mischung aus all diesen Gefühlen. Wir steigen aus, wir steigen ein, wir steigen erneut aus. Wir plaudern. Wir erfahren: Lastwagen hängen schräg auf dem Weg und versperren die Straße. Man wird abwarten müssen.

Die Szenerie könnte typischer nicht sein für Afrika. Meterhohe, bizarr geformte Termitenhügel und schlanke Agaven ragen aus der unendlich weit erscheinenden Savanne hervor. Unter Schirmakazien weiden Ziegen, Rinder und Schafe. Einige hochgewachsene Männer, die zum Volk der Maasai gehören, laufen mit eleganten Wiegeschritten und langen Hirtenstäben an uns vorbei. Sie grüßen freundlich und ein wenig spöttisch. Keine Frage: Zum ersten Mal sehen sie ein derartiges Chaos hier nicht.

Touristen sind von den Maasai fasziniert, die bis heute weitgehend an ihrer traditionellen Lebensweise festhalten und sich – für westliche Augen – ungewöhnlich malerisch kleiden. Bunte Tücher werden um den Körper geschlungen. Auch Männer tragen schwere Ohrringe und perlenverzierte Stirnbänder oder breite Halsreifen. Schmuck der Maasai ist eines der beliebtesten Mitbringsel aus einem Kenia-Urlaub, und in zahlreichen Hotels an der Küste gehören Maasai-Tanzvorführungen zum Standard des Unterhaltungsrepertoires.

Viele Kenianer finden die Bräuche und Überzeugungen ihrer berühmten halbnomadischen Landsleute, die nur etwa 2,5 Prozent der Bevölkerung ausmachen, allerdings etwas anstrengend. Vor allem in Dürrezeiten, in denen Wasser knapp ist und Weideland von der Sonne verbrannt, treiben Maasai ihre Rinderherden gerne nach Nairobi. Teils um auf ihre missliche

Lage aufmerksam zu machen, teils weil die Hauptstadt mitten in ihrem angestammten Gebiet gebaut wurde und sie ohnehin der Ansicht sind, das Land sei ihnen geraubt worden. In Nairobi lagert dann das Vieh in öffentlichen Parks, wird die Straßen entlanggetrieben oder blockiert schon mal die Startbahn des geschäftigen Regionalflughafens Wilson. Die Stadtbevölkerung ist nicht begeistert.

Derzeit weiden in Nairobi keine Rinderherden. Es herrscht ja keine Dürre. Wie um alles in der Welt soll man die Lastwagen, die weiter vorne im weichen Matsch versunken sind, bloß wieder flottbekommen? Ich male mir aus, wie ich schon am ersten Abend meiner großen Reise wieder in der kenianischen Hauptstadt ankommen werde. Ob dies meine Pläne insgesamt zunichtemachen würde? Ja, vielleicht. Natürlich kann man auch ein zweites oder gar ein drittes Mal aufbrechen, aber das ist dann nicht mehr dasselbe. Man hätte schon die konkrete Erfahrung gemacht, dass eine Umkehr jederzeit möglich und manchmal unausweichlich ist. Das mag sich bei künftigen Problemen als allzu verführerisch erweisen.

Plötzlich winkt uns der Fahrer ungeduldig heran. Los, los, wir fahren. Bis heute weiß ich nicht, wie die Hindernisse aus dem Weg geräumt wurden. Egal. Hauptsache, sie sind weg. Im Vorbeifahren sehen wir Lastwagen am Straßenrand stehen. Deren Fahrer werden sich weiterhin gedulden müssen, die befahrbare Spur ist für sie noch zu schmal. Aber unser unfreiwilliger Aufenthalt hat weniger als zwei Stunden gedauert, und inzwischen scheint die Sonne. Wie konnte ich nur für möglich halten, wir müssten zurückfahren? Irgendwie geht es doch immer weiter.

Sogar an der Grenze zu Tansania. Dort sind die ineinander verknäulten Warteschlangen undurchschaubar für Leute wie mich, die ich ja lange nicht hier gewesen bin und die Änderung von Vorschriften und Abläufen nicht mitbekommen habe. Als Ausländerin muss ich mich für das Visum und dessen Bezahlung nacheinander an vier verschiedenen Schaltern anstellen. Die anderen Ausländer aus meinem Bus sehe ich nicht mehr, die haben offenbar Routine und wissen, wie's geht. Zunächst stehe ich falsch. Lange. Dann stehe ich richtig. Am Ende einer völlig reglosen Schlange. Irgendwann taucht unser Fahrer neben mir auf und erklärt mir – nicht unfreundlich, aber doch etwas gereizt –, ich hielte den ganzen Bus auf, und ich hätte ihm sagen sollen, dass ich Hilfe bei den Formalitäten benötigte. Er hilft. Dann geht alles sehr schnell, in weniger als zehn Minuten sind wir draußen und wieder unterwegs.

Ich lächele meine Mitreisenden entschuldigend nach allen Seiten an, sie lächeln höflich zurück. Einige allerdings ziemlich gequält. Aber Ortsfremde sind eben unbeholfen. Man kennt das, weltweit.

Wäre ich etwas weniger unbeholfen gewesen, dann hätte ich schon bei diesem ersten Grenzübertritt merken müssen, wie viel einfacher Reisen in Afrika im Vergleich zu früher geworden ist. Nicht so einfach wie innerhalb der Europäischen Union, natürlich nicht. Von einem derartigen Zusammenschluss sind die Länder südlich der Sahara weit entfernt. Allen Sonntagsreden zum Trotz, in denen die afrikanische Einheit beschworen wird.

Aber immerhin: Fast überall werden Visa inzwischen an den Grenzen ausgegeben. Schnell, unbürokratisch und nur selten so teuer wie die Eintrittspreise, die die EU mittlerweile ihren Gästen aus den ärmeren Ländern der Welt abverlangt. Und das, obwohl südlich der Sahara viele Millionen Wanderarbeiter unterwegs sind, keineswegs alle mit legalen Papieren und Aufenthaltsgenehmigungen. Außerdem lebt hier etwa die Hälfte aller weltweit registrierten Flüchtlinge und Binnenvertriebenen. Dabei wohnen in Afrika nur 15 Prozent der Weltbevölkerung.

Der Eindruck, dass sich der ganze Kontinent aufmacht, in einem gigantischen Treck die Festung Europa zu überrennen, ist weit verbreitet. Von manchen Medien und Politikern wird er, zum Teil aus durchsichtigen politischen Interessen, seit Jahren geschürt. Er ist falsch.

Wahr ist, dass in den Ländern südlich der Sahara besonders viele Menschen aus politischen oder wirtschaftlichen Gründen ihr Zuhause verlassen. Aber die große Mehrheit der Flüchtlinge findet Zuflucht in den unmittelbaren Nachbarstaaten oder zumindest irgendwo sonst auf ihrem Heimatkontinent. Für die jeweiligen Aufnahmeländer bedeutet das, trotz aller internationalen Hilfe, stets eine Bürde und birgt die Gefahr der Destabilisierung. Im Allgemeinen wird diese Last getragen, ohne dass viel Aufhebens davon gemacht wird – und ohne dass sich der Rest der Welt dafür in nennenswertem Maße interessiert.

In unserem Bus sitzen, so weit ich das erkennen kann, keine Flüchtlinge. Damit war auch nicht zu rechnen. Die Regeln der ostafrikanischen Wirtschaftsgemeinschaft, zu der sowohl Kenia als auch Tansania gehören, ermöglichen den Bewohnern ihrer Mitgliedsstaaten einen problemlosen Grenzübertritt. Irgendwann kommen wir in Arusha an. Nach kaum einer Stunde Wartezeit biegt der Zubringerbus in Richtung Moshi, der eigentlich längst hätte bereitstehen sollen, auf den Parkplatz ein. Kurz vor fünf Uhr abends, etwa elf Stunden nach unserer Abfahrt aus Nairobi, sind wir am Ziel. Im Zentrum einer friedlichen, tansanischen Kleinstadt.

2. Wiedersehen mit einem Freund

Olola erwartet mich bereits. Es ist so schön, ihn zu sehen. Zum ersten Mal seit langer Zeit. Fast zehn Jahre haben wir es nicht geschafft, einander zu treffen. Berlin und Moshi sind eben doch sehr weit voneinander entfernt. Nach der ersten Umarmung schauen wir uns prüfend an. Und verzichten auf Kommentare. Grau ist er geworden, aber das ist ja nicht erstaunlich bei einem Mann von inzwischen 60 Jahren. Ich sehe auch nicht mehr so aus wie 1984, als wir uns in Köln kennengelernt haben. Oberarzt in der gynäkologischen Abteilung eines Krankenhauses in Leverkusen wurde Olola Oneko kurz darauf. Seine deutsche Ehefrau Tina, ebenfalls Medizinerin, spezialisierte sich als Kinderärztin. Ich war mit meinem Freund Stanley von unserem Studienort München ins Rheinland gezogen, um dort meine erste feste Arbeitsstelle anzutreten. Auf die Onekos, auf Tina und Olola, liefen wir mit ausgestreckten Armen zu. Und umgekehrt.

Nun steht Olola, ein Schwager meiner Freundin Joyce, also am Busbahnhof, um mich abzuholen. Allerdings allein. Tina konnte nicht kommen. Seit über einem Jahr wohnt sie nicht mehr in Moshi, sondern in Kisumu, der größten kenianischen Stadt am Ufer des riesigen Viktoria-Sees. Die liegt unweit der Gegend, aus der ihr Mann stammt. Olola gehört zum Volk der Luo, einer der größten von insgesamt mehr als 40 Ethnien in Kenia. Bei den Luo ist es üblich, im mittleren Lebensalter ein Haus in der Heimatregion der Familie zu bauen. Um einen Ort zu haben, an dem man dann das Alter verbringen wird.

Derlei Pläne schienen immer sehr weit in der Zukunft zu liegen. Bis Olola lokale Handwerker mit dem Bau eines Hauses auf einem Grundstück beauftragte, das lange vorher gekauft wor-

27

den war. Plötzlich begriff Tina, dass ihre Zukunft – der letzte, größere Abschnitt ihrer Zukunft – nahe bevorstand. »Ich wusste, dass ich etwas würde tun müssen, wenn ich mein Alter mit diesem Mann verleben wollte. Und das wollte ich.« Schließlich teilen die beiden ihr Leben seit inzwischen fast drei Jahrzehnten. »Ich musste eigene Freundschaften knüpfen, und ich musste Luo lernen.« Die Muttersprache ihres Mannes. Vorher war das nicht nötig gewesen. Olola spricht fließend Deutsch, Englisch und Swahili. Tina auch.

Die Kinderärztin hatte Glück. Sie fand in Kisumu eine Arbeitsstelle, die sowohl ihren Qualifikationen als auch ihren Interessen entspricht, und sie hat inzwischen eigene Kontakte geknüpft. Anders ausgedrückt: Sie hat die Voraussetzungen dafür geschaffen, um gemeinsam mit Olola ihren Lebensabend verbringen zu können. Auf eine Weise, die einerseits seinen Vorstellungen und seiner Bindung an Traditionen entspricht und die ihr andererseits das Maß an Autonomie lassen, das sie braucht, um nicht vollständig abhängig zu sein von ihrem Mann und seiner Familie.

Aber das Ehepaar entrichtet für diese Planung einen hohen Preis. Sie müssen getrennt leben, über Jahre hinweg. Deshalb fährt Olola jetzt alleine mit mir durch Moshi, eine Kleinstadt, die jedem Klischee widerspricht, das über Afrika in Umlauf ist. Die Verwaltung hier leistet offenbar ausgezeichnete Arbeit. Moshi gilt als sauberste Stadt in Ostafrika. »Die Bürgermeisterin ist engagiert«, meint Olola. Die Straßen haben keine Schlaglöcher, auf den Grünflächen innerhalb der Kreisverkehre liegt kein Abfall, die Hecken vor öffentlichen Gebäuden sind millimetergenau auf die gleiche Höhe geschnitten. Wenn man überhaupt irgendwo in Afrika eine Mittelschicht vermutet, dann wohl hier. In mancherlei Hinsicht erinnert das Bild an Kleinstädte in den USA.

Dazu passt, dass der US-Konzern Coca-Cola vor einigen Jahren die Straßenschilder gesponsert hat, natürlich mit eigenem Logo. Seither wird zwar – buchstäblich – an jeder Ecke für das Getränk geworben, aber es ist nun eben auch für Ortsfremde möglich, sich zu orientieren. In den meisten anderen afrikanischen Städten, die ich kenne, gibt es nur wenige Straßenschilder, und oft muss man Wegbeschreibungen folgen, die sich etwa so anhören:»Hinter Uji-House die zweite rechts bis zum Kreisverkehr, dann links hinter dem roten Hochhaus abbiegen und nach dem Blumenhändler an der übernächsten Ecke noch mal links.«Wehe, der Blumenhändler ist krank.

Da ich mit einem Ortskundigen unterwegs bin, sind wir natürlich nicht auf die Straßenschilder von Coca-Cola angewiesen. Nach weniger als zehn Minuten erreichen wir das geräumige, komfortable Haus inmitten eines großen Grundstücks mit tropischen Bäumen und Blumenbeeten, das Tina und Olola vor einigen Jahren für sich und ihre Töchter gekauft haben.

Es wirkt seltsam unbewohnt. Der hölzerne Sofatisch vor der Polstermöbelgarnitur ist glänzend gewienert – und leer. Die Schuhe im Eingangsbereich sind säuberlich aufgereiht. Die Tür zur Terrasse ist mit Vorhängeschlössern versperrt. Als ich ins Freie treten will, braucht Olola minutenlang, um die Schlüssel zu finden.»Das Haus ist für mich viel zu groß«, sagt er.»Vier Schlafzimmer, zwei Bäder – was soll ich damit?« Die Töchter sind aus dem Haus und studieren, die Frau ist auch aus dem Haus und bereitet den Ruhestand vor.»Ich suche eine halbwegs komfortable Zwei-Zimmer-Wohnung. Aber so viele gibt es davon nicht in Moshi.«

Eine Haushälterin hat ein Abendessen vorbereitet. Sie macht jeden Tag sauber, wirft Schmutzwäsche in die Waschmaschine und erledigt die anderen anfallenden Arbeiten im Haus. In Deutschland ist die Möglichkeit, eine Vollzeitkraft für den Haushalt anzustellen, einer kleinen, reichen Oberschicht vorbehalten. In den meisten Ländern Afrikas gibt es sogar in Slums viele Familien, die ein»Dienstmädchen« – eine»maid« – beschäftigen. Häufig zahlen sie nicht einmal ein Gehalt, sondern bieten lediglich Kost und Logis. Das gilt nicht etwa als Ausbeutung, sondern als Ausweis der Bereitschaft, soziale Verpflichtungen zu akzeptieren. Gelegentlich ist die Hausangestellte ein entferntes Mitglied der eigenen Familie, das auf diese Weise wenigstens mit dem Nötigsten versorgt ist.

Als ich 1989 nach Kenia umzog, habe ich mich davor gefürchtet, jemanden einzustellen. Ich habe den sozialen Aspekt der

Angelegenheit durchaus gesehen. Aber es ging ja nicht nur, nicht einmal in erster Linie, um politische oder andere übergeordnete Fragen. Ich fand schlicht den Gedanken unerträglich, einen fremden Menschen dauerhaft um mich zu haben. Vor allem einen Menschen, der nicht nur berechtigt, sondern aufgrund seiner Arbeitsplatzbeschreibung dazu verpflichtet war, in all meine Schränke zu schauen. »Du musst niemanden beschäftigen«, hatte mein Schwager Roy gesagt. »Niemand kann dich zwingen. Aber wenn du es nicht tust, dann wirst du dich nicht dagegen wehren können, als geizig zu gelten.« Natürlich habe ich eine Haushälterin angestellt. Und mich daran gewöhnt, dass der Radius meiner Intimsphäre eng wurde.

Ich will mich nicht beschweren. Es war wunderbar, als Mutter eines Kleinkindes jederzeit und ständig auch kurzfristig das Haus verlassen zu dürfen – und sei es lediglich, um mit einer Freundin zu Mittag zu essen. In Deutschland ist das ein Luxus, von dem die meisten Eltern jahrelang nur träumen. Um das tun zu können, muss man allerdings der Aufsichtsperson vertrauen. Ich habe unserer Haushälterin vollständig vertraut. Sieben Jahre lang. Zu Recht.

Aber ich habe mich nie daran gewöhnt, zu keinem Zeitpunkt verlässlich ungestört zu sein. Denn selbstverständlich wohnte unsere Angestellte bei uns. Das ist ebenfalls üblich. In diesem Zusammenhang habe ich übrigens gelernt, in welch hohem Maße es von den konkreten Lebensumständen abhängt, ob bestimmte Arbeitnehmerrechte – die ich vormals stets für einen objektivierbaren Fortschritt gehalten hatte – tatsächlich erfreulich sind für die, denen sie zugutekommen.

Als ich mit unserer Haushälterin die Arbeitsbedingungen vereinbarte, sicherte ich ihr eine einstündige Mittagspause und einen Achtstundentag zu. Die verbindlich verabredete Mittagspause hat sie genossen. Aber sie fand es unangenehm, täglich schon am Nachmittag mit der Arbeit fertig zu sein und einen endlos scheinenden Feierabend vor sich zu haben. Was sollte sie damit anfangen, in einem reinen Wohngebiet, mit schlechter öffentlicher Verkehrsanbindung, ohne Freunde und Verwandte in der Nähe?

Man kann nicht jeden Tag sechs Stunden fernsehen. Unsere Angestellte machte sich stillschweigend – ohne die vereinbarten Arbeitsbedingungen anzusprechen – lange in der Küche zu schaffen. Es ist erstaunlich, wie beharrlich man Reis auslesen kann. Allerdings hat sie natürlich zwischendurch mit unserer kleinen Tochter Nora gespielt und mit mir geplaudert. Irgendwann haben wir uns darauf geeinigt, dass sie um spätestens acht Uhr abends ihre Arbeit wirklich beendet haben sollte. Diese Absprache war, wie ich denke, weit eher in meinem als in ihrem Interesse.

Auch Olola beschäftigt eine Haushälterin. Ganztags, jeden Werktag. Sie hat das Abendessen für uns vorbereitet. Wir müssen es nur noch aufwärmen. Ich habe den Eindruck, dass er die Möglichkeit der Beschäftigung einer Vollzeitkraft nicht als Luxus wahrnimmt, sondern als eine überflüssige Dienstleistung für einen derzeit alleinstehenden Mann. Aber wann hätte er – oder wann hätten Tina und er – der Frau sagen sollen, dass man künftig auch sehr gut mit etwa der Hälfte oder gar einem Viertel ihrer Leistungen zurechtkäme? Wissend, dass die Angestellte keineswegs ebenso gut mit der Hälfte oder gar einem Viertel ihrer Einkünfte zurechtkäme? Zumal die Gehälter für Hauspersonal in Afrika nicht hoch genug sind, um für Angehörige der Mittelschicht einen schmerzhaften Kostenfaktor zu bedeuten. Je weniger Geld sie haben, desto weniger wird bezahlt – und notfalls eben überhaupt nur Kost und Logis.

Olola und ich sitzen auf der Terrasse und reden über die Frage, welche Lösung im Hinblick auf die Haushälterin akzeptabel wäre, wenn endlich eine kleinere Wohnung gefunden ist. Wir beide genießen das Gespräch. Es ist beglückend, wenn man jemanden findet, mit dem man – selbst nach einer mehrjährigen Pause – noch immer über Kontinente hinweg dasselbe materielle und ethische Koordinatensystem hat, von dem ausgehend man konkrete Probleme erörtern kann. So oft widerfährt einem das nicht, wenn man gleichzeitig in zwei Welten lebt.

Das war wohl auch einer der Gründe dafür, dass Tina, Olola, Stanley und ich uns seinerzeit in den 80er-Jahren so schnell und so eng miteinander angefreundet hatten. Wir alle empfanden es als Geschenk, Leute zu treffen, die ähnliche Erfahrungen gemacht hatten wie wir selbst – und die mit ähnlichen Problemen zu kämpfen hatten. Damit meine ich nicht offenen Rassismus. Damit umzugehen war einfach, für die Onekos und für uns. Jedenfalls dann, wenn es sich um plumpen Rassismus handelte.

Ich erinnere mich, wie Stanley und ich einmal untergehakt am Rheinufer spazieren gingen und ein Mann vor uns ausspuckte. Wir schauten uns an und lachten. Nichts hätte uns damals enger zusammenschweißen können. Wir fühlten uns auf der Seite der Sieger. Zumal es in den acht Jahren, in denen wir zusammen in Deutschland lebten, nur dieses einzige Mal zu einer solchen Szene kam. Offener Ausländerhass oder gar Gewalt gegen Ausländer waren in der Bundesrepublik der 80er-Jahre noch nicht so weit verbreitet wie später.

Freundliche Herablassung und andere schleichende Formen von Diskriminierung begegneten uns dagegen häufiger. Es war viel schwieriger, darauf angemessen zu reagieren. Bezeichnend war eine Situation unmittelbar nach der Geburt unserer Tochter Nora. Sie kam am 30. Dezember 1987 in Köln zur Welt. Da es fast jedes Jahr irgendwelche neuen Regelungen gibt, müssen Eltern von Säuglingen in Kliniken um den 1. Januar herum oft mit Anfragen von Medien rechnen.

In unserem Fall betrat ein netter, junger Arzt mein Zimmer im Krankenhaus. Wir hätten eine Chance, ins Fernsehen zu kommen, teilte er uns mit, und er freute sich offenkundig schon auf unsere Begeisterung, die sicherlich gleich ausbrechen würde. Die Bestimmungen für Erziehungsurlaub – oder für irgendeine andere staatliche Zuwendung, ich erinnere mich nicht genau – waren geändert worden. Ein Team des ZDF wollte ein junges Paar bei dem vergeblichen Versuch filmen, die komplizierten Antragsformulare zu verstehen. Der Arzt hatte an uns gedacht.

Das war natürlich ein Kompliment. Wir waren offenbar präsentabel. Also geeignet, um im Fernsehen gezeigt zu werden und gleichzeitig jenen Teil der Bevölkerung zu repräsentieren, der sich schwertut im Umgang mit Ämtern und Behörden. Die Tatsache, dass in unserem besonderen Fall der Mann schwarz, die Frau hingegen weiß war, hätte eine hübsche Schleife um das Päckchen einer kurzen Reportage schlingen können, die andernfalls ein wenig langweilig zu werden drohte.

Als Journalistin habe ich vergleichbare Tricks selber oft genug angewandt. Ich habe Verständnis dafür, wenn man nach Mitteln und Wegen sucht, um einen öden Beitrag aufzuhübschen. Diskriminierend war die Anfrage trotzdem. Welches andere Motiv als die Hautfarbe meines Mannes gab es, um zu vermuten, wir seien unfähig, einen Fragebogen auszufüllen? Übrigens wog in diesem Fall die Beleidigung für mich schwerer als für ihn. Die Unterstellung, ein Ausländer könne Amtsdeutsch nicht verstehen, ist eine Sache. Aber welches Bild von einer Deutschen, die mit einem Afrikaner verheiratet ist, steckt hinter der Überzeugung, auch sie sei gewiss außerstande, mit Papierkrieg zurechtzukommen?

Der nette, junge Arzt konnte seine Enttäuschung nicht verbergen, als wir ihm sagten, wir seien nicht interessiert. Er hatte es doch nur gut gemeint. Ich versuchte, den Mann mit dem Hinweis zu trösten, man könne sich nicht darauf verlassen, dass wir die Formulare tatsächlich nicht verstünden. Obwohl wir natürlich unser Bestes täten, sie nicht zu verstehen. Aber möglicherweise verschwendeten die Leute vom Fernsehen dennoch nur ihre Zeit – es sei denn, sie wollten uns als Schauspieler verpflichten. Der Arzt verstand weder das Argument noch den Sarkasmus. Er blieb traurig.

Ein anderes Beispiel: Stanley hob Geld von meinem Konto bei der Deutschen Bank ab, für das er eine Vollmacht hatte. Die Angestellte am Schalter fragte ihn mit allen Anzeichen des Entsetzens: »Wie sind Sie denn bloß an die Vollmacht gekommen?« – »Ich habe die Frau gezwungen«, antwortete mein Mann trocken. Auch in diesem Fall war die Ironie verschwendet.

Es tat gut, Freunde zu haben, die derlei Situationen kannten und mit denen man sich gemeinsam über solche Leute lustig machen konnte. Es machte besonders viel Spaß, mit Olola zu lachen. Wenn er etwas bizarr fand, dann erstarrte er zunächst und setzte eine todernste Miene auf. Jedes Mal. Und jedes Mal war man erneut in Versuchung, ihm die Komik einer Situation zu erklären. Überflüssigerweise. Nach Bruchteilen von Sekunden warf er den Kopf in den Nacken und lachte los. Nicht nur mit dem Mund, sondern mit dem ganzen Körper. Er gehört zu den wenigen Menschen, die ich kenne, die es regelmäßig vor Lachen schüttelt. Dieses Lachen steckt an.

Aber nicht alles ließ sich einfach weglachen. In Köln war Olola häufig damit konfrontiert, dass Leute ihm, gelegentlich schon bei der ersten Begegnung, erläuterten, wie er sein Leben ihrer Ansicht nach zu führen hatte. Wenn er ihren hohen moralischen Ansprüchen wenigstens halbwegs genügen wollte, dann musste er umgehend in sein Heimatland zurückkehren, um den Menschen dort zu helfen. Nur so konnte er, der in der DDR studiert hatte, sich des großen – andernfalls unverdienten? – Glücks würdig erweisen, eine medizinische Ausbildung erhalten zu haben.

Keine originelle Position. Damals wie heute weit verbreitet. Meist wird sie umso energischer vertreten, je weniger konkrete Informationen über reale Gegebenheiten dem sittlichen Empfinden in die Quere kommen können. Wer keine Ahnung hat, ersetzt diese Kenntnislosigkeit gerne durch einen besonders festen Standpunkt.

Tina und Olola sehnten sich danach, in Kenia zu leben und zu arbeiten. Dieser Wunsch ließ sich nicht so leicht verwirklichen. Das Ehepaar hat zwei Töchter, die noch Kleinkinder waren, als sie mit ihren Eltern in Köln lebten. Sella wurde 1984 geboren, ihre Schwester Lea zwei Jahre später. Um es vorwegzunehmen: Der Familie ist es niemals gelungen, eine gemeinsame Existenz in Kenia aufzubauen – und heute, wo beide Töchter erwachsen sind und in Europa studieren, bleibt das wohl ein unerfüllter Traum.

Wenn kein Wunder geschieht, dann wird Olola niemals als Facharzt in einem kenianischen Krankenhaus arbeiten. Was für ein Verlust für seine Heimat! Dieser Klageruf ist natürlich sentimental. Seit 14 Jahren kann sich nun eben stattdessen die Bevölkerung des tansanischen Moshi darüber freuen, dass dieser hoch qualifizierte und zugleich mitfühlende Gynäkologe in ihrer Stadt arbeitet. Das ist für sie ja ebenso angenehm, wie es das andernfalls für die Bewohner einer kenianischen Stadt wäre. Einen Unterschied kann darin nur jemand sehen, der eine besondere Bindung zu einem der beiden Länder hat. Also Olola. Oder ich.

34

In den 8oer-Jahren war es für kenianische Mediziner, die im Ausland studiert und sich dort weiterqualifiziert hatten, ohne Beziehungen fast unmöglich, in Kenia eine Facharztstelle in einem staatlichen, städtischen Krankenhaus zu bekommen. Üblich war es, zunächst einige Zeit in der Provinz zu arbeiten und von dort aus bessere Chancen auszuloten. Das ist eigentlich kein so schlechtes Prinzip und kann die medizinische Versorgung der Landbevölkerung verbessern – jedenfalls dann, wenn Mittel und Geräte für die Behandlungen zur Verfügung stehen. Allerdings sind selten zwei Facharztstellen gleichzeitig an einer kleinen Klinik auf dem Land frei. Für die Familie Oneko hätte das also voraussichtlich eine mehrjährige Trennung bedeutet, unterbrochen nur durch gelegentliche Wochenendbesuche und Ferien. Keine Entscheidung, die glücklich verheiratete Eltern von Kleinkindern leicht treffen.

Die Sehnsucht nach Kenia war so groß, dass Tina und Olola sogar das vermutlich in Kauf genommen hätten. Ein anderes Problem kam jedoch hinzu: Das Geld, das beide in den ersten Jahren verdienen konnten, hätte selbst bei größter Sparsamkeit nicht ausgereicht, um für die Familie eine Krankenversicherung abzuschließen, die mit der Versorgung in Deutschland vergleichbar gewesen wäre.

Freiwillige vor! Wer von all denen in Deutschland, die ganz genau wissen, wie sich ein – in moralischer Hinsicht akzeptabler – Afrikaner zu verhalten hat, wäre bereit, das eigene Kind notfalls sterben zu lassen, obwohl er es hätte retten können? Und zwar allein deshalb, weil sich die Eltern für Lebensumstände entschieden haben, die es ihnen unmöglich machten, eine umfassende Versicherung abzuschließen? Es liegt eine besonders bittere Ironie darin, wenn ausgerechnet Ärzte ein derartiges Problem haben.

Millionen Afrikaner haben keine Wahl. Ihre Kinder, die überleben könnten, sterben, weil das Geld für eine Behandlung fehlt. Aber bedeutet dies, dass ein kenianischer Oberarzt in Leverkusen moralisch verpflichtet – oder auch nur: berechtigt – ist, seine eigenen Töchter demselben Risiko auszusetzen, obwohl er es nicht tun müsste?

Tina und Olola scheiterten mit ihrem Versuch, Arbeit in

Kenia zu Bedingungen zu finden, die ihnen akzeptabel zu sein schienen. Ein Vertrag mit einer internationalen Hilfsorganisation hätte das Problem der Versicherung lösen können. Aber internationale, nichtstaatliche Organisationen beschäftigten seinerzeit im Regelfall keine Fachkräfte in deren Heimatländern. Begründung: Man wolle das lokale Gehaltsgefüge nicht durcheinanderbringen.

Ein seltsames Argument, das nicht dadurch überzeugender wird, dass es auf alle möglichen Fachbereiche angewandt wird. Mein früherer Ehemann Stanley arbeitet seit inzwischen über 20 Jahren freiberuflich als Planungsberater für internationale Organisationen. Weltweit verfügen nur sehr wenige seiner Kollegen über Qualifikationen, die vergleichbar hoch sind wie seine. Diese Qualifikationen hat er zunächst in Europa erworben und später in Afrika verfeinert. Hinzu kommt, dass er in seiner Heimat natürlich über Sprachkenntnisse verfügt, die internationale Berater nur selten vorweisen können.

Die Sprache Swahili hat sich in ganz Ostafrika als Verkehrssprache durchgesetzt. Sie ist sogar in Ländern das wichtigste Mittel der Verständigung, in denen Englisch nach wie vor Amtssprache ist – unter anderem deshalb, weil Swahili nur von wenigen Leuten als Muttersprache gesprochen wird. Der Gebrauch dieser Sprache hat deshalb keinen Einfluss auf das komplizierte Machtgefüge zwischen den verschiedenen Ethnien eines Landes, die in deutschen Medien bis heute gerne »Stämme« genannt werden. Das erleichterte die flächendeckende Akzeptanz der Sprache, die außerdem wegen ihrer einfachen Grammatik verhältnismäßig leicht erlernbar ist.

Stanley spricht selbstverständlich fließend Swahili. Dennoch wurde und wird ihm immer mal wieder von potenziellen ausländischen Auftraggebern mitgeteilt, er müsse ein – substanziell – geringeres Honorar akzeptieren als europäische Kollegen. Weil man ja, bekanntlich, das lokale Gehaltsgefüge nicht stören wolle und dürfe.

Welches Gehaltsgefüge? Das der Tagelöhner? Der Fachärzte? Oder ist die Rede von den Millioneneinnahmen derjenigen in einflussreichen Positionen, die das System kennen und für sich zu nutzen verstehen, ganz unabhängig von ihrer Ausbildung? Einige sind durch Hilfsprojekte reich geworden. Schmiergelder zu zahlen, um die notwendigen Genehmigungen für Projekte zu erhalten, gilt bei einigen internationalen Organisationen nicht als anrüchig, sondern als unvermeidliches Übel. Im Unterschied zur Störung eines imaginierten Gehaltsgefüges. Als ob in einem Land mit dramatischen sozialen Gegensätzen und einer in weiten Teilen korrupten öffentlichen Verwaltung von »Gefüge« gesprochen werden kann.

Gegen ein festes Regelwerk, das sich über Jahrzehnte hinweg etabliert hat, lässt sich schlecht argumentieren, zumal dann nicht, wenn einem eigene Interessen unterstellt werden können. Die Arbeit in Kenia kam für Tina und Olola aus Gründen mangelnder sozialer Absicherung also nicht infrage. Aber vielleicht würden sie in ein Nachbarland ausweichen können? Auch das gestaltete sich schwierig. Ein bis zur Unterschriftsreife ausgearbeiteter Vertrag mit einer nichtstaatlichen Organisation, die in Tansania tätig war, scheiterte an den damals schwierigen politischen Verhältnissen. Seinerzeit war ein Kenianer in Tansania nicht erwünscht auf einem Posten, der für eine ausländische Fachkraft vorgesehen war. Die Beziehungen zwischen den beiden Nachbarländern waren allzu frostig.

Was blieb an Möglichkeiten? Ein anderes afrikanisches Land, in dem Englisch die Amtssprache war. 1990 siedelten die Onekos nach Simbabwe um mit dem Vertrag einer deutschen Hilfsorganisation in der Tasche. Ironie der Ereignisse: Stanley und ich waren bereits ein Jahr zuvor mit unserer Tochter nach Nairobi gezogen, obwohl wir uns beide – anders als die Onekos – auch ein Leben in Europa hätten vorstellen können und gar nicht so dringend nach Afrika gehen wollten.

Aber wir wünschten uns, dass unsere Tochter beide Kulturen schon als Kleinkind kennenlernen konnte, also eine emotionale Bindung zu unser beider Heimatländer aufbauen würde. Und dass sie es deshalb später als Bereicherung und nicht als Belastung empfände, Eltern zu haben, die aus zwei verschiedenen Kontinenten stammten. Soweit wir es beurteilen können, ist dieser Wunsch in Erfüllung gegangen.

Ursprünglich planten wir einen Aufenthalt von nur drei Jahren. Bei mir wurden schließlich sieben Jahre daraus, und Stanley lebt noch heute in Kenia. Wir, die wir beide freiberuflich arbeiten konnten, hatten es in mancher Hinsicht leichter als Tina und Olola. Dennoch sollten wir noch einmal Nachbarn werden: 1994 kamen auch die Onekos nach Nairobi. Immer noch glaubten sie fest daran, dass es doch auch für sie irgendwie zu schaffen sein müsste, sich dort eine Existenz aufzubauen.

Sie haben es bekanntlich nicht geschafft. Olola arbeitete – unentgeltlich – als Praktikant eines Facharztes im größten Krankenhaus von Nairobi, um seine Voraussetzungen für einen Arbeitsplatz zu verbessern, der aus öffentlichen Mitteln finanziert wurde. Er durfte selbst operieren, aber eine feste, bezahlte Stelle wurde ihm nicht in Aussicht gestellt. Tina versuchte unterdessen, die Familie mit dem Gehalt durchzubringen, das sie an einem privaten Krankenhaus als Kinderärztin verdiente.

Olola hätte ebenfalls in einer Privatklinik beschäftigt werden und Geld verdienen können. Aber wenn er nicht wenigstens einige Zeit im Staatsdienst arbeitete, dann, so fürchtete er, würde er niemals so selbstständig tätig sein dürfen, wie er es aus Deutschland und Simbabwe gewohnt war.

Das Geld reichte hinten und vorne nicht. Zumal inzwischen eine neue Herausforderung hinzugekommen war: Es galt, eine gute und dennoch erschwingliche Schule für die Töchter zu finden. In gewisser Hinsicht ist dieses Problem mit dem der unzureichenden Krankenversicherung vergleichbar. Einer unüberschaubar großen Zahl afrikanischer Eltern bleibt gar nichts anderes übrig, als sich damit abzufinden, dass sie ihren Kindern nicht die Ausbildung ermöglichen können, die sie ihnen wünschen. Wie sehr sie sich auch anstrengen mögen.

Hier soll nicht behauptet werden, es sei unmöglich, vom Einkommen einer Fachärztin in Nairobi eine Familie zu ernähren. Das wäre Unfug. Aber wer in Kenia von einem einzigen lokalen Gehalt leben muss, kann von einer Eliteschule nur träumen. Tina und Olola hatten – im Unterschied zu der überwältigenden Mehrheit der kenianischen Bevölkerung – die Wahl, sowohl hinsichtlich der Krankenversicherung als auch hinsichtlich der Schule.

Hat man das Recht, wegen des eigenen Lebenstraumes die Zukunftschancen der Kinder zu mindern? Nach etwa eineinhalb Jahren gaben die beiden auf. Olola hatte noch immer keine bezahlte Stelle gefunden. Die Beziehungen zwischen Kenia und Tansania waren erheblich besser als früher. Es lockte ein attraktives Angebot des Universitätskrankenhauses in Moshi, an dem beide Arbeit finden konnten. Die lokalen Gehälter des Ehepaares würden von einer ausländischen, nichtstaatlichen Organisation aufgebessert werden, die auch Sozialleistungen auf europäischem Niveau bot. Moshi war – und ist – eine nette Kleinstadt mit einer internationalen Schule. 1996 zogen die Onekos dorthin. Sie wurden heimisch. Und blieben innerhalb des sozialen Gefüges, in dem sie sich auch in Deutschland und später in Simbabwe bewegt hatten: der Mittelschicht.

Wer ist denn eigentlich die Mittelschicht in Afrika? Internationale Investoren haben einen besonderen Blick auf die Welt. Im Juni 2010 meldete die *FAZ* in ihrem Finanzmarkt-Teil, Fondsmanager und andere Anleger entdeckten zunehmend »ein anderes Afrika, einen Kontinent, der wirtschaftlich aufstrebt und der eine breiter werdende Mittelschicht herausbildet«. Mittlerweile haben also sogar Investoren festgestellt, dass es in Afrika eine Mittelschicht gibt. Aber wer gehört dazu? Welche Kriterien lassen sich entwickeln – und lassen sie sich verallgemeinern für den ganzen Kontinent? Oder sind die Bedingungen in den verschiedenen Ländern so unterschiedlich, dass sie ohnehin nicht miteinander zu vergleichen sind? Geisteswissenschaftler, die sich mit Afrika befassen, setzen sich mit diesen Fragen schon länger auseinander. Aber ich bin keine Wissenschaftlerin, und ich will mir nicht anmaßen, gültige Antworten auf diese Fragen geben zu können. Mich interessiert, wie meine Gesprächspartner ihre eigene Situation sehen und was sie für ein konstituierendes Merkmal der Zugehörigkeit zur Mittelschicht halten.

»Die Mindestanforderung ist ein Schulabschluss und ein Einkommen«, sagt Olola beim Abendessen, und er fügt hinzu: »Unter Einkommen verstehe ich Einkünfte, die es dir ermöglichen, deine Kinder zur Schule zu schicken, sie einzukleiden und im Notfall eine Krankenhausrechnung bezahlen zu können. Ich rede von einem richtigen Krankenhaus – nicht von einem Ort, wo sie dir allenfalls ein fiebersenkendes Mittel geben können.« Er lacht auf. Nicht amüsiert, sondern bitter. Er hat genug Kliniken gesehen, in denen es an allem Notwendigen fehlt, um eine ernstere Erkrankung wirksam bekämpfen zu können.

Es liegt nahe, zunächst an die wirtschaftlichen Verhältnisse zu denken, wenn man versucht, den sperrigen Begriff der Mittelschicht einzukreisen. Aber geht es tatsächlich in erster Linie um Geld? Stanley, mit dem ich in Nairobi über das Thema vor meiner Abreise diskutiert hatte, meinte, der Zugang zu Informationen und Netzwerken sei in dieser Hinsicht bedeutend wichtiger. Gerade auf einem Kontinent wie Afrika, wo Gehälter im Staatsdienst – hier dem Rückgrat der Mittelschicht – sowieso meist nur knapp zum Leben reichten. Bildung ermögliche den Zugang zu Netzwerken und verhelfe dem Einzelnen zu Ansehen in der Gesellschaft, unabhängig von den Einkommensverhältnissen. Olola widerspricht: »Wenn du kein Geld hast, lässt jedes Netzwerk dich ganz schnell fallen. Freunde werden dem gebildeten Armen nicht helfen. Jedenfalls nicht häufiger als ein- oder zweimal. Das können sie gar nicht. Dafür sind die eigenen Verpflichtungen zu groß.«

Das Sein bestimmt das Bewusstsein. Ein Festangestellter argumentiert gegen einen Freiberufler, dessen Einkommen zwangsläufig schwankend ist – was in vielen Fällen dazu führt, dass selbst erfolgreiche Consultants in Verhältnissen leben, die in Deutschland seit einiger Zeit als »prekär« bezeichnet werden. Stanley findet es manchmal schwierig, die Stromrechnung zu bezahlen. Zu anderen Zeiten kann er es sich mühelos leisten, unserer Tochter und einer ihrer Schul- oder Studienfreundinnen jene Teile Kenias zu zeigen, deren Besuch eigentlich nur für Ausländer erschwinglich ist. Es kommt eben immer auf die Auftragslage an. Es bedarf eines hohen Maßes an Selbstdisziplin, um wenigstens eine eiserne Reserve für den unbedingt notwendigen Bedarf zurückzulegen.

Olola räumt ein: »Mein Gehalt ist lediglich ein Teil meines Einkommens. Den anderen Teil verdiene ich mit Vorträgen und Forschungsaufträgen. Das geht nur, weil ich Zugang zu internationalen Unternehmen und Organisationen habe.« Sein staatliches Monatseinkommen an der Universitätsklinik in Moshi beträgt umgerechnet gerade mal 723 Euro. Andere Einkünfte, die seinen Lebensstandard ermöglichen, bezieht er überwiegend von ausländischen Auftraggebern.

Ist somit der Beweis erbracht, dass – indirekt – das barmherzige Ausland sogar die afrikanische Mittelschicht finanziert? Nein. Sowohl Olola als auch Stanley werden für reale, professionelle Leistungen bezahlt. Die Auftraggeber ziehen Nutzen aus ihrer Arbeit, sonst würden sie sie nicht beschäftigen. Das ist keine Hilfsleistung, sondern die normale Wechselbeziehung zwischen Angebot und Nachfrage.

Komplizierter ist die Frage, wer eigentlich das reguläre Krankenhausgehalt des Gynäkologen bezahlt. Angaben des Auswärtigen Amtes zufolge ist mehr als ein Drittel des tansanischen Staatshaushalts geberfinanziert. In anderen Ländern liegt der Anteil noch höher – im Nachbarland Mosambik beispielsweise bei etwa der Hälfte. Man kann lange darüber streiten, ob diese Form der Hilfe nicht mindestens ebenso sehr im Interesse der Geber wie dem der Empfänger liegt. Ein Staat ohne wenigstens halbwegs funktionierende Infrastruktur wird über kurz oder lang zusammenbrechen. Verlässliche, planbare Geschäfte lassen sich unter solchen Umständen nicht machen. Am Beispiel von Tansania würde das bedeuten: weder könnten internationale Investoren dort Bodenschätze abbauen noch Plantagen mit den qualitativ besonders hochwertigen Kaffeebohnen der Region bewirtschaften.

Bücher über die Frage, wem die sogenannte Entwicklungshilfe unter dem Strich nutzt, füllen Bibliotheken. Die afrikanischen Beamten und Angestellten, die von den Finanzspritzen mittelbar profitieren, interessieren derlei Feinheiten im Regelfall nicht besonders. Verständlicherweise. Auch der Öffentliche Dienst in Deutschland widmet der Überlegung, aus welchen Quellen und Steuergeldern sich seine Gehälter im Einzelnen speisen, nur selten größere Aufmerksamkeit. Die Frage, welchen Einfluss welche staatlichen Maßnahmen auf die jeweilige individuelle Lebenssituation haben, spielt eine viel größere Rolle.

Es sieht so aus, als ob diejenigen in Tansania, die Geld zur Verfügung haben, derzeit wenig Grund zur Klage hätten. Das Warenangebot im Supermarkt ist vergleichbar mit dem in Kenia. Was bedeutet: Es gibt so ziemlich alles – jedenfalls alles, was ich mir vorstellen kann, in einem Supermarkt kaufen zu wollen. Vom Fertiggericht bis zum Selleriesalz. Das war nicht immer so. »Kenya is a man-eat-man-society«, sagten die Tansanier lange über den Nachbarn – frei übersetzt: In Kenia isst der Mensch den Menschen auf. Die Kenianer konterten: »Tansania is a man-eat-nothing-society.« In Tansania isst der Mensch gar nichts.

Kenia hatte sich seit der Unabhängigkeit 1963 dem westlichen Lager angeschlossen. Das ostafrikanische Land gehörte zu den letzten Staaten weltweit, die die DDR niemals völkerrechtlich anerkannt haben – Bonn revanchierte sich mit großzügiger Hilfe. Ohne sich besonders dafür zu interessieren, ob die Hilfe tatsächlich bei Bedürftigen ankam oder ob Mitglieder der Regierung das Geld für sich verwendeten.

In Kenia wird die – vermutlich gut erfundene – Anekdote erzählt, der erste Präsident Jomo Kenyatta habe äußerst verärgert reagiert, als ihm gesagt wurde, er könne ein Grundstück nicht kaufen, das er gerne haben wollte: »Ich bin der Präsident. Ich kann alles haben, was ich will. Wem gehört das blöde Grundstück?« Peinlich berührtes Schweigen. Schließlich fasste sich jemand ein Herz: »Mama Ngina. Ihrer Frau, Exzellenz.« Immerhin lebt diese Geschichte nur von dem Vorwurf der Raffgier. Mitglieder späterer kenianischer Regierungen haben sich nicht einmal mehr die Mühe gemacht, Grundstücke zu kaufen. Sie haben sich öffentliches Land einfach als Dank »für besondere Verdienste« vom jeweiligen Präsidenten verleihen lassen.

Wenigstens diese Probleme hatte Tansania nicht. Anders als das kapitalistische Kenia suchte es nach einem eigenen Weg zum Sozialismus, unabhängig von China und der Sowjetunion. Ungleichheiten in der Bevölkerung sollten beseitigt werden, alle sollten gemäß ihren Fähigkeiten arbeiten und das erhalten, was sie brauchten – und zwar mit Produkten aus dem eigenen Land. Um das erreichen zu können, wurden die Kräfte auf die Landwirtschaft konzentriert, nicht auf den Aufbau einer Industrie. Das

Ziel: Importe aus dem Ausland überflüssig zu machen. Um das zu erreichen, schreckte die Regierung nicht vor Zwangsumsiedlungen von Millionen Menschen in neu gegründete Dorfgemeinschaften zurück.

Den Traum des Staatsgründers Julius Nyerere von einem afrikanischen Sozialismus haben dennoch auch in Westeuropa viele mitgeträumt. Tansania erhielt vor allem in den 70er-Jahren Gelder in großer Höhe aus dem Ausland – was gerade jene Abhängigkeit von Gebern verstärkte, die eigentlich bekämpft werden sollte. Da nichts importiert werden sollte, waren die Läden leer, und zwar buchstäblich leer. Selbst Seife und Waschpulver waren Kostbarkeiten. Das änderte sich nach dem Rücktritt von Nyerere als Staatspräsident 1985. Damals öffnete sich das Land der Marktwirtschaft.

3. Sonntagskaffee am Kilimandscharo

»Früher haben wir gesagt: Nyerere ist allergisch gegen Reichtum. Wenn du einen Dollar in seinem Haus versteckst, dann fängt er an zu niesen.« Der Mann, der das kichernd erzählt, hat das tansanische System von Grund auf kennengelernt. Jahrelang arbeitete der heute 62-jährige Apollo Maruma an Schaltstellen der Verwaltung: an der Grenze, bei der Eisenbahn, schließlich in gehobener Stellung bei der staatlichen Luftverkehrsgesellschaft Air Tanzania. Politische Nähe zum Sozialismus wird man ihm kaum unterstellen können. Maruma ist inzwischen ein angesehener Rechtsanwalt mit zwei Kanzleien – einer in Arusha, einer in Moshi – und mit allen Insignien des Wohlstands: eleganter Kleidung, einer teuren Uhr, mehreren Autos. »Wenn du früher ein Kilo Zucker kaufen wolltest, brauchtest du eine Genehmigung – puuhh!« Er schüttelt sich. Eine Genehmigung? »Na ja – einen Bezugsschein.«

Schon der Vater von Maruma war ein Gegner Nyereres gewesen: »Er nannte ihn einen Verräter, weil er die traditionellen Fürstentümer abgeschafft hat.« Trotzdem spricht der Rechtsanwalt mit einer gewissen Wärme vom ehemaligen Präsidenten: »Es gibt etwas, was ich Nyerere hoch anrechne. Er war ehrlich. Er hatte keine verborgenen Absichten, und er wollte sich auch nicht persönlich bereichern. Als ihm kurz vor seinem Tod von der Regierung ein großes Haus geschenkt wurde, schaute er es an und sagte dann: ›Ich bin kein Elefant. Ein so großes Haus brauche ich nicht.‹ Sprach's und ging zurück in seine Hütte. Er hat niemals in dem Haus gewohnt.«

Zumindest in dieser Hinsicht war Julius Nyerere eine Ausnahmeerscheinung. Der Regelfall in Afrika sah anders aus. Charismatische Kämpfer für die Unabhängigkeit verwandelten sich, kaum waren sie in Amt und Würden, binnen weniger Jahre in korrupte Despoten, die den Staat für ihre persönliche Pfründe zu halten schienen, Menschenrechte konsequent missachteten und sowohl wichtige als auch weniger wichtige Posten ausschließlich unter dem Gesichtspunkt der Vetternwirtschaft vergaben.

Julius Nyerere gehört nicht auf die Liste der politischen Verbrecher. Er hat versucht, unabhängig vom Schutzschirm eines der beiden Blöcke des Kalten Krieges, die Politik zu verfolgen, die er für richtig hielt. Aufs Ganze gesehen war er nicht erfolglos. Mit seiner Bildungspolitik erzwang er eine in Afrika konkurrenzlos niedrige Analphabetenrate. Wichtiger noch: Dank der Förderung einer gemeinsamen Landessprache, nämlich Swahili, und einer klugen Verwaltungspolitik – Beamte wurden niemals in ihre Heimatregionen entsandt, was Korruption und Vetternwirtschaft reduzierte – ist es ihm gelungen, ein Gefühl der nationalen Zusammengehörigkeit zu erzeugen. Zumindest auf dem Festland, das früher Tanganjika hieß und 1961 unabhängig wurde.

Der Zusammenschluss mit der Insel Sansibar kurz nach deren Unabhängigkeit 1963 war niemals problemfrei und ist es bis heute nicht. Zu sehr unterscheidet sich die Geschichte, die Zusammensetzung der Bevölkerung, die Kultur vom Festland. Immerhin: Einen Bürgerkrieg hat es in Tansania nie gegeben, keine Hochrüstung, auch keine Hungersnot. Das sollte bei einer Bilanz nicht unberücksichtigt bleiben, obwohl es seit dem Ende des Kalten Krieges modisch geworden ist, den Erfolg einer Politik ausschließlich daran zu messen, ob der Kapitalismus sich ungehindert entfalten kann.

Mit seinem wirtschaftspolitischen Kurs ist Julius Nyerere auf der ganzen Linie gescheitert, und wenn man Apollo Maruma zuhört, dann ahnt man, woran das – unter anderem – gelegen haben könnte. »Wir hatten gar nichts, aber immer noch viel Geld übrig für Freiheitskämpfer in anderen Ländern. Im Kongo, in Mosambik – überall. Nyerere dachte, alle seien so ehrlich wie er. ›Sie werden uns das Geld zurückzahlen, wenn sie es können‹, sagte er.« Maruma lacht. »Darauf warten wir heute noch.«

Der damals junge Mann war 1975 als Angestellter der ostafrikanischen Wirtschaftsgemeinschaft – seinerzeit bestehend aus Kenia, Tansania und Uganda – an die Grenze zu Sambia geschickt worden. »Es gab ein Dekret, dem zufolge wir nicht alle Güter kontrollieren durften, wenn sie nach Sambia gingen.« Von dort aus wurde die Guerilla unterstützt, die gegen die weiße Vorherrschaft in Rhodesien, dem späteren Simbabwe, kämpfte. »Ich bekam dann eine Nachricht: ›Heiße Fracht!‹ Das konnten Freiheitskämpfer ohne Pässe sein. Oder Waffen, was auch immer. Ich hatte keine Ahnung. Meine einzige Aufgabe war es, dafür zu sorgen, dass die Schranke hochging und niemand Fragen stellte.«

Apollo Maruma hatte keine Lust auf Verwaltungsarbeit. Eigentlich hatte er schon keine Lust gehabt, überhaupt zur Schule zu gehen. »Ich bin im Grenzgebiet zu Kenia aufgewachsen. Der Schmuggel blühte. Viele meiner Klassenkameraden haben die Schule verlassen und sind reich geworden. Ich hatte das Gefühl, mein Leben zu vergeuden, und sah keinerlei Sinn im Schulbesuch.«

Sein Vater, der als erster Student der Region auf die später legendär gewordene Makerere-Universität in Uganda – einer Eliteschmiede für Ostafrika – gegangen war, erzwang eine solide Ausbildung für Maruma. Und obwohl der dafür heute dankbar ist und seinen Beruf als Anwalt gerne ausübt, ist sein Bild von der Mittelschicht von den Erfahrungen seiner Jugend geprägt: »Theoretisch denke ich, die Mittelschicht sollte aus Leuten bestehen, die ihren Lebensunterhalt mit der Ausübung ihres erlernten Berufs verdienen. Aber es gibt eine Menge reicher Leute, die ein Klassenzimmer niemals von innen gesehen haben. Wenn man Mittelschicht ausschließlich ökonomisch definiert, also über den Besitz, dann gehören hier viele Diebe dazu. Einige haben die Transformation übrigens ganz wunderbar hinbekommen und sind inzwischen ›geachtete Bürger‹.«

Wieder lacht Apollo Maruma. Wer als Mitteleuropäerin seinen Erinnerungen lauscht, hat unwillkürlich das Gefühl, einen tansanischen Soldaten Schwejk getroffen zu haben. Da saß er nun also, im Nirgendwo an der Grenze zwischen Tansania und Sambia. Und langweilte sich. Aber den Schwejks dieser Welt kommen irgendwann die Umstände zugute – weil sie imstande sind, sie für sich zu nutzen.

»1976 wurden Importsteuern auf Zink und Kupfer eingeführt. Einfach so. Die Verwaltung war darauf überhaupt nicht vorbereitet. Ich beschloss, die neue Anweisung buchstabengetreu auszuführen – und hatte innerhalb von zwei Tagen eine drei Kilometer lange Schlange von Lastwagen an der Grenze.« Apollo Maruma schmunzelt. »Der Finanzminister tobte. Er wollte mich feuern, aber das ging nicht. Schließlich war ich Angestellter der ostafrikanischen Wirtschaftsgemeinschaft.« Um den Konflikt zu entschärfen, wurde Maruma in die kenianische Küstenstadt Mombasa versetzt. »Etwas Besseres konnte einem damals überhaupt nicht passieren. Die Läden waren voll, es gab alles. Ich habe große Augen gemacht.«

Das Glück dauerte nur ein Jahr. Dann zerbrach die ostafrikanische Wirtschaftsgemeinschaft an allzu tief greifenden Systemunterschieden zwischen den Mitgliedern. Erst im Jahr 2000 wurde sie neu gegründet, seit dem 1. Juli 2007 gehören auch Burundi und Ruanda dazu. 30 Jahre früher war das noch nicht einmal Zukunftsmusik – es war unvorstellbar. Apollo Maruma musste nach Tansania zurück, zur Zollbehörde in Dar Es Salaam. Eigentlich hätte er schon damals lieber als Anwalt im Privatsektor gearbeitet: »Keine Chance. Gerichte waren unwichtig. Die Partei entschied, wer eine Lizenz bekam. Nyerere fand Befreiungsbewegungen toll, und er fand Sozialismus toll. Das Recht interessierte ihn nicht. Er war kein Demokrat. Wohlmeinend, aber kein Demokrat.«

Also saß Maruma an einem Schreibtisch und langweilte sich. »Morgens um zehn hatte ich schon drei Bier getrunken. Es gab ja sonst nichts zu tun. Pro Tag musste ich ungefähr ein Dokument stempeln.« Das ist ein Pensum, das sich bewältigen lässt. Aber dann war er wieder einmal zur richtigen Zeit am richtigen Platz: Der Generaldirektor der staatlichen Eisenbahn wünschte eine möglichst zügige Abfertigung irgendwelcher Güter, »um deutsche Gäste damit zu beeindrucken, wie effizient wir arbeiten«. Nun gab es zwar gar keine Güter, die abgefertigt werden konnten, aber jemanden, der einfallsreich ist und einen Sinn für bizarre Situationen hat, hindert das an nichts. Maruma baute Potemkinsche Dörfer und »fertigte ab«, was das Zeug hielt. Inmitten von Kartons und Kisten, die eilends herangeschafft worden waren und als Kulisse dienten. Die Gäste waren beeindruckt, der Generaldirektor war dankbar. Ein paar Wochen später bekam der Jurist einen attraktiven Posten angeboten. Bei der Eisenbahn. »Eine Konferenz jagte die andere. Wir fuhren in Sonderzügen nach Mwanza, Tanga, Kigoma. Für diese Dienstreisen bekamen wir natürlich auch Spesen. Wir lebten ziemlich gut.« Allerdings lag der Reiz dieses Lebens eher in Annehmlichkeiten, die Beziehungen verschaffen konnten, als in realem Luxus: »Selbst die Leute ganz oben in der Hierarchie hatten nicht viel Geld. Die Abteilung für Öffentlichkeitsarbeit tat deshalb den lieben, langen Tag nichts anderes, als sich um Gratisbuchungen für Kinder, Hausangestellte, Ehefrauen und Geliebte von Ministern zu kümmern.« Mittlerweile könne man als Zollbeamter leicht reich werden: »Zu Nyereres Zeit gab es wirklich nicht so viel Korruption. Natürlich nicht – es gab ja nichts. Heute? Oh!« Maruma schweigt beredt.

1982 bewarb er sich bei Air Tanzania. Die Dienstreisen führten nun ins Ausland, zu attraktiven Zielen, gelegentlich nach Europa. Manchmal allerdings kehrte er von diesen Reisen mit bitteren Erkenntnissen zurück: »Ich flog nach Kampala, und da wurde ich wirklich wütend. Da fand ich Produkte in den Geschäften wie zum Beispiel Seife, die in Tansania hergestellt worden war, die es aber bei uns nicht zu kaufen gab. Und die Ugander wollten sie nicht einmal. Sie wollten Sachen aus Kenia. Also machte Kenia das gute Geschäft und nicht wir. Die Ugander wollten sich mit ›Lux‹ waschen, und uns haben sie verachtet.«

1986 bemühte sich Maruma endlich um die Anwaltszulassung: »Der Sozialismus starb, der Kapitalismus kam durch die Hintertür.« Dass sich auch im Bereich der öffentlichen Verwaltung vieles ändern würde, war ihm klar – wie viel, das konnte er nicht vorhersehen. »1992 wurde das gesamte Management der Fluglinie entlassen. Mit der schönen offiziellen Begründung, das läge im ›öffentlichen Interesse‹.«

Nun endlich erwies sich das Jura-Studium als nützlich. Der vierfache Familienvater kehrte in seine Heimatstadt Moshi zurück und begann, als Anwalt zu arbeiten. Heute nimmt er umgerechnet ungefähr 120 Euro Beratungsgebühr pro Stunde, und in den meisten Fällen, mit denen er sich beschäftigt, geht es um Geld: um Besitzfragen, Erbschaftsangelegenheiten, Schuldentilgung.

Kann man sich auf die tansanische Justiz verlassen? Apollo Maruma zögert. »Bis zu einem gewissen Grad.« Was heißt das? »Na ja – wenn mir ein Prozessgegner den freundlichen Hinweis gibt, dass der Richter sein Cousin ist, dann weiß ich schon, was er mir damit sagen will. Nämlich: Überleg dir, ob du wirklich klagen willst. Und es kommt schon mal vor, dass eine Zeugenaussage plötzlich unauffindbar ist und offenbar niemals aufgezeichnet wurde.«

Meiner Ansicht nach muss man seine Ansprüche ziemlich herunterschrauben, wenn man unter diesen Umständen noch von einer verlässlichen Justiz sprechen möchte. Aber der Anwalt zuckt die Achseln. »Wann immer es einen Ermessensspielraum für Entscheidungen gibt, gibt es auch Korruption.« Ändern ließe sich das nicht – allenfalls eindämmen. Was für ein deprimierender Satz. Ich erinnere mich, dass mir ein solcher Fatalismus auch schon in Kenia begegnet ist, als ich dort noch lebte. Damals habe ich auf meiner Überzeugung bestanden, in Deutschland gebe es so gut wie keine Korruption, und wenn doch, dann werde sie hart und unnachsichtig verfolgt. Das gelte für alle Bereiche der Wirtschaft und des öffentlichen Lebens. Diesem Kinderglauben hänge ich heute nicht mehr an.

In welchem Umfang ist die Fürsorge für die eigene Familie, das eigene Dorf, die eigene Heimatregion legitim? »Diese Straße hat mein Onkel bauen lassen, gleich nach der Unabhängigkeit, als er Erziehungsminister war«, erzählt die 52-jährige Susan Selle stolz. »Dafür erinnert man sich an ihn bis auf den heutigen Tag.« Die Straße führt durch ein ländliches Gebiet am Fuß des Kilimandscharo, etwa 20 Kilometer von Moshi entfernt, in dem fast ausschließlich Kleinbauern leben. Sie ist geteert und in gutem Zustand. Für die Anlieger ist das sicherlich erfreulich, obwohl hier nicht viele Leute ein Auto haben. Aber dennoch darf vermutet werden, dass es unmittelbar nach der Unabhängigkeit in Tansania viele Projekte gab, die dringlicher gewesen wären als diese Straße.

Jeder Meter Teer steht für ein klassisches Problem in vielen Ländern Afrikas. Abgeordnete werden direkt gewählt – es gibt meist weder ein Zweikammersystem noch Landeslisten der jeweiligen Parteien. Das bedeutet, dass Wählerinnen und Wähler auch erwarten, dass sich ihre Vertreter vor allem um die Belange der jeweiligen Region kümmern. Wer im Kontext des gesamten Staatsgebiets denkt und handelt, riskiert, dass er oder sie nicht wiedergewählt wird. Denn solange die Mehrheit der Parlamentarier sich vor allem um die Bevölkerung in den jeweiligen Heimatregionen sorgt, so lange bedeutet das auch: Abgeordnete, die im übergeordneten, nationalen Interesse agieren, lassen die eigenen Leute im Stich. Um die kümmert sich ja dann auch sonst niemand. Eigentlich wird dieser Mechanismus andernorts ebenfalls für selbstverständlich gehalten. Ein deutscher Ministerpräsident, der erklärte, die Belange seines Bundeslandes seien im Moment nicht so wichtig, man müsse das Augenmerk derzeit vor allem auf eine andere Region richten, der wäre nicht sehr lange Ministerpräsident. Wenn jedoch in Afrika ein Abgeordneter im Hinblick auf regionale Interessen im nationalstaatlichen Parlament auf vergleichbare Weise handelt, dann wird in deutschen Medien von Stammesdenken geschrieben.

Das liegt auch daran, dass nur in wenigen afrikanischen Staaten eine übergeordnete Instanz zwischen Einzelinteressen vermittelt. Im föderalistischen Deutschland gibt es einen Finanzausgleich zwischen den verschiedenen Bundesländern. In den meisten afrikanischen Ländern gibt es nichts dergleichen. Dünn besiedelte Gebiete, in denen überwiegend »bildungsferne« Schichten leben, um einen in Deutschland beliebten Ausdruck zu wählen, haben keine Lobby. Die Schere zwischen entlegenen Regionen und den fruchtbaren Gegenden, die meist auch noch in der Nähe von städtischen Zentren liegen, wird daher beständig größer.

Auch die Gemeinde Machame liegt in einer fruchtbaren Gegend. Und sie hat ja sogar diese Teerstraße, die an steinernen Zeugnissen der deutschen Kolonialvergangenheit vorbeiführt. An einer weiß gekalkten, lutherischen Kirche mit Türmchen beispielsweise, die aussieht, als stünde sie in Baden-Württemberg. Der Großvater von Susan Selle war etwa von 1915 an der erste afrikanische Pfarrer der Gemeinde. »Noch in meiner Kindheit stand die Kirche auf freiem Feld«, sagt sie. »Aber inzwischen wird jeder Fleck hier für die Landwirtschaft genutzt.«

Wir fahren durch einen Dschungel aus Bananenstauden und vorbei an vertrockneten, ungepflegten Kaffeebäumen. Arthur Mallya, der ehemalige Manager einer Kaffeefarm hat mir am Vortag erzählt, dass die Einkünfte für die Kleinbauern aus diesem Exportprodukt beständig sinken, seit internationale Konzerne wie beispielsweise Tchibo hier in großem Stil investieren. Die Konzerne haben vor allem die einstigen staatlichen Kooperativen übernommen, die in der Zeit des Sozialismus nicht profitabel gewirtschaftet haben.

Tchibo hat vor einigen Jahren insgesamt knapp 7000 Hektar für den Zeitraum von 30 Jahren gepachtet. »Ich habe den Vertrag im Namen von Tchibo unterschrieben«, erklärte der 62-jährige, inzwischen pensionierte Arthur Mallya. Der Konzern sei nun alles in einem: Bauer, Händler, Weiterverkäufer. Das ermögliche Rationalisierung und Preisdiktate.

Die Nutzfläche, die Kleinbauern zur Verfügung steht, schrumpfe hingegen beständig. Durch Erbteilung, durch Grabstätten auf dem Familienbesitz. Durchschnittlich 0,1 Hektar könne jeder Bauer hier inzwischen noch bewirtschaften. »Das genügt nicht mehr, um die Kinder zur Schule zu schicken. Obwohl die Bauern immer einfallsreicher werden. Aber es reicht eben nicht einmal mehr dann, wenn man Steine unten in einen Kaffeesack füllt, um ihn zu beschweren und somit mehr Gewinn zu erzielen.« Deshalb ließen viele Kleinbauern inzwischen lieber ihre Pflanzen vertrocknen, statt Mühe darauf zu verwenden, sie für einen Hungerlohn verkaufen zu dürfen.

»Der Kreis hat sich geschlossen – auf dem Land arbeiten hier alle wieder für die ausländischen Glücksritter, genau wie im Kolonialismus«, sagte Mallya. »Immerhin bekommen die Leute jetzt wenigstens Masken, um sich vor den Pestiziden zu schützen. Großartig.« Er lachte sarkastisch, schüttelte den Kopf. »Die Bauern sind verbittert. Immer häufiger werden Bewässerungsanlagen der Großkonzerne sabotiert. Die Wut wächst. Das wird noch ein richtiges Problem.«

Es ist auch für Susan Selle und ihre Familie nicht erfreulich, wenn ihre Nachbarn verzweifeln, weil sie ihre Einkommensquelle verlieren. Aber wenigstens sie selbst sind davon nicht unmittelbar betroffen. Auf die Einnahmen aus ein paar Kaffeepflanzen ist die Familie nicht angewiesen, die seit vielen Generationen in der Region besonders angesehen und einflussreich ist. Lokale Autorität, man könnte auch sagen: Landadel. Es ist kein Zufall, dass der Onkel von Susan es zum Minister gebracht hat. Sie selbst hat eine vorzügliche Ausbildung genossen. Zunächst besuchte sie ein Eliteinternat in Kenia, dann studierte sie im außerafrikanischen Ausland – und gegenwärtig denkt die Medienwissenschaftlerin darüber nach, was sie nach einer gescheiterten Ehe mit ihrer Zukunft anfangen will.

Ihre Eltern können helfen, ihr die Zeit zu geben, die sie braucht. Sie haben uns zum Sonntagskaffee eingeladen, und diese Einladung unterscheidet sich kaum von einer vergleichbaren Einladung in Bielefeld oder in Ansbach. Auf kleinen Nierentischen stehen Aschenbecher und Schalen mit Nüsschen oder gesalzenen Kochbananen. Als Getränke serviert werden Tee, Kaffee, Saft – im Tetrapack – sowie Sprite, Fanta und Cola. In Flaschen abgefüllt. Gastfreundschaft am Nachmittag im Zeitalter der Globalisierung.

Wir machen einen Spaziergang hinunter zum Fluss. In der Regenzeit führt er viel Sand vom Berg mit sich. Dieser Sand ist gut für die Herstellung von Baumaterial geeignet. Es ist gerade für jemanden wie mich, die ich nicht viel von Ökosystemen verstehe, faszinierend, wie viele elementare Bedürfnisse die Natur unter günstigen Bedingungen auf kleinem Raum befriedigen kann. Heute allerdings ist der Nutzwert auch von Umständen abhängig, die nichts mit der unmittelbaren Umgebung zu tun haben. Einst – noch in der Kindheit von Susan Selle – war der Abhang von Regenwald bedeckt, dem Lebensraum von Affen, Gazellen, Vögeln. Die Tiere sind längst in andere Regionen abgewandert. Jetzt stehen auch hier am Wegesrand vernachlässigte Kaffeebäume.

Von der Terrasse des Hauses aus, in dem Susans Eltern leben, schaut man an klaren Tagen auf den Gipfel des Kilimandscharo. Die Gemeinde Machame liegt auf der Südseite dieses höchsten Berges in Afrika. Einer weitverbreiteten Legende zufolge hat die englische Königin Victoria dem deutschen Kaiser Wilhelm II. den Berg zum Geburtstag geschenkt, als das Festland von Tansania noch zur Kolonie Deutsch-Ostafrika gehörte. Das hätte zwar gut zu der Willkür gepasst, mit der europäische Mächte in Afrika die Grenzen gezogen haben, aber die Geschichte ist trotzdem falsch. Genauso falsch übrigens wie der Mythos, die Deutschen hätten den Briten die Insel Sansibar im Austausch für Helgoland überlassen. Deutschland hat lediglich auf mögliche Gebietsansprüche verzichtet und sich verpflichtet, auf Sansibar die »Schutzherrschaft« von Großbritannien anzuerkennen. Dafür ging Helgoland an das Deutsche Reich. Kein schlechter Tausch, wenn man bedenkt, dass Sansibar ohnehin nie unter deutscher Herrschaft stand.

4. Pemba und die Spuren des Krieges

Es wird Zeit, Moshi zu verlassen und weiterzureisen. Olola begleitet mich zum Schalter, an dem ich eine Fahrkarte ins etwa 450 Kilometer entfernte Dar Es Salaam kaufen will. Ich habe Glück und erwische eines der letzten Tickets für den Luxusbus. Das ist zwar mit umgerechnet knapp zwölf Euro deutlich teurer als die 7,30 Euro, die der normale Bus kostet – prozentual ist der Preisabstand größer als zwischen Erster und Zweiter Klasse in der Deutschen Bahn –, aber man bekommt etwas für das Geld: bequeme Sitze, gute Federung, Klimaanlage, pünktliche Abfahrt. Leider bekommt man auch noch etwas anderes, auf das ich gut verzichten könnte: Musik-DVDs, abgespielt auf mehreren Monitoren im Mittelgang, die Jesus Christus loben und preisen. In einer Lautstärke, die Lazarus erwecken würde, säße er im Bus.

Ich empfinde das als ausgesprochen aggressive Form der Missionierung und frage mich, was wohl die tief verschleierte Muslima drei Reihen hinter mir von diesem Begleitprogramm der Fahrt hält. In Tansania leben Christen, Muslime und Anhänger traditioneller Religionen weitgehend spannungsfrei zusammen. Vielleicht sind die DVDs dafür sogar ein Beweis – in einem Land, in dem es gewaltsame religiöse Konflikte gibt, würde wohl kein Busbetreiber auf die Idee kommen, für seine Passagiere diese Form der Unterhaltung zu wählen.

Kurz vor Dar Es Salaam steigt ein junger Mann zu. Er hat einen Koffer voller Kosmetikprodukte dabei, und die möchte er nun verkaufen. Kaffeefahrt auf tansanisch. Wenigstens werden einem hier nicht die Vorzüge von Heizdecken erklärt, dem Klima sei Dank. Aber der Händler nervt trotzdem gewaltig, zumal der halbe Bus schläft und er ein volltönendes Organ hat. Ich schwanke zwischen Bewunderung für die Gelassenheit meiner Mitreisenden und dem Bedürfnis, sie schütteln zu wollen. Warum schmeißen sie den Kerl nicht endlich raus? Er geht doch mit Sicherheit allen auf die Nerven. In dem Augenblick, in dem ich mich frage, ob nicht sogar ich als Ausländerin vielleicht und eventuell doch mal sagen könnte, dass es nun aber wirklich gut ist – in genau dem Augenblick kauft die junge Mutter mit Baby neben mir, die nicht so aussieht, als habe sie Geld zu verschenken, eine undefinierbare Tinktur. Manchmal sind mir gerade Leute sehr fremd, denen ich mich vorher irrtümlich verbunden gefühlt hatte.

In Dar Es Salaam gefällt es mir nicht. Vielleicht wäre das anders, wenn ich die Stadt nicht als etwas verschlafenen, entspannten Ort in Erinnerung hätte, in dem mir vor etwa 20 Jahren zwar besonders viele unprofessionelle, aber auch besonders viele freundliche Leute begegnet waren. Inzwischen ist Dar Es Salaam ganz sicher nicht mehr entspannt. Der Verkehr ist ein Albtraum. Wenigstens in dieser Hinsicht wurde das Ziel erreicht, mit Nairobi gleichzuziehen. An jeder Straßenecke werde ich bedrängt, doch bitte ein Taxi zu nehmen – in den nächsten Monaten werde ich mich gelegentlich nach solchen Angeboten sehnen, aber das weiß ich jetzt noch nicht –, und so sehr viele freundliche, geduldige Leute treffe ich auch nicht. Dafür erneut ein erstaunlich hohes Maß an Unprofessionalität.

Ich bin auf der Durchreise und will lediglich die Frage klären, ob ich es wagen kann, mit dem Bus zu meinem nächsten Reiseziel, ins mosambikanische Pemba, zu fahren. Ist die seit Langem geplante Brücke über den Fluss Rovuma endlich fertiggestellt, oder muss man nach wie vor auf einem Floß übersetzen – ein, vor allem in der jetzigen Regenzeit, nicht ganz ungefährliches Unterfangen? Vor meiner Abreise habe ich widersprüchliche Informationen erhalten. In meinem Hotel dann die gute Nachricht: Es gibt eine Eisenbahnverbindung nach Mosambik. Leider lassen sich Fahrkarten und Fahrpläne nicht telefonisch erfragen, man muss sich zum Bahnhof begeben.

Mein Verstand hätte mir sagen müssen, dass diese Auskunft unmöglich stimmen kann. Fast überall in Afrika sind die Gleise marode, die Züge auch. Das noch im Kolonialzeitalter erbaute Streckennetz existiert nicht mehr. Viele Verbindungen sind längst stillgelegt. Falls es plötzlich eine völlig neue Verbindung geben sollte, dann hätte sich das zweifellos herumgesprochen. Aber ich gehöre zu den Menschen, die gerne das glauben, was sie glauben wollen. Also stehe ich irgendwann am Schalter und fühle mich an einen alten Witz aus DDR-Zeiten erinnert: Nein, hier gibt es keine Fahrkarten nach Mosambik. Hat es auch nie gegeben. Keine Fahrkarten nach Sambia gibt es am Nachbarschalter. Bis vor Kurzem gab es die dort noch, aber derzeit ist die Strecke stillgelegt.

Der Angestellte an der Rezeption meines Hotels hatte Sambia mit Mosambik verwechselt und war auch im Hinblick auf Sambia nicht ganz auf dem neuesten Stand. Kann ja passieren.

Also ins Reisebüro. Davon gibt es in Dar Es Salaam inzwischen genug. Leider bestreiten die meisten ihre Existenz fast ausschließlich mit – überteuerten – Fahrten nach Sansibar, wo es übrigens seit zwei Monaten keinen Strom gibt. Wenn man Lust hat, sich alle Vorurteile über Afrika bestätigen zu lassen, dann ist Dar Es Salaam dafür derzeit ein gut geeigneter Ort. Insgesamt suche ich vier Reisebüros auf, um mich nach Busverbindungen zu erkundigen. Zweimal scheitere ich mit dem Versuch, die Fachkräfte davon zu überzeugen, dass es auch in Mosambik und nicht nur in Tansania einen Ort namens Pemba gibt. In einem dritten Reisebüro wird mir gesagt, die einzige Möglichkeit bestünde darin, privat ein Flugzeug zu chartern. Und im vierten werde ich wieder einmal zum Bahnhof geschickt, um eine Fahrkarte für die Eisenbahn zu kaufen.

Was bleibt an Möglichkeiten? Der Bus. Aber ich habe inzwischen gemerkt, dass ich mich einfach nicht traue, damit zu fahren. Es gibt Berichte, denen zufolge Reisende am anderen Ufer des Rovuma regelmäßig von hoffnungsvollen Diebesbanden erwartet werden. Sie stimmen vermutlich nicht. Wahrscheinlich ist das eine der vielen Räuberpistolen, die auf dem Kontinent kursieren und die mit besonderer Lust von Leuten kolportiert werden, die gerne den eigenen Mut und die eigene Abenteuerlust herausstreichen möchten. Aber selbst wenn es keine Diebesbanden gibt, etwas steht fest: Der Weg von Dar Es Salaam nach Pemba ist zu weit, um die Strecke an einem Tag zu bewältigen. Deshalb müsste ich, bevor es um vier Uhr morgens weitergehen würde, in der einzigen Unterkunft eines Dorfes übernachten, in dem es keinen Strom gibt. Und keine Nachtwächter. Wenn jemand sich für meine Wertgegenstände interessiert, dann bräuchte er ja nicht einmal gewalttätig zu werden. Ganz sanft könnte er sie mir wegnehmen und sich gemessenen Schrittes entfernen. Mir bliebe allenfalls, ihm nachzuwinken, was mitten in der Nacht und ohne Strom nicht einmal eine eindrucksvolle Geste wäre. Natürlich ist es immer möglich, dass einem etwas zustößt. Auch zu Hause, übrigens. Aber wenn ich denn schon diese Reise unternehme und mir tatsächlich etwas passiert, dann wäre es mir doch lieber, ich dürfte hinterher Mitgefühl erwarten und müsste mir nicht den berechtigten Vorwurf machen lassen, ich sei leichtsinnig gewesen.

Also buche ich einen Linienflug nach Pemba. Online, problemlos. Das wird sich als wiederkehrende Erfahrung erweisen. Wer über ausreichend Bildung und Geld verfügt, um sich von eingefahrenen Mechanismen afrikanischer Dienstleistungsunternehmen lösen zu können, nutzt diese Möglichkeit gerne. Im Internet ist der Kontinent angeschlossen an den Rest der Welt. Im Bereich der persönlichen Dienstleistung vielerorts nach wie vor nicht. Nach meinem Eindruck bedeutet das: Die Kluft zwischen Arm und Reich, zwischen Stadt und Land, zwischen Gebildeten und Ungebildeten wird breiter.

Am besten beurteilen kann ich das natürlich im Hinblick auf Kenia, einfach, weil ich dieses Land am besten kenne und auch die Nachrichten von dort genauer verfolge als die aus anderen afrikanischen Staaten. In Nairobi verfügen 13 Prozent der Bevölkerung einer Erhebung von 2010 zufolge über einen Computer, und es gibt Hunderte von Internetcafés. Im schwer zugänglichen Nordosten von Kenia sind es gerade mal 0,6 Prozent, und Internetcafés sind in der überwiegend von Nomaden bewohnten, staubtrockenen Mondlandschaft selten zu finden. Dabei kommt man mit einem USB-Modem inzwischen fast überall in Afrika ins Netz. Das allerdings nützt wenig, wenn man nicht lesen und schreiben kann – was UNESCO-Angaben zufolge noch immer für etwa 40 Prozent der Erwachsenen südlich der Sahara gilt.

Pünktlicher Abflug, pünktliche Landung, Visum an der Grenze. In Pemba kommt Urlaubsstimmung auf. Die kleine Hafenstadt am Indischen Ozean, schon seit dem 14. Jahrhundert ein Handelsplatz, ist ein ungewöhnlich malerischer Ort mit halb verfallenen Kolonialgebäuden und riesigen Baobab-Bäumen, von denen manche über tausend Jahre alt sein sollen. Allerdings finden die Einwohner ihre Stadt wohl weniger romantisch als vielmehr heruntergekommen. Bis heute sind hier die Wunden des Bürgerkrieges nicht verheilt, obwohl der schon 1992 zu Ende ging, also inzwischen ziemlich lange zurückliegt.

Der Krieg in Mosambik gehört zu den düstersten Kapiteln der afrikanischen Geschichte nach dem Ende des Kolonialzeitalters – und er ist ein Musterbeispiel für fortdauernde Abhängigkeiten und internationale Einmischung. Der mächtigste Verbündete der sozialistischen Regierung des Landes war die Sowjetunion gewesen. Aber bereits 1977, zwei Jahre nach der Unabhängigkeit von Portugal, sah sich die Regierung mit einer Guerillabewegung konfrontiert – der Renamo –, die zunächst von der weißen Minderheitsregierung in Rhodesien, später vom Apartheidregime in Südafrika und den USA unterstützt wurde. Verhindern wollten diese Mächte, dass Widerstandskämpfer gegen die Politik der Rassentrennung im Nachbarland Mosambik eine sichere Rückzugsbasis fanden. Der Krieg hat fast eine Million Todesopfer gefordert und Millionen in die Flucht getrieben. Bis zum März 2010 waren offiziellen Angaben zufolge erst etwa die Hälfte aller Distrikte von Landminen geräumt.

Obwohl auch seitens der offiziellen Streitkräfte schwere Menschenrechtsverletzungen begangen wurden, lässt sich das mit dem Terror der Renamo in den von ihnen kontrollierten Gebieten nicht vergleichen. Verbrechen gegen die Zivilbevölkerung wurden als strategisches Mittel eingesetzt, mit dem einerseits die Versorgung der Guerilla gesichert, andererseits genug Furcht erzeugt werden sollte, um Unterstützung für die Regierung zu verhindern. Dorfbewohner wurden bei lebendigem Leibe verbrannt, erstickt, zu Tode geprügelt. Besonders abscheuliche Taten wurden regelmäßig von Kindersoldaten begangen, die in großer Zahl zwangsrekrutiert und mit dem eigenen Tod bedroht worden sind, wenn sie sich weigerten, Befehle auszuführen.

Anfang der 90er-Jahre bin ich durch Renamo-Gebiet gefahren. Die Infrastruktur war nicht etwa schlecht – sie war nicht vorhanden. Es gab keine Schulen, keine medizinische Versorgung, keinen Zugang zu sauberem Wasser. Felder lagen brach. Obwohl der Krieg offiziell beendet war, wagten Dorfbewohner nicht, mit uns, drei Journalisten und dem Leiter eines deutschen Hilfsprojektes, zu sprechen. Das muss in einem Krisengebiet nicht zwangsläufig so sein: Die eritreische Volksbefreiungsfront EPLF, der man in anderem Zusammenhang vieles vorwerfen kann, hat sich bereits während ihres Kampfes für die Loslösung Eritreas von Äthiopien um eine vorbildliche Versorgung der Zivilbevölkerung in den von der Guerilla kontrollierten Regionen bemüht.

Die Renamo nicht. Trotzdem ist es ihr gelungen, sich von einer Rebellenbewegung in eine konservative Partei umzuwandeln. Sie ist heute die größte Opposition in Mosambik und hat vor allem im Norden des Landes, in dem sie auch während des Krieges ihre Basis hatte, inzwischen eine große Anhängerschaft. Wie ist das möglich, wo sie doch eine solche Schreckensherrschaft ausgeübt hatte?

Dafür gibt es mehrere Gründe. Ein großer Teil der Landbevölkerung lehnte sowohl die sozialistische Agrarpolitik als auch die Tatsache ab, dass traditionelle lokale Autoritäten durch Repräsentanten der damaligen Einheitspartei ersetzt worden waren. Hinzu kam die Verbitterung darüber, dass die Regierung sich als außerstande erwiesen hatte, Schutz zu gewährleisten. Vor allem hier im Norden, in einer Region also, die stets weit entfernt war von Wirtschaftszentren und bescheidenem Wohlstand, ist die Unzufriedenheit mit der Regierung nach wie vor groß. Obwohl sich auch Mosambik längst vom Sozialismus verabschiedet hat.

Pemba profitiert offenbar tatsächlich nur in sehr begrenztem Umfang vom Wirtschaftsaufschwung nach dem Bürgerkrieg. Das Warenangebot ist schmal, und Leute klagen darüber, dass der

Norden auch jetzt wieder, wie schon immer in der Geschichte, vernachlässigt wird gegenüber dem Süden. Der lokale Markt bietet hinsichtlich von Auswahl und Qualität ungefähr das, was in Kenia an einem vergleichbaren Ort vor etwa 25 Jahren angeboten wurde. Schuhe, einfache Kochtöpfe ohne Henkel, gebrauchte Kleider, Batterien, Taschenlampen. Und, das ist neu, Billiggeschirr aus China. Weiß mit roten Kirschen.

Immerhin: Es gibt ein wenig Tourismus in Pemba, es gibt inzwischen einige industrielle Arbeitsplätze, es gibt seit ein paar Jahren auch mehrere Institute für Fort- und Weiterbildung mit gutem Ruf. Es gibt also Hoffnung. Was es auch noch gibt: viele weiße Südafrikaner, die schon zu Beginn der 90er-Jahre hergekommen sind, offenbar von dem Wunsch geleitet, hier »alte Zustände« und »die alte Ordnung« vorzufinden. Jedenfalls reden sie so. »Seit die die Macht übernommen haben« – mit »die« sind schwarze Afrikaner gemeint –, ist natürlich alles schlechter geworden. Vermutlich sogar das Wetter. Es hört sich an, als habe in der gesamten Region ein Putsch stattgefunden.

Aber sie kämpfen auf verlorenem Posten. »Das Restaurant an der Ecke gehört einem weißen Südafrikaner«, erzählt der Verwaltungsangestellte Rangmy Ridua. »Er sieht schwarze Gäste nicht so gern. Aber das Essen ist sehr gut, deshalb gehe ich trotzdem hin. Und wenn ihm das nicht gefällt, dann sollte er sich ein Land suchen, in dem Schwarze nicht in jedes Lokal gehen dürfen.« Wir schauen uns an und lachen schadenfroh. Solche Länder sind ja nicht mehr so leicht zu finden.

Rangmy Ridua ist im öffentlichen Dienst im Transportwesen beschäftigt. Außerdem arbeitet er freiberuflich als »clearing agent«, ist also Privatkunden behilflich, Importgüter durch den Zoll zu bringen. Er erledigt Formalitäten und Behördengänge. Ich möchte meinem Gesprächspartner nicht unrecht tun, ganz bestimmt ist er ein honoriger Mann. Aber sollte er das nicht sein: Gäbe es für jemanden, der bereit wäre, sich an Korruption zu beteiligen, eine bessere Gelegenheit, als diese beiden Tätigkeiten auszuüben? Ich kann mir die Frage nur still stellen. Sie offen auszusprechen wäre eine Frechheit. Schließlich ist das, was Ridua tut, völlig legal.

60

Der 32-Jährige unterrichtet außerdem an einer Schule als Chemielehrer. Seine Befähigung dafür ist begrenzt. Er lernt immer vor der nächsten Stunde die Lektion aus dem Lehrbuch, die drankommen soll. Und sagt selbst: »Die Regierung baut derzeit überall Schulen, aber die Qualifikation der Lehrer hält damit nicht Schritt.« In fast allen Ländern, in denen lange Krieg herrschte, sind die Mängel des Bildungswesens eines der Probleme, deren Bewältigung viele Jahre dauert. Eine ganze Generation konnte nur unregelmäßig oder gar nicht zur Schule gehen – wo sollen da die Lehrer herkommen? In einer mosambikanischen Grundschulklasse sitzen derzeit durchschnittlich 70 Kinder.

Rangmy Ridua ist in einem Dorf geboren, 420 Kilometer von Pemba entfernt. Seine Eltern waren nicht verheiratet, er wuchs beim Vater auf. Der war Regierungsbeamter in Pemba, und in der Stadt war es sicherer als auf dem Land. 15 Jahre alt war Rangmy, als der Krieg zu Ende ging. Was hat er in seiner Kindheit erlebt? Der freundliche, offene Blick verschwindet sofort. Es ist, als hätte mein Gesprächspartner einen Vorhang vor sein Gesicht gezogen. Nach einer winzigen Pause fragt er ausdruckslos: »Was wollen Sie wissen?« Nichts mehr. Es tut mir leid, dass ich an Erinnerungen gerührt habe.

Ridua braucht jeden Cent dringend, den er verdienen kann. Auf der Abendschule absolviert er derzeit eine Ausbildung zum Bilanzbuchhalter. Dafür muss er umgerechnet mehr als 100 Euro monatlich bezahlen. Für seine Tätigkeit im öffentlichen Dienst bekommt er kaum mehr als das, nur knapp 150 Euro. Teuer ist auch das Familienleben: Fünf Söhne im Alter zwischen zwei und acht Jahren wollen ernährt und gekleidet werden. Der Vater würde gerne in die etwas weiter südlich gelegene Stadt Nampula ziehen, in das wirtschaftliche Zentrum von Nordmosambik: »Alles Geld fließt nach Maputo, in die Hauptstadt. Ein bisschen was kommt auch noch in Nampula an – aber dann ist Schluss. Weiter rauf in den Norden kommt so gut wie nichts.«

Ist Rangmy Ridua ein Angehöriger der Mittelschicht? Er selbst bejaht die Frage einschränkungslos: »Die Mittelschicht, das sind Leute, die nicht reich sind, die aber auch nicht auf Hilfe von außen angewiesen sind.« So wie er eben. Er kann sich sogar ein

Auto leisten, einen alten Landcruiser, und er hat einen Fernseher im Wohnzimmer stehen. Und bei manchen Themen redet er so, dass ich mich nach Deutschland versetzt fühle. Im Großen und Ganzen ist er mit seinem Leben und mit seinem Land zufrieden. Wenn bloß die Ausländer nicht wären! Viele sind illegal hier. Aber gab es nicht einst eine Zeit, die gar nicht so weit zurückliegt, in der seine Landsleute – und vielleicht auch Ridua selbst – froh und dankbar waren, wenn andere Länder bereit waren, sie als Flüchtlinge aufzunehmen? Doch, schon. »Aber die Leute, die jetzt herkommen – das sind nicht alles Kriegsflüchtlinge.« Sondern? »Wirtschaftsflüchtlinge.« Warum kommen die überhaupt hierher, in den Norden von Mosambik? »Die Leute hier wollen nicht arbeiten. Die Wirtschaftsflüchtlinge schon.«

Könnte das dem Land nicht guttun? Wenn fleißige, ehrgeizige Ausländer sich hier niederlassen, um zu investieren? »Die tausend Dollar, die die vielleicht mitbringen, um Kartoffeln zu verkaufen, sind für mich keine Investition«, sagt mein Gesprächspartner verächtlich. Nein, die in Mosambik lebenden Ausländer fallen dem Staat nicht zur Last. Sie nehmen keinerlei Sozialleistungen in Anspruch. Sie stören den netten, jungen Mann aus Prinzip.

Einige Tage später wird ein Bus, in dem ich sitze, von der Polizei kontrolliert. Zwei Somalis, offenbar nicht im Besitz gültiger Papiere, werden herausgeholt und in das Polizeiauto verfrachtet. Niemanden scheint das zu kümmern. In Somalia herrscht seit über 20 Jahren Krieg.

Pemba ist zwar hübsch anzusehen, aber eben eine verfallene, vernachlässigte Stadt. Wer in einem vergleichbar großen Ort in Deutschland wohnt, würde Rangmy Ridua fraglos als arm bezeichnen. Fünf Kinder, ungesicherte Einkommensverhältnisse, keine Rücklagen – und das soll ein Angehöriger der Mittelschicht sein? Ridua würde eine andere Rechnung aufmachen. Er kann seine Familie aus eigener Kraft ernähren und, vermutlich wichtiger noch: Er kann sein Leben planen, er hat gute Gründe, auf eine bessere Zukunft zu hoffen, er verfügt über ein gewisses Maß an Entscheidungsfreiheit hinsichtlich seines eigenen Schicksals. Niemand zwingt ihn, einen großen Teil seines

Einkommens für den Besuch einer Abendschule auszugeben. Und niemand hindert ihn.

Armut ist eine Frage der Perspektive und des Umfelds, jedenfalls dann, wenn die Befriedigung von Grundbedürfnissen wie dem Zugang zu Trinkwasser, Nahrung, zum Schulbesuch der Kinder und zu einer medizinischen Versorgung für wenigstens die häufigsten Krankheiten gesichert ist. Eltern in Deutschland, die ihrem Kind aus finanziellen Gründen kein Geschenk für die Geburtstagsfeier eines Klassenkameraden mitgeben können, sind sehr viel schlechter dran als Eltern in Mosambik, die sich Spielzeug nicht einmal für die eigenen Kinder leisten können, aber mit Recht stolz darauf sind, dass sie – im Unterschied zu manchen Nachbarn – es allen Söhnen und Töchtern ermöglichen, zur Schule zu gehen.

Mit diesem Hinweis will ich keinesfalls sagen, dass Regierungen und Konzernmanager sich weltweit entspannt zurücklehnen können und den Hinweis auf die Relativität von Armut als Entschuldigung für mangelnde Hilfsbereitschaft oder gar für die Ausbeutung von Arbeitskräften und Bodenschätzen missbrauchen dürfen. Wenn die Diagnose von Krebs in weiten Teilen Afrikas fast zwangsläufig ein Todesurteil bedeutet, weil nur ganz wenige medizinische Einrichtungen eine Chemo- oder Strahlentherapie überhaupt anbieten können, dann zeugt das von einer furchtbaren und furcherregenden Gleichgültigkeit gegenüber dem einflusslosen Teil der Bevölkerung sowohl seitens der jeweiligen Regierungen als auch seitens der sogenannten Geberländer.

Nicht um das Lob des Gleichmuts gegenüber widrigen Bedingungen geht es mir also hier, sondern darum, dass sich faire wechselseitige Beziehungen, die allen Beteiligten nutzen, meiner Überzeugung nach nur herstellen lassen, wenn man das Koordinatensystem der jeweils anderen Gesellschaft wenigstens halbwegs kennt und respektiert. Nicht alle scheinen diese Ansicht zu teilen. Die Bundeswehr hat sich im somalischen Belet Huen unter anderem darum verdient gemacht, an Weihnachten in einem Waisenhaus Spielzeug zu verteilen. Nun haben sich die muslimischen Kinder darüber sicher ganz unabhängig vom Datum gefreut – aber warum ist gerade dieser Termin gewählt worden? Das

63

scheint mir doch von einem erstaunlich unbeirrbaren Glauben an die Allgemeingültigkeit des eigenen Systems zu zeugen. Ich gebe allerdings zu, dass es oft selbst bei besten Absichten nicht leicht ist, die Struktur einer fremden Gesellschaft zu erkennen. Als ich das erste Mal meinen künftigen Schwiegervater, einen Kleinbauern in der kenianischen Zentralprovinz, besuchte, war ich erschüttert über die Armut der Landbevölkerung, die mir unterschiedslos groß zu sein schien. Erst nach einiger Zeit habe ich begriffen – und gesehen –, warum mein Schwiegervater im Dorf als relativ wohlhabend galt: Sein Haus bestand aus Holz, nicht aus Lehm. Es hatte Glasfenster, nicht nur hölzerne Laden, und es war nicht grasgedeckt, sondern hatte ein Wellblechdach. Mein Schwiegervater besaß zwei Kühe, die über den eigenen Bedarf des Haushalts hinaus produzierten, konnte somit Milch an die Nachbarn verkaufen, die sich überhaupt keine Kuh leisten konnten. Er verfügte also über eine regelmäßige Einnahmequelle. Die sozialen Unterschiede innerhalb des Dorfes waren für mich als Mitteleuropäerin minimal, aber sie entschieden über die Stellung innerhalb der Gemeinschaft.

Wer gibt in einem Dorf im vernachlässigten Norden von Mosambik den Ton an? Matua, rund 20 Kilometer von Pemba entfernt und auf einer schlecht instand gehaltenen Schotterpiste zu erreichen, hat etwa 3000 Einwohner. Seit sieben Jahren ist Califa Mussa hier Dorfvorsteher, gewählt auf unbestimmte Zeit. Die Nähe zur Großstadt bringt Vorteile mit sich: Seit sechs Monaten gibt es Strom, es gibt eine Grundschule, sogar eine kleine Diskothek. Das Haus von Califa Mussa ist leuchtend bunt gestrichen. Rot, weiß, und blau. »Die Frau des Präsidenten war kürzlich in der Gegend und kam auch hierher ins Dorf«, erzählt er. »Ich habe überall nach Farben für den Anstrich gesucht und genommen, was ich kriegen konnte.« Man will schließlich einen guten Eindruck machen.

Der 50-Jährige stammt aus Matua, auch seine Eltern sind schon hier geboren. Alle sieben erwachsenen Kinder von Califa Mussa leben ebenfalls im Dorf. Die meisten arbeiten als Bauern oder Fischer, zwei sind in Pemba beschäftigt. »Die jungen Leute langweilen sich hier und wollen gerne in die Städte, am liebsten nach Maputo. Aber sie haben auch Angst, dass sie es dort nicht schaffen, weil sie nur bis zur 8. Klasse zur Schule gegangen sind.« Aussichten auf ein Stipendium für den Besuch eines Gymnasiums hätten allenfalls die Kinder hoher Verwaltungsbeamter oder von Bürgermeistern größerer Ortschaften. »Ich bin dafür ein zu kleiner Mann.« Aus dem ganzen Dorf besuchen lediglich acht Kinder eine weiterführende Schule, und die können sich das nur leisten, weil Väter oder Onkel in der Hauptstadt arbeiten.

Über 80 Prozent der Bevölkerung von Mosambik leben von der Landwirtschaft – aber sie produzieren weniger als ein Viertel des Bruttoinlandsprodukts. Was bedeutet: Die meisten erwirtschaften gerade mal genug für den Eigenbedarf. Mit einem jährlichen Pro-Kopf-Einkommen von weniger als 300 Euro gehört das Land nach wie vor zu den ärmsten Staaten der Welt – trotz eines bemerkenswerten wirtschaftlichen Aufschwungs seit den 90er-Jahren.

Unter dem Bürgerkrieg hat die Bevölkerung von Matua besonders gelitten. »Hier war niemand für die Renamo«, erzählt der Dorfvorsteher, eine Behauptung, die auch angesichts der Nähe zu Pemba glaubwürdig ist. Die Stadt war stets unter Kontrolle der Regierung, die Rebellen nahmen Rache, wo sie eben konnten. »Die Renamo hat regelmäßig Häuser zerstört. Einmal haben die Guerillakämpfer ein Haus angezündet, in dem ein 3-jähriges Kind war. Es verbrannte.« Es sei sehr schwer gewesen, die Kinder zu schützen: »Wenn ein Angriff kam, packten meine Frau und ich unsere Kinder unter den Arm – wir hatten damals drei – und rannten einfach in den Busch.« Die ganze Familie überlebte. Aber wenn Califa Mussa von der damaligen Zeit erzählt, dann verändert sich auch die Körperhaltung dieses sonst gut gelaunten, selbstbewussten, gelegentlich verschmitzt wirkenden Mannes. Er scheint sich in sich zurückzuziehen, kleiner sieht er plötzlich aus. Wie lange dauert es, bis Grauen überwunden ist?

Heute führt Califa Mussa ein ziemlich gutes Leben. Er ist kein reicher Mann. Aber als Dorfvorsteher ist er Angestellter im öffentlichen Dienst, hat also ein regelmäßiges, wenn auch niedriges Gehalt. Und es sieht so aus, als habe er noch weitere Einkünfte, denn das glitzernde Motorrad japanischer Bauart, das vor dem

Haus steht, sowie den großen Ventilator und den Fernseher im Wohnzimmer dürfte er sich kaum von seinem Monatslohn gekauft haben. Zu den Aufgaben des Dorfvorstehers gehört es auch, Ansprechpartner für die ausländischen Investoren der Gemeinde beim Landkauf und anderen bürokratischen Vorgängen zu sein.

Ausländische Investoren: ein großes Wort. Das Gebiet der Gemeinde grenzt ans Meer mit einem beeindruckenden Sandstrand, und der Tourismus – vor allem aus Südafrika, aber auch aus Europa – ist eine der Hoffnungen hier. Es geht nicht um Millionenprojekte, aber doch um Unternehmen, die Arbeitsplätze bieten und das Geschäft insgesamt beleben sollen. Ein italienisches Paar hat ein Restaurant eröffnet, ein Südafrikaner bietet betuchten Kunden die Möglichkeit der Großwildjagd, ein deutschamerikanisches Ehepaar plant ein Hotel mit kleinen Strandhütten im Landesstil. Für all das bedarf es vieler Genehmigungen, die erteilt oder auch verweigert werden können. Califa Mussa hat in seiner unmittelbaren Umgebung mehr Macht als andere in größeren Orten mit höherer Schulbildung und höherem Gehalt. Ein großer Fisch in einem kleinen Teich. Und das rote Motorrad ist wirklich sehr schön.

»Glaubst du, dass man in einem afrikanischen Dorf tatsächlich ein erfülltes Leben führen kann? Oder ist am Ende alles doch Not und Elend?« Das hat mich einmal ein deutscher Freund gefragt. Ich bin davon überzeugt, dass viele Menschen ausschließlich in ihrem Dorf ein erfülltes Leben führen können. Meine Schwiegermutter, die sich von ihrem Mann in den 60er-Jahren hat scheiden lassen, lebte nach dem Ende ihrer Ehe zunächst bei ihrem jüngeren Bruder. Unter beengten und schwierigen Umständen.

Ihre sieben Kinder, darunter mein früherer Mann Stanley, suchten jahrelang nach einer Alternative, sobald sie erwachsen waren. Die war nicht leicht zu finden. Es gibt in diesem Teil der kenianischen Zentralprovinz kein Land zu kaufen. Der Grund und Boden gehört Großfamilien, die ihre Anteile zwar untereinander aufteilen können, sie aber nicht einfach an Außenstehende abgeben dürfen. Komplizierte Regelungen sind in diesem Zusammenhang zu beachten. Ein Schwager von mir, erfolgreicher Geschäftsmann, brachte seine Mutter schließlich in seinem Landhaus unter, etwa 40 Kilometer von ihrer Heimatgemeinde entfernt. Es ist nicht gut gegangen.

40 Kilometer weit weg von den Jugendfreundinnen, von der Familie, von der Kirchengemeinde: Man hätte meine Schwiegermutter auch an den Nordpol verpflanzen können. Ohne Auto, ohne Führerschein war die Entfernung zu dem Ort, den sie ihr Zuhause nennt, unüberbrückbar groß. Natürlich konnte sie am Wochenende oder an Feiertagen dorthin fahren. Aber der kleine Schwatz auf der Straße, absichtslos und ohne Verabredung – der war eben nicht mehr möglich. Und genau den wollte und will sie führen.

Die Familie brachte sie schließlich zurück ins Dorf. Es dauerte weitere Jahre, bis Stanley eine Lösung für das Problem fand. Die bisherige Dorfkneipe samt Gästezimmern und Ladenzeile war zu verpachten. Stanley ließ die Pension in ein Wohnhaus für seine Mutter umbauen, in dem auch genug Platz für den Besuch von Kindern und Enkelkindern ist. Die Ladenzeile vergab er, zum Teil mietfrei, an Leute, von denen er meinte, ihre Dienste seien nützlich für das Dorf – beispielsweise an einen Arzt, der sich im Gegenzug verpflichtete, dort mehrmals monatlich eine Sprechstunde für die Landbevölkerung abzuhalten.

Stanley beschäftigte für die Umbauten übrigens ausschließlich lokale Handwerker. Und er ließ das Haus als erstes Gebäude im Dorf an das Stromnetz anschließen. Der Lichtschalter wurde nach Abschluss der Bauarbeiten feierlich zum ersten Mal umgelegt. Als das Licht brannte, sagte ein alter Mann langsam: »Ich glaube doch, eine Ausbildung ist etwas sehr Nützliches.« Stanley hatte nach mehr als 20 Jahren Aufenthalt in Europa und etwa fünf Jahre nach seiner Rückkehr nach Kenia zum ersten Mal das Gefühl, heimgekommen zu sein. Ich denke, es war einer der bewegendsten Augenblicke seines Lebens.

Das Eigenheim, der Ort, von dem man nicht vertrieben werden kann, spielt auch in Deutschland eine große Rolle. Aber sie ist nicht vergleichbar mit der Bedeutung einer gesicherten Existenz auf dem Land in den meisten afrikanischen Ländern, die ich kennengelernt habe. Der Boden – um es pathetisch zu formulieren – ist hier das Einzige, was bleibt. Das Einzige, was nicht unter Umständen, die für die Einzelnen undurchschaubar sind, verschwinden kann oder an Wert verliert. Die einzige solide Altersvorsorge. Er ist sozusagen das Gegenteil von Hedgefonds. Ich rede hier von einem Gefühl, nicht von der Realität. In der Realität sind vielerorts Tausende und Abertausende von ihrem Grund vertrieben worden, zunächst von den Kolonialisten, später von Ethnien, die mächtiger waren als die, zu denen die Opfer gehörten. An der tiefen Überzeugung, Landbesitz bedeute Sicherheit, hat das nichts geändert. Weswegen auch nichts anderes eine so tiefe Empörung hervorruft wie Landraub. In jeder Gesellschaft reicht das kollektive Gedächtnis einige Generationen weit zurück. Solange sich jemand erinnert, dass ein bestimmtes Stück Land einst dem Großvater oder auch dem Urgroßvater gehörte, und dass dann jemand kam – ein Ausländer, die Regierung, jemand von einer anderen Bevölkerungsgruppe –, der dieses Stück Land für sich beanspruchte: so lange wird das Gefühl nicht verschwinden, der eigenen Familie sei großes Unrecht geschehen.

Man muss das nicht rational finden. Aber man sollte wissen, dass es so ist. Versäumte Landreformen – wie beispielsweise nach der Unabhängigkeit in Simbabwe und auch in Kenia –, sogenannte ethnische Säuberungen oder Massenvertreibungen sind Zeitbomben. Ich bin überzeugt: Die meisten Afrikanerinnen und Afrikaner wären sehr viel eher bereit, noch die absurdeste Zwangsabgabe zu leisten als auch nur einen Quadratmeter ihres Grund und Bodens freiwillig zu räumen.

5. Koloniale Körperhaltung

Das deutsch-amerikanische Ehepaar, das in Matua ein Hotel bauen will, bietet mir eine Mitfahrgelegenheit zur Ilha de Mocambique an, einer Insel, die 230 Kilometer südlich von Pemba liegt. Zu erreichen ist sie nur über eine schmale, drei Kilometer lange Brücke mit Schlagbaum. Der geht hoch, wenn der Polizist, der die Zufahrt kontrolliert, keine Einwände gegen die mitgeführten Papiere oder gegen den Zustand des Fahrzeugs hat. Gegen unsere Papiere hat er Einwände. Er findet, dass der deutsche Führerschein von Alex allzu abgegriffen aussieht. Deshalb ist nun bedauerlicherweise ein Bußgeld fällig, zahlbar sofort und bar an den Beamten. Ohne Quittung. Die Frage nach der gesetzlichen Grundlage dafür wird auf unwiderlegbare Weise beantwortet: Es gehöre sich nicht, einen Polizisten nach den Gründen für sein Handeln zu fragen. In der afrikanischen Kultur gelte das als respektlos. Da kann man natürlich nichts machen.

Die afrikanische Kultur muss für vieles herhalten. Ungeachtet dessen, dass sich die verschiedenen Kulturen des Kontinents mindestens ebenso sehr voneinander unterscheiden wie die italienische von der finnischen Kultur. Was uns der Lösung des Problems, das wir mit dem Polizisten haben, übrigens nicht näher bringt. Niemandem von uns ist eine Kultur bekannt, sei es in Europa oder in Afrika, die dreiste Abzocke als Errungenschaft feiert. Deshalb halten wir auf sein Begehren auch keine kulturell erprobte Antwort vorrätig.

Was ist die »afrikanische Kultur«? Politisch sind in Afrika alle Versuche gescheitert, einen Prozess der Vereinigung in Gang zu setzen. Gescheitert ist auch die afrikanische Variante des Panafrikanismus, der Idee von der Einheit aller Menschen afrikanischen

Ursprungs, unabhängig von ihrer Nationalität oder Ethnie. Bis heute wird viel engagierter für die Teilung einiger afrikanischer Staaten gefochten als für den transnationalen Schulterschluss.

Die Afrikanische Union, Nachfolgeorganisation der 1963 gegründeten Organisation für Afrikanische Einheit, hat für die konkreten Lebensbedingungen der Bevölkerung so gut wie keine Bedeutung. Sie ist im Wesentlichen eine Sprechbühne für Regierungen, die zwar stets aufs Neue betonen, welch hohe Bedeutung sie den Menschenrechten beimessen, die sich aber immer dann, wenn es darauf ankommt, nur gegenseitig unterstützen. Um nicht zu sagen: decken. Selbst der sudanesische Präsident Omar Hassan al-Bashir, gegen den ein Haftbefehl des Internationalen Strafgerichtshofs wegen Kriegsverbrechen und Völkermord in der Region Darfur besteht, erfreut sich der Solidarität der AU.

Grundsätzlich wehren sich afrikanische Regierungen gegen Pauschalurteile über den Kontinent im Zusammenhang mit wirtschaftlichen und politischen Entwicklungen. Zu Recht übrigens. Allerdings wehren sie sich nur, solange es ihren Interessen dient – zum Beispiel dann, wenn aufstrebende Staaten nicht mit den Armenhäusern des Kontinents in einen Topf geworfen werden wollen.

Andernfalls sprechen auch Regierungen gerne von Kultur. Der ehemalige kenianische Präsident Daniel Arap Moi bekämpfte die Einführung des Mehrparteiensystems jahrelang mit dem Argument, die »Konsensdemokratie« – wunderbares Wort! – des Einparteiensystems entspreche der afrikanischen Kultur. Das ist ein Totschlagargument.

Die Kolonialmächte haben die afrikanische Kultur, jede afrikanische Kultur südlich der Sahara, so lange verachtet, dass aufgeklärte Demokraten sich nun hüten, in diesem Zusammenhang irgendetwas in Zweifel zu ziehen. Sobald das Wort Kultur fällt, tritt ehrfürchtige Stille ein. Ich finde, zumindest im Zusammenhang mit einem räuberischen Polizisten geht das zu weit.

Wir bezahlen an der Brücke zur Ilha übrigens am Ende nichts. Nachdem wir knapp eine Stunde lang einige Meter vom Schlagbaum entfernt am Straßenrand gewartet haben, öffnet ein sehr schlecht gelaunter Polizist diesen Schlagbaum. Was beweist:

Das geht. Wie unwahrscheinlich das viele Europäer in Afrika auch finden mögen, die zwar stets über Korruption schimpfen, andererseits aber achselzuckend sagen, es gebe eben keine Alternative dazu. Das ist nicht wahr. Natürlich versuchen Amtspersonen oft, aus ihrer Position das Bestmögliche herauszuholen – zumal dann, wenn sie ein Gehalt bekommen, das kaum zum Überleben reicht. Aber es gehören immer zwei dazu, damit es so weit kommen kann.

Mir ist schon klar, dass es in seltenen Situationen tatsächlich keine Alternative zur Bestechung gibt. Aber möchten all diejenigen, die nur einfach keine Lust auf eine längere Wartezeit haben, behaupten, sie hätten ihr Ziel andernfalls überhaupt nicht erreichen können? Wenn man die viel beklagte Korruption in Afrika bekämpfen will, dann braucht man dazu meiner Erfahrung nach weder Geld noch Macht. Nur ein bisschen Geduld. Und, ja, durchaus: die Bereitschaft, das Gegenüber nicht ausschließlich als Hindernis zu betrachten. Sondern vielleicht auch einfach als Gesprächspartner.

Auf die Gefahr hin, dass sich das ungeheuer arrogant anhört: In den sieben Jahren, in denen ich in Kenia lebte, habe ich dort nur ein einziges Mal einen Polizisten bestochen. Also ein wenig Geld in meinen Führerschein gelegt und gehofft, er würde mich danach weiterfahren lassen. Diese Hoffnung trog mich nicht. Aber ich war ja seinerzeit tatsächlich über eine rote Ampel gefahren. Warum habe ich das – unwesentlich höhere – Bußgeld, das mit diesem Verkehrsverstoß verbunden war, seinerzeit nicht einfach in Kauf genommen? Weil ich keine Lust auf die damit verbundene Verwaltungsarbeit hatte. Das allerdings spricht mindestens ebenso sehr gegen mich wie gegen den kenianischen Polizisten.

Zurück zur Ilha de Mocambique. Anfang der 90er-Jahre war ich schon einmal dort gewesen, und ich habe den Besuch sowohl als eindrucksvoll wie auch als deprimierend in Erinnerung. Die Insel und die gleichnamige Stadt hatten für die Geschichte des Landes lange eine überragende Bedeutung. Der portugiesische Seefahrer Vasco da Gama traf hier 1498 ein, schon vorher war der Hafen ein arabisch–asiatischer Handelsstützpunkt gewesen. Gewürze, Elfenbein, Gold und vor allem: viele Tausend Sklaven wurden von hier aus jahrhundertelang verschifft. Die Stadt Ilha de Moçambique war bis 1898 Hauptstadt der portugiesischen Kolonie, erst danach wurde sie von Maputo abgelöst. Kurz bevor ich die Insel zum ersten Mal besuchte, war sie 1991 zum UNESCO-Weltkulturerbe erklärt worden. Die Architektur der Stadt mit ihren weißen Kalksteingebäuden aus der Kolonialzeit, die europäische, arabische und asiatische Einflüsse aufweisen, ist der wichtigste Grund dafür, aber nicht der einzige. Auch auf manche Traditionen der Landbevölkerung, die vom Vergessen bedroht sind, soll das Augenmerk der Welt gerichtet werden. Einheit in der Vielfalt, Tor der Kulturen: Das sind Stichworte in diesem Zusammenhang.

Die Realität ist weniger romantisch. Von den Kämpfen des Bürgerkrieges ist die Insel weitgehend verschont geblieben. Dennoch hat sie unter den Wirren gelitten. Immer mehr Flüchtlinge strömten hierher, und sie trafen auf eine Infrastruktur, die darauf nicht vorbereitet war. Also behalfen sich die Leute, so gut sie eben konnten. Holztüren und Balken, die teilweise noch aus dem 19. Jahrhundert stammten, wurden verfeuert, um Mahlzeiten zu kochen. Die Häuser verfielen oder brachen gänzlich in sich zusammen. Von der Stadt ging nach dem Friedensschluss noch immer eine große Faszination aus – aber es war eine morbide Faszination. Man fühlte sich an Katastrophen- und Abenteuerfilme erinnert, in denen nach langer, langer Zeit einige Nachfahren vergessener Kulturen verwirrt durch Ruinen stolpern.

Was würde sich wohl in den vergangenen Jahren verändert haben? Um eine knappe Antwort zu geben: Nichts hat sich verändert – und alles hat sich verändert.

Noch immer sind viele geschichtsträchtige Gebäude so baufällig, dass man sie mit eigenen Händen stützen möchte, um die historische Erinnerung wachzuhalten. Andererseits aber mehren sich die Zeichen für steigendes Interesse der Weltöffentlichkeit. Die Zahl ausländischer Touristen wächst. Alte Bürgerhäuser wurden von Privatleuten restauriert und in kleine Pensionen oder Restaurants mit Dachgärten umgewandelt. Offenbar lohnt sich das inzwischen, obwohl für eine komfortable Unterkunft mit warmem Wasser, Klimaanlage und wunderbaren Antiquitäten umgerechnet nur gerade mal 20 Euro bezahlt werden müssen und obwohl ein Luxusmenü mit fangfrischen Meeresfrüchten weniger kostet als in Deutschland ein Hamburger mit Pommes frites.

Es lässt sich schwer sagen, ob das für die Insel mehr Segen als Fluch bedeutet. Denn natürlich werden die privaten Restaurierungen nicht stets fachgerecht und schon gar nicht immer mit Blick auf architektonische und geschichtliche Faktentreue ausgeführt. Und wie sieht das mit jenen Teilen des kulturellen Erbes aus, die weniger handfest sind und die sich auch nicht fotografieren lassen? Ich führe ein Gespräch mit Lucy Omar, einer Geologin, die vom mosambikanischen Kulturministerium eingestellt wurde, um die Traditionen der einheimischen Bevölkerung auf der Ilha zu untersuchen. Was bedeutet: Sie muss vor allem mit älteren Leuten reden. Und es geht um Bräuche, die vorwiegend mündlich von Generation zu Generation weitergereicht werden.

Seit drei Jahren lebt Lucy Omar hier, gemeinsam mit ihrer jetzt 9-jährigen Tochter. Sie verdient umgerechnet etwas mehr als 200 Euro im Monat. Von der Schule, die ihr Kind besucht, ist sie nicht begeistert. Der Standard sei niedrig. Sie behauptet, ihre Arbeit zu mögen, sagt aber zugleich, sie leide darunter, dass die Insel so abgelegen ist. In Maputo oder auch in der Provinzhauptstadt Nampula würde sie sich wohler fühlen, glaubt sie. In der Tat wirkt sie seltsam fehl am Platz. Eine Asphaltpflanze, die ans Ende der Welt gebracht wurde.

Lucy Omar trägt einen leuchtend gelben Rock und Goldschmuck an Fingern, Hals und Ohren. Sie spricht schnell und präzise, hat wache Augen – und scheint überhaupt nicht zu verstehen, was jemand ausgerechnet an ihrer Tätigkeit hier in der Provinz berichtenswert finden könnte. Sie hält diese Tätigkeit ja nicht einmal selbst für interessant.

Das wundert mich nicht. Schließlich spricht sie kein Emacua, die Sprache der Einheimischen. »Die Sprachbarriere ist schon ein Problem. Man kann sich auf Übersetzungen nicht immer verlassen.« Wem sagt sie das.

Was um alles in der Welt tut diese Frau hier? Worin sieht

sie den Sinn ihrer Arbeit? »Meine Arbeit ist sehr wichtig für die Dokumentation der Geschichte und für kommende Generationen. Wir müssen sicherstellen, dass dies nicht verloren geht.« Warum eigentlich – was wäre denn so schlimm daran, wenn es verloren ginge? Die Frage ist im Setzkasten der Antworten auf mögliche Fragen offenbar nicht vorgesehen. Pause. Sehr lange Pause. Ratlosigkeit. Dann: »Es ist wichtig für Leute, auf ihre Geschichte stolz sein zu können.« Das stimmt vermutlich. Vielleicht fiele es den Leuten noch leichter, einen solchen Stolz zu entwickeln, wenn sie denn wenigstens mit denjenigen kommunizieren könnten, die vorgeben, sich in staatlichem Auftrag für diese Geschichte zu interessieren.

Eine derartige Personalpolitik der Regierung lässt Hafiz Jamu nur resigniert die Schultern zucken. Der 37-Jährige hat den Ehrentitel »Sheik« von seinem Vater geerbt, ist also ein religiöser, aber auch sozialer Führer der überwiegend muslimischen Bevölkerung auf der Insel. Seine Familie kann, wie er erzählt, die eigene Geschichte weit zurückverfolgen. Das ist, wenn es stimmt, ungewöhnlich, weil die Beurkundung afrikanischer Geburten bis weit ins 20. Jahrhundert hinein keineswegs zuverlässig erfolgte. Aber Hafiz Jamu sagt, dass der Erste seiner Urahnen, der auf der Ilha zur Welt kam, dort 1832 geboren wurde. Wenn man diese Aussage nicht als plumpe Erfindung werten will – und so leicht dürften sich andere, alteingesessene Familien nicht täuschen lassen –, dann legitimiert ihn vermutlich bereits allein diese Geschichte für seine Funktion.

Insgesamt acht Sheiks gibt es hier, die alle aus angesehenen Familien stammen. Sie werden nicht bezahlt, bekommen auch keinen Anteil an Steuereinnahmen. Traditionell hätten sie Geldgeschenke von der Gemeinde bekommen, erzählt Hafiz Jamu. »Aber heute ist es umgekehrt. Es wird erwartet, dass ein Sheik sein Familienvermögen nutzt, um den Leuten zu helfen.«

Hafiz Jamu ist ein ernster, fast strenger Mann. Eigentlich führen wir kein Gespräch, sondern ich habe das Gefühl, einem Dozenten zu lauschen. Der Titel verleiht ihm offenbar eine Autorität, die nicht mehr allein eine äußere Ehrenbezeugung ist, sondern die er verinnerlicht zu haben scheint. Der Sheik wirkt deutlich älter, als er ist – nein, das trifft nicht ganz zu: Eigentlich wirkt er alterslos. Obwohl er Jeans und ein offenes Hemd trägt, ist seine Erscheinung nicht salopp oder leger, sondern Ehrfurcht gebietend.

»Die Inselbevölkerung akzeptiert bis heute nicht, von Leuten regiert oder verwaltet zu werden, die nicht von der Insel stammen«, erklärt Hafiz Jamu. Findet er das richtig? Er zögert. »Ich bin dazu erzogen worden, das richtig zu finden. Aber ich hatte auch die Gelegenheit zu reisen, unter anderem nach Indien, nach Großbritannien und in die USA. Das hat mich gelehrt, die Dinge differenziert zu betrachten. Mir ist inzwischen jeder recht, der nicht versucht, meine Identität in Plastik zu verwandeln.« Versucht die Zentralregierung das denn? »Ja, und zum Teil war sie damit auch schon erfolgreich. Der kulturell bedeutende Tufo-Tanz, bei dem früher ganz bestimmte Rituale genau beachtet werden mussten, ist zu einer PR-Veranstaltung verkommen, die nur noch dazu dient, das hohe Lob bestimmter Politiker zu singen.« Das hatte bei Lucy Omar anders geklungen. Sie hatte nur vage davon gesprochen, dass die Zuwanderung von Leuten, die nicht von der Insel stammten, den Tanz »irgendwie« verändert habe.

Hafiz Jamu lässt keinen Zweifel daran, wie wenig er von der Regierungspartei Frelimo hält, die einst für die Unabhängigkeit von Portugal gekämpft hat. »Nichts, überhaupt gar nichts, ist nach der Unabhängigkeit für die Infrastruktur im Norden getan worden. Es ist beinahe widerlich zu sehen, wie Politiker und Verwaltung immer fetter werden und nichts für die Bevölkerung tun.«

Der Sheik findet es nicht verwunderlich, dass die Renamo während des Bürgerkrieges und danach vor allem im Norden von Mosambik auf Unterstützung von Teilen der Bevölkerung bauen konnte und kann. Die marxistische Frelimo-Regierung habe gewachsene soziale Strukturen und Hierarchien zerstört. Und: »Sie hat versucht, die Religion abzuschaffen. Das hat vor allem hier, im muslimischen Teil der Bevölkerung, große Unzufriedenheit gestiftet.«

Aber muss nicht auch er der Frelimo zugutehalten, dass Mosambik dieser Bewegung das Ende der Kolonialherrschaft verdankt? Hafiz Jamu lächelt verächtlich. In dieser Frage offenbart sich für ihn ein sehr naives Verständnis von Geschichte. »Der Kampf um die Unabhängigkeit war überflüssig. Historisch betrachtet war die Unabhängigkeit ohnehin unausweichlich.« Der Sheik hält es für einen Ausdruck unfassbarer Arroganz, dass die Frelimo behauptet, ohne ihre Anstrengungen wäre es dazu nicht gekommen.

Ich denke, dass die Arroganz eher bei ihm zu finden ist. Eine Geschichtsbetrachtung, die von der Voraussetzung ausgeht, dass sich bestimmte Herrschaftsformen irgendwann überlebt haben und deshalb verschwinden, halte ich nicht nur für legitim – ich teile sie. Eine feudalistische Industriegesellschaft ist schwer vorstellbar, um ein Beispiel zu nennen. Aber kann man deshalb alle Opfer derjenigen mit einem Achselzucken abtun, die für Veränderungen gekämpft haben? Die DDR war, wie wir heute wissen, pleite. Soll das heißen, die Teilnehmer der Montagsdemonstrationen hätten ebenso gut zu Hause bleiben können, weil die Mauer ohnehin über kurz oder lang zusammengebrochen wäre? Das finde nun wiederum ich eine arg verkürzte Analyse.

Er habe auf eine neue Generation gehofft, die auf Gerechtigkeit dringe und ihren Platz in der Gesellschaft erkämpfe, sagt Hafiz Jamu. Er habe in diesem Zusammenhang den Ausbruch von Gewalt, ja, sogar einen neuen Bürgerkrieg für möglich gehalten. Stattdessen müsse er feststellen, dass die Jugend nur an Konsum denke und sich sehr viel mehr für wirtschaftliche Macht als für spirituelle Fragen interessiere. Enttäuscht ihn das? »Ja.« Als Hafiz Jamu meinen fassungslosen Blick sieht, schwächt er ab: Er wolle damit nicht sagen, dass er einen Bürgerkrieg für richtig hielte. »Der Preis wäre zu hoch.« Im letzten Konflikt hat er selbst nicht gekämpft: »Ich bin Pazifist.« Er lacht. Das einzige Mal während unseres zweistündigen Gesprächs.

Die Begegnung lässt mich ratlos zurück. Der Bürgerkrieg ist noch immer sehr lebendig in den Köpfen. Ich kann nicht beurteilen, wie leicht Unzufriedenheit und Frustration in offene Wut umschlagen können in einem Land, in dem UN-Kriterien zufolge die Hälfte der Bevölkerung in absoluter Armut lebt. In der Haut von Regierungsmitgliedern möchte ich nicht stecken, wenn die seit den 90er-Jahren hohen wirtschaftlichen Wachstumsraten von mehr als acht Prozent einmal zurückgehen.

Meine freundlichen Reisebegleiter, Alex und seine Frau Gianni, bieten mir eine weitere Mitfahrgelegenheit an: Sie fahren von der Ilha aus weiter in die etwa 160 Kilometer entfernt liegende Stadt Nampula zu einem der regelmäßigen Großeinkäufe, bei dem sie all das besorgen, was sie brauchen, aber in Pemba nicht bekommen. Es wundert mich inzwischen nicht mehr, dass die Läden dort leer sind. Unterwegs sind uns fast keine Lastwagen entgegengekommen, die nach Norden fuhren. Allenfalls mal ein Fahrzeug, das Cola, Sprite und Fanta geladen hatte – die in ganz Afrika verbreiteten Getränke, die sich auch die Ärmsten mal leisten können.

Wir übernachten in Nampula in einem Haus, das dem Vater eines Freundes von Alex und Gianni gehört. Das Haus ist einfach, aber zweckmäßig eingerichtet und liegt zentral auf einem großen, etwas ungepflegten Grundstück. Die Familie lebt eigentlich in der Küstenstadt Nacala und nutzt das *pied-à-terre* nur, wenn es in Nampula etwas zu erledigen gibt. Um sich eine solche Annehmlichkeit leisten zu können, muss man Geld übrig haben.

Der Hausbesitzer Pedro Pinto, der an diesem Tag für einige Stunden nach Nampula gekommen ist, hat Geld. Alleine in Nacala gehören ihm zwei Häuser am Strand und eines in der Innenstadt, gemeinsam mit einem seiner Söhne betreibt er dort auch ein gut gehendes Restaurant und eine Diskothek. Ihm ist ein komfortabler Lebensstil nicht fremd: Schon die Eltern waren Großbauern. 1914 war der Vater als Kolonialbeamter nach Mosambik gekommen und bekam dort zur Eigennutzung 1000 Hektar Land. Er stammte nicht aus Portugal, sondern aus Angola. Fast überall auf dem Kontinent haben die Kolonialmächte mithilfe einer privilegierten, afrikanischen Schicht ihre Herrschaft gefestigt. Deren Angehörige waren zwar meist bei der Bevölkerungsmehrheit unbeliebt und wurden auch regelmäßig zur Zielscheibe von Spott, aber da sie und ihre Kinder zu der sehr kleinen Gruppe gehörten, die eine wenigstens halbwegs fundierte Ausbildung erhalten hatte, bekamen sie in vielen Fällen auch nach der Unabhängigkeit gute Posten – die Auswahl an qualifizierten Kräften war nicht groß.

Auch der Afrikaner Pedro Pinto, 1930 geboren, besuchte eine ordentliche Schule und absolvierte später eine Ausbildung zum Buchhalter. Wenn der heute 80-Jährige über die Kolonialzeit spricht, dann ist Wehmut unverkennbar: »Die Portugiesen haben das Beste für unser Land getan. Bevor sie kamen, haben die Afrikaner wie Insekten gelebt.« Und er spottet bitter: »Bei der Unabhängigkeit waren alle glücklich, hochzufrieden. Aber sobald die Portugiesen weg waren, waren auch die Regierungskräfte weg, die Schulen machten zu, viele Geschäfte mussten schließen. Alles kam zum Stillstand.« Als ob das nicht auch eine Folge der diskriminierenden kolonialen Bildungspolitik und der Armut der Bevölkerung gewesen wäre.

Der alte Mann ist freundlich, sogar herzlich, und es macht ihm Spaß, mit mir zu reden. Er betont, dass er Deutschland und die Deutschen sehr schätze, auch wenn er »natürlich zu Portugal« gehöre. »Während der Kolonialzeit waren viele Deutsche hier. Gute Leute. Meine Großeltern haben eng mit einigen zusammengearbeitet, die Sisal angebaut haben. Man hat sich auch regelmäßig gegenseitig besucht.« Muss nett gewesen sein.

Fünf Kinder hat der Unternehmer. Zwei leben in Portugal, eines in Großbritannien. Alle haben gute Jobs. Ist das Leben für sie heute leichter oder schwerer als für ihn selbst seinerzeit? »Im Grunde gibt es keinen Unterschied. Es ist ziemlich gleich geblieben.« Aber ihm sei durchaus bewusst, wie gut es seiner Familie gehe: »Von 20 Millionen Mosambikanern haben gerade fünf Millionen überhaupt Geld zur Verfügung, die anderen leben nur vom Eigenanbau auf dem Bauernhof. Sie leiden keinen Hunger, aber sie haben nicht mal Öl oder Reis oder Fleisch.«

Ich habe mir angewöhnt, die meisten meiner Gesprächspartner nach ihrer Lieblingsspeise zu fragen, weil ich die Erfahrung gemacht habe, dass die Antwort darauf manchmal viel über Lebensumstände, Sehnsüchte und Selbstbilder aussagt. Der tansanische Rechtsanwalt Apollo Maruma sagte wie aus der Pistole geschossen: »Reis.« Auf meinen überraschten Blick hin erklärte er: »In meiner Kindheit gab es zu Hause nur Bananen, Bananen, Bananen. Im Internat später dann Maisbrei, Maisbrei, Maisbrei. Reis war etwas Besonderes, den gab es nur an Feiertagen. Damals habe ich mir geschworen, wenn ich erwachsen bin und reich, dann esse ich jeden Tag Reis. Und das tue ich nun.« Arthur Mallya hingegen, der pensionierte tansanische Manager, isst immer noch am liebsten Kochbananen – die genauso zubereitet werden müssen, wie seine Mutter und seine Großmutter sie serviert haben. Er kocht sich das Essen alle zwei Wochen selbst, weil seine Ehefrau, eine Kenianerin, irgendetwas anders macht, als er es gewohnt ist. Und Pedro Pinto? »Eine Art portugiesisches Gulasch mit Reis, Hühnchen, Rind und Kartoffeln.«

Nach unserer Unterhaltung bespricht er mit dem Angestellten, der während seiner Abwesenheit auf das Grundstück aufpasst, häusliche Angelegenheiten. Der junge Mann, der vorher entspannt mit uns geplaudert hatte, sich für das Buch interessierte, das ich las, und mir einen Roman zeigte, den wiederum er gerade las, nimmt Pedro Pinto gegenüber eine Körperhaltung ein, wie ich sie nur aus alten Filmen kenne, die in der Kolonialzeit spielen. Leicht gebeugter Rücken, Hände vor der Brust aneinander gelegt. Ich sitze vor einer Bühne, auf der ein Stück aus einer fernen Zeit gegeben wird.

Von Nampula aus will ich mit dem Bus in die Hauptstadt Maputo weiterreisen. Freudige Überraschung: Seit einiger Zeit bietet eine Luxuslinie diesen Service an. Billig ist das nicht. Umgerechnet 75 Euro müssen für die etwa 1600 Kilometer bezahlt werden, aber da die Fahrt 36 Stunden dauert, unterbrochen von einer fünfstündigen nächtlichen Pause in der Hafenstadt Beira, ist mir der Komfort jeden Cent wert. Zumal Busse in Mosambik morgens zwischen vier und fünf Uhr abfahren und deshalb die Möglichkeit kostbar ist, noch ein bisschen weiterschlafen zu können.

Der Bus ist hochmodern, klimatisiert und bequem. Es gibt eine Toilette an Bord, und mehrfach werden während der Fahrt kostenlos kleine Käsebrötchen und Erfrischungsgetränke verteilt. Leider gehören zu den Annehmlichkeiten wieder einmal Bildschirme. Sobald es hell geworden ist, werden pausenlos DVDs gezeigt: japanische Kampffilme. Obwohl ich mich konsequent bemühe, nicht hinzuschauen, finde ich auf die Dauer – so nach sechs bis sieben Stunden – das Grunzen, Brüllen und Stöhnen der Darsteller etwas belastend.

Ich weiß, dass wir durch eine Trockensavanne fahren, in

der das Gras den größten Teil des Jahres über braun ist, Büsche in der Hitze verdorren und viele Bäume ihr Blattwerk abwerfen. Ja, ich weiß das. Aber vorstellen kann ich es mir nicht. Jetzt, in der Regenzeit, reisen wir durch ein berauschend sattes Grün. Dünn besiedelt ist das Land und dort, wo Häuser stehen, sind sie fast immer grasgedeckt und aus Lehm gebaut. Wellblechdächer und Ziegelbauten gibt es selten. Immerhin: Die Straße ist fast über die ganze Strecke von Nampula bis nach Maputo gut, und gut war auch die Straße zwischen Pemba und der Ilha. Was vielleicht doch ein Hinweis darauf ist, dass langfristig auch der Norden nicht vom Wirtschaftswachstum abgeschnitten bleiben wird.

Die Regenzeit ist in Mosambik nicht ungefährlich. Immer wieder sind die Niederschläge so heftig, dass sie zu schweren Überschwemmungen führen. Hunderttausende wurden in den letzten zehn Jahren obdachlos, zahlreiche Menschen starben. Gegen Naturkatastrophen ist die Verwaltung weitgehend machtlos, kleinere Probleme aber werden souverän und gelassen gelöst. Kurz vor Beira ist die Straße auf einer Strecke von mehreren Kilometern überflutet. Der Verkehr wird einspurig hinter einem Kolonnenfahrzeug mit gelbem Blinklicht geführt. Das dauert einige Zeit, verläuft aber problemlos. Ich ertappe mich bei der Frage, warum eigentlich in Kenia – einem viel reicheren Land, das keinen Bürgerkrieg erlebt hat – jeder mittlere Wolkenbruch zu Chaos führt. Eine Antwort darauf fällt mir nicht ein. An dieser Stelle muss ich mich darauf beschränken, von Mosambik ziemlich beeindruckt zu sein. Fraglich ist allerdings, ob der Mann meine Begeisterung teilen würde, den wir irgendwann überholen und der mit seinem Fahrrad hüfthoch im Wasser steht.

Insgesamt verläuft die Fahrt nach Maputo viel angenehmer, als ich vorher befürchtet hatte. Die Pause in Beira reicht sogar, um sich wenigstens ein paar Stunden in einem Bett des Hotels auszustrecken, das in der Nähe des Busbahnhofs liegt. Je weiter wir in den Süden kommen, desto umfangreicher ist auch das Angebot in den Schnellrestaurants, die alle paar Stunden für eine kurze Rast angesteuert werden. In den Läden der Tankstellen kann man beinahe so viel kaufen wie in vergleichbaren Geschäften in Deutschland. Im Norden gab es an den Tankstellen, die ich gesehen habe, nur Benzin und Diesel. Keine Schokolade, keine Kekse, nicht einmal Getränke.

Die Fahrt mit dem Überlandbus bestätigt also vieles von dem, was mir meine Gesprächspartner vorher schon erzählt hatten. Aber von der größten Hoffnung, die ich ursprünglich mit dieser Art des Reisens verbunden hatte, muss ich mich verabschieden. Ich hatte gedacht, öffentliche Verkehrsmittel eigneten sich wunderbar für unverbindliche Unterhaltungen und Begegnungen, also für Zufallsbekanntschaften, die ja oft mindestens so interessant sein können wie die üblichen Wege journalistischer Recherche oder die Kontakte, die einem Bekannte und Freunde verschaffen. Das war naiv.

Kein Mensch im Bus will mit mir reden. Auch ich will mit niemandem mehr reden. Denn inzwischen ist mir klar geworden, woran ich auch vorher hätte denken können: Anders als in der Eisenbahn kann man seinem Gesprächspartner im Bus nicht entkommen und vorgeben, aussteigen zu müssen. Man ist gefangen. Wenn es schiefgeht und die Zufallsbekanntschaft eben nicht interessant, sondern langweilig oder gar lästig ist, dann werden Stunden zu Äonen. Also lieber schweigen und nur den japanischen Kämpfern lauschen.

Maputo hat sich in den letzten Jahren sehr verändert. Im Zentrum der einst verschlafen wirkenden Hafenstadt sind zahlreiche Hochhäuser und moderne Geschäftszentren entstanden. Das breite Warenangebot sowohl in Luxusläden als auch auf dem großen Zentralmarkt lässt die vorher eher märchenhaft wirkenden Wachstumsraten der Wirtschaft plötzlich realistisch erscheinen. Der Abschied der Frelimo-Regierung vom Marxismus hat sich für einen Teil der Bevölkerung sicherlich als segensreich erwiesen. Allerdings eben nur für einen Teil. Es wächst nicht nur die Wirtschaft – es wachsen auch die Slums und die sozialen Unterschiede.

In Maputo wurde während des Bürgerkrieges niemals gekämpft, die Hauptstadt galt als sicher. Ich erinnere mich, wie mir bei meinem ersten Besuch ein Einwohner besorgt und empört erzählt hatte, die Sicherheitslage habe sich dramatisch verschlechtert. Es gebe jetzt bereits Leute, die sich veranlasst sähen, Zäune um ihr Grundstück zu ziehen. Damals habe ich meinen Ohren nicht getraut. Das Land hatte gerade 16 Jahre Bürgerkrieg hinter sich – und der Mann hielt Gartenzäune für einen Hinweis auf Probleme? Im friedlichen Nairobi gehörten Nachtwächter, Glasscherben auf hohen Mauern und ein Alarmsystem, mit dem man einen privaten Wachdienst alarmieren konnte, schon damals zur Standardausrüstung ungezählter Privathaushalte. Mein Mitgefühl mit dem besorgten Einwohner von Maputo hielt sich deshalb seinerzeit in Grenzen, zumal ich es genoss, gemeinsam mit zwei Kollegen und all unseren Wertsachen abends völlig entspannt durch die Hauptstadt laufen zu können. In Nairobi hätte ich mich das damals nicht getraut.

Inzwischen würde ich das auch hier nicht mehr wagen. Bewaffnete Überfälle auf Fußgänger und Autofahrer kommen häufig vor, ebenso wie Einbrüche in Häuser, bei denen die Täter gelegentlich ebenfalls Gewalt anwenden. Und Maputo ist mittlerweile auch Schauplatz sozialer Unruhen. Im September 2010 kam es zu schweren Protesten gegen die Erhöhung der staatlich festgelegten Preise für Strom, Benzin und Brot. Die Polizei schoss mit scharfer Munition auf die Demonstranten. 13 Tote, 400 Verletzte.

Während meines Aufenthaltes bleibt alles ruhig. Ohnehin bin ich nur kurz in der Stadt, ich will weiterreisen nach Südafrika. Der Taxifahrer, der mich zur Bushaltestelle bringt, spricht ungewöhnlich gut Englisch. Ich frage ihn nach dem Grund, und er erzählt, dass er früher in der Armee zuständig war für die Abwicklung von Rüstungsimporten. »Ein südafrikanischer Fabrikant lieferte uns heimlich Munition – während das Apartheid-Regime die Renamo unterstützte.« Er kichert in sich hinein. »Das Zeug kam übers Meer. Es war nicht so richtig offiziell, Sie verstehen.« Ja, ich verstehe. Es gibt noch immer viele unerzählte Geschichten in Afrika.

6. Bitte keinen Chinesen!

Von Maputo nach Pretoria gibt es wieder einen komfortablen Bus, was mich in diesem Fall allerdings nicht überrascht. Die südafrikanische Gesellschaft Intercape, die die Verbindung betreibt, hat einen guten Ruf, und ohnehin schwärmen mir seit dem Ende der Apartheid zahlreiche deutsche Freunde von Südafrika als einem Urlaubsland vor, in dem sich europäischer Standard mit allen Schönheiten des Kontinents verbinde.

Ich kann das nicht beurteilen, Südafrika habe ich noch nie bereist. Fast alle internationalen Medien, die sich ein Netz von Auslandskorrespondenten leisten, haben Berichterstatter dort akkreditiert, die nur für dieses Land und die angrenzenden Staaten zuständig sind. Regionalkorrespondenten in Nairobi müssen im Regelfall ein viel größeres Gebiet abdecken, bis zu 30 Länder, in denen ganz unterschiedliche Verhältnisse herrschen. Das hört sich zunächst nach einer seltsamen Arbeitsteilung an, aber ich halte das Prinzip für richtig. Denn so vielfältig die verschiedenen afrikanischen Staaten südlich der Sahara im Hinblick auf ihre Kultur, ihre Geschichte, ihre Religionen und ihre Gesellschaften auch sind: Es gibt Gemeinsamkeiten – und gemeinsame Unterschiede zu Südafrika.

Bevor ich mich allerdings mit diesen Unterschieden befassen kann, stelle ich zunächst einmal eine beklagenswerte Übereinstimmung zwischen Südafrika und anderen Ländern des Kontinents fest. Auch in diesem Bus sind wieder Bildschirme im Mittelgang angebracht, auch hier wird der ganze Fahrgastraum beschallt. Zunächst sehen wir einen Bollywood-Streifen, unsynchronisiert auf Hindi. Soweit ich das überblicke, ist kein einziger Inder unter uns. Franzosen kann ich auch nicht entdecken, sodass den zweiten Film – französisch, ebenfalls nicht synchronisiert – wohl nur eine kleine Minderheit der Passagiere genießen kann. Macht ja nichts. Hauptsache laut.

Es sitzen mehr Weiße im Bus als auf den anderen Strecken, die ich zurückgelegt habe, aber ich war auch bisher noch nie die einzige. Der Grenzübertritt von Mosambik nach Südafrika ist unkompliziert, in wenigen Minuten ist alles erledigt. Am Schalter für Ausländer komme ich mit einer chinesischen Studentin aus Shanghai ins Gespräch. Sie erzählt mir, dass sie vor ihrem Examen einmal etwas ganz Ungewöhnliches, Wildes unternehmen wollte, etwas, was in ihrer Heimat noch kaum jemand je getan habe. Deshalb reist sie nun drei Monate durch das südliche Afrika: »Was soll ich Ihnen sagen? Auf Schritt und Tritt begegne ich meinen Landsleuten. Ich habe ja gewusst, dass die Wirtschaftsbeziehungen eng geworden sind – aber wie präsent wir hier inzwischen sind, das war mir nicht klar.« Ich biete ihr eine Zigarette aus einer Schachtel an, die ich in Maputo von einem Straßenhändler gekauft habe. Gleichzeitig fällt unser Blick auf die Banderole. Ein Gesundheitshinweis in chinesischer Schrift, eine zollfreie Packung. Aus welchem Flugzeug die wohl gefallen ist? Wir schauen uns an und lachen.

Vor der Ankunft in Pretoria hält der Bus an einem Terminal in Johannesburg. Viele weiße, auch junge Männer betteln um Almosen. Drogenabhängige? Einige vielleicht, aber bestimmt nicht alle. »Manche sind einfach arm«, wird mir am nächsten Tag ein – weißer – Geschäftsmann erzählen und mich darauf hinweisen, dass die Parkwächter vor unserem Restaurant weiß sind. Früher seien solche schlecht bezahlten Tätigkeiten ausschließlich von Schwarzen ausgeübt worden. Hingegen stünden nun auch bestimmte soziale Einrichtungen wie Werkstätten für Behinderte, die früher Weißen vorbehalten gewesen seien, allen Bevölkerungsschichten offen. Manche bekämen keinen Platz mehr und landeten auf der Straße. Außerdem würden für bessere Jobs bevorzugt Schwarze eingestellt. Die Lage auf dem Arbeitsmarkt sei für Weiße derzeit schwierig.

Es sind Szenen wie diese, an denen ich merke, wie wenig ich von diesem Land verstehe und wie schwer es mir fällt, Beobachtungen richtig einzuordnen. Inzwischen habe ich gelesen, dass zehn Prozent der weißen Bevölkerung Südafrikas unterhalb der Armutsgrenze leben.

Der Geschäftsmann heißt Barry Urban und hat mehrfach mit Stanley zusammengearbeitet. Mein ehemaliger Mann hat den Kontakt zwischen uns hergestellt, und ich denke, es ist ein Freundschaftsbeweis für Stanley, dass Barry Urban mir gegenüber sehr viel offener ist, als ich das erwartet hatte – und als er es hätte sein müssen. Der weit gereiste 56-Jährige weiß ohne Zweifel, welche Sätze und welches Maß an Schuldbewusstsein und Nachdenklichkeit gut ankommen würden, aber er wählt diesen einfachen Ausweg nicht. Stattdessen versucht er, mir seine Position und jene Stationen seines Lebensweges zu erklären, die ihn zu seinem Standpunkt geführt haben. Je länger wir miteinander sprechen, desto größer wird meine Achtung vor seiner Aufrichtigkeit, die vor allem ihm selbst gegenüber schonungslos ist.

»Als Student war ich gegen die Apartheid-Politik.« Er studierte Wirtschaft an der als liberal geltenden Rhodes-Universität von Grahamstown. »Als ich dann anfing zu arbeiten, hatte ich die Wahl, ob ich weiter gegen die Politik der Rassentrennung kämpfen und mich damit vollständig zum Außenseiter machen sollte oder ob ich mich anpassen würde.« Zweierlei habe ihm die Entscheidung zur Anpassung erleichtert: Er habe sich unter den Aktivisten gegen die Apartheid nie vollständig anerkannt gefühlt. Ein grundsätzliches Misstrauen, das ihm, dem Weißen, entgegengeschlagen sei, habe er seinem Eindruck nach nie ausräumen können.

Außerdem sei es nicht so leicht, die prägenden Erfahrungen der Kindheit zu überwinden. Barry Urban, dessen Vorfahren vor vier Generationen aus der Schweiz nach Südafrika gekommen sind, ist auf einer Farm aufgewachsen. Er spielte mit den Kindern der Farmarbeiter, aber er besuchte eine andere Schule als sie. »Natürlich entwickelt man irgendwann eine Verachtung für Schwarze. Sie sind schlechter ausgebildet, man trifft sich nicht auf Augenhöhe. Wenn man so aufwächst, dann denkt man irgendwann: Sie halten sich ja selber für minderwertig dir gegenüber.« Ich möchte das sehr gerne für falsch halten. Aber ich weiß, dass Kinder ein schwaches Selbstbewusstsein entwickeln, denen man nicht hinreichend oft erklärt, sie seien das Tollste, was es überhaupt gibt auf der Welt. Wie vielen schwarzen Kindern in Südafrika ist das im letzten Jahrhundert erklärt worden? Und wie viele haben es geschafft, daran trotz der politischen und gesellschaftlichen Realität glauben zu können?

Die Politik der Rassentrennung liegt fast zwei Jahrzehnte zurück. Hat Barry Urban heute schwarze Freunde in Südafrika? Ja, einen. Der deutlich jünger ist als er selbst. Er hat ihn im Rahmen seiner beruflichen Tätigkeit kennengelernt. Der Freundschaft sind Grenzen gesteckt. »Wir haben uns niemals besondere Mühe gegeben, einen gesellschaftlichen Umgang über das hinaus zu pflegen, was als Minimum jeweils von uns erwartet wurde.« Was bedeutet: keine Grillabende im kleinen Kreis, sondern die wechselseitige Teilnahme an offiziösen Veranstaltungen, zu denen auch sehr viele andere Leute gebeten werden. Das ist wohl der kleinste gemeinsame Nenner, den Menschen finden können, die sich wechselseitig als Freunde bezeichnen.

Mit schwarzen Landsleuten seiner eigenen Generation habe er ein Problem, das kaum überwindbar sei, sagt Barry Urban. »Wir teilen keine gemeinsamen Erinnerungen, weil es keine gibt. Außer der Erinnerung daran, was uns trennte.« Das muss tatsächlich schwierig sein. Wie sehr auch immer sich mein Lebensweg von dem eines Altersgenossen zu Hause unterscheiden mag: Es gibt den schnellen, spontanen Blick, wenn ein Lied gespielt wird, das populär war, als wir beide jung waren. Wie deprimierend, wenn man sich dann nur daran erinnern kann, einmal auf verschiedenen Seiten gestanden zu haben.

Das Identitätsproblem endet nicht bei der Hitparade. »In anderen afrikanischen Ländern sehen sie mich vor allem als Weißen und verbinden mich automatisch mit Europa«, erzählt der 56-Jährige, und er räumt ein, dass ihn das verletzt: »Da wird dann in der Begrüßung bei einem Seminar in Sambia nur der Bruder aus Kenia willkommen geheißen – niemals: die Brüder aus Kenia und Südafrika.« Dabei sei doch auch er Afrikaner. Was denn sonst.

Das ist – um darauf zurückzukommen – vermutlich der größte Unterschied zwischen den anderen Ländern südlich der

Sahara auf der einen und Südafrika und dem lange von Südafrika verwalteten Namibia auf der anderen Seite: Es gibt hier eine Bevölkerungsgruppe, die vor mehreren Generationen aus einem anderen Kontinent eingewandert ist. Inzwischen – oder: derzeit? – bestreitet niemand mehr ihr Bleiberecht, und sie kennt auch kein anderes Zuhause mehr. Und trotzdem gehört sie nicht wirklich dazu, jedenfalls nicht in den Augen derer, die seit Menschengedenken hier angesiedelt sind.

Auch andere Minderheiten leben schon lange in Afrika. Im 19. Jahrhundert sind Hunderttausende als Kaufleute oder als Vertragsarbeiter aus Indien gekommen, beispielsweise nach Ostafrika für den Bau der Eisenbahn. Ihre Nachfahren blieben und kontrollieren heute in manchen Staaten fast den gesamten mittelständischen Handel. Aber die meisten haben noch ein Standbein im Ausland: eine zweite Staatsbürgerschaft, ein Konto, oft sogar eine Wohnung oder ein Haus. Das löst Aggressionen aus bei dem Teil der Bevölkerung, der keinen sicheren Rückzugsort hat, wenn es im eigenen Land brenzlig wird.

Aber die Afrikaner, die aus Asien stammen, haben eben leidvoll erfahren, dass sie gut beraten sind, für den Ernstfall vorzusorgen: 1972 gab der Diktator Idi Amin den etwa 75 000 Indern in Uganda gerade mal 90 Tage Zeit, um das Land zu verlassen. Viele sind seither zurückgekehrt, manche haben Entschädigungen für ihren beschlagnahmten Besitz erhalten – aber die wachsame Unruhe ist geblieben. Nicht grundlos. Auch die Opfer schwerer Plünderungen nach einem gescheiterten Putschversuch in Kenia 1982 waren vor allem Inder.

Sowohl in Uganda als auch in Kenia haben große Teile der Bevölkerung, die in anderer Hinsicht ihre jeweilige Regierung durchaus kritisch sahen, die Übergriffe gegen ihre indischstämmigen Landsleute schadenfroh beobachtet. Was ist die Henne, was ist das Ei? Die meisten Asiaten in Ostafrika bleiben unter sich. Eheschließungen mit Angehörigen der Bevölkerungsmehrheit sind selten und nicht gern gesehen, nicht einmal Freundschaften werden oft geschlossen. Ich habe mehrfach erlebt, dass ein indischer Kaufmann sich augenblicklich mir als Kundin zuwandte, wenn ich sein Geschäft einige Sekunden nach Stanley betrat, und dass er meinen Mann, den er gerade nach seinen Wünschen gefragt hatte, einfach stehen ließ. So macht man sich nicht beliebt. Aber müssen sich Leute an dem Ort, wo sie ihr Leben verbringen, beliebt machen?

Die überwältigende Mehrheit der Europäer, die nach der Unabhängigkeit in Afrika geblieben sind, und auch deren Kinder haben ebenfalls einen Zufluchtsort und den bestmöglichen Passierschein dahin: nämlich einen europäischen Pass. Die meisten ehemaligen Kolonialmächte akzeptieren die doppelte Staatsbürgerschaft, und sie fühlen sich auch durchaus verantwortlich für ihre Bürgerinnen und Bürger fern der Heimat.

Heimat? Im Oktober 1991 war ich als Korrespondentin der *taz* mit der belgischen Luftwaffe nach Lubumbashi geflogen. Schwere Unruhen waren in der zweitgrößten Stadt des Kongo ausgebrochen, der damals Zaire hieß, und alle Ausländer sollten evakuiert werden. Die Sammelstelle befand sich in der Internationalen Schule. Familien und Einzelne richteten sich in den Klassenzimmern ein, so gut es eben ging, und warteten auf die Flugzeuge, die sie außer Landes bringen würden. Die meisten nahmen die Situation gelassen hin. Die Lage war unerfreulich, gewiss, aber besonders tief schien die Erschütterung der Betroffenen nicht zu gehen. Viele waren mit einem Zeitvertrag nach Zaire gereist, als Mitarbeiter internationaler Organisationen beispielsweise. Die Evakuierung kam für sie zwar unerwartet, aber sie warf nicht ihren gesamten Lebensplan durcheinander.

Am Schalter für die Essensausgabe traf ich einen Mann, der mir sagte, alle diejenigen, die hier wirklich zu Hause seien, seien in den Privaträumen des Rektors auf dem Gelände untergebracht. Das war keine Verwaltungsmaßnahme und auch nicht vom federführenden Militär so angeordnet – das war ganz normale Gastfreundschaft, langjährigen Freunden erwiesen. Der Mann lud mich, die Journalistin, ein, ihn zu diesem Privathaus zu begleiten. Was ich dann erlebte, habe ich niemals vergessen.

Sehr selten nur ist mir ein solches Ausmaß an nachtschwarzer Verzweiflung begegnet wie dort, nicht einmal in Flüchtlingslagern oder Kriegslazaretten. Die Art und Weise, in der sie sich Luft machte, war nicht sympathisch. Ich habe auch nur sehr selten – nein: nie so viele dumme, rassistische Äußerungen gehört wie dort. »Das Einzige, was die verstehen, ist die Nilpferdpeitsche.« – »Die sind nicht besser als Tiere, ach was, schlimmer als Tiere.« – »Einsperren hätte man sie sollen, gleich zu Anfang. Unabhängigkeit? Was für ein Blödsinn. Das kann nur jemand gut finden, der keine Ahnung hat von den Verhältnissen.«

Alle diejenigen, die diese Sätze sagten, lebten seit Jahrzehnten in Zaire. Entweder sie selbst oder schon ihre Eltern oder gar Großeltern waren in die ehemals belgische Kolonie ausgereist und niemals dauerhaft zurückgekehrt. Der Rassismus, der sich Bahn brach an diesem Abend, war – zumindest auch – getarnte Angst. Vor dem Unbekannten, dem Neuen, der drohenden Veränderung. Deshalb habe ich damals meinen Mund gehalten.

In anderen Situationen widerspreche ich Rassisten, weil ich fürchte, dass Schweigen mit Zustimmung verwechselt wird und sich so manche in ihrem Glauben bestärkt fühlen, ihre Ansicht sei mehrheitsfähig. Aber in diesem Haus hatte ich den Eindruck, dass alle Anwesenden viel zu sehr mit sich selbst beschäftigt waren, um sich nun auch noch mit den Ansichten einer Außenstehenden auseinandersetzen zu können. Unter diesen Umständen hatte ich ohnehin allen Anlass, für die Gastfreundschaft dankbar zu sein. Die übrigens überwältigend herzlich war. Die rassistischen Sätze wurden immer wieder unterbrochen, um mich zu fragen, ob ich noch etwas zu trinken wünschte, um mir noch ein Kissen zu bringen oder etwas Nachtisch. Es war eine absurde Situation. Diesen Leuten rutschte gerade ihre gesamte Existenz weg – aber sie wollten in jedem Falle sicherstellen, dass ich mich wohl fühlte. Diesen einen Abend lang, an dem sie wenigstens das noch kontrollieren konnten.

In einer Ecke saß eine unscheinbare Frau, die wenig sagte. Irgendwann setzte ich mich zu ihr und fragte sie, wie es ihr ginge. Schlecht ging es ihr. Lehrerin war sie, alleinstehend, 38 Jahre alt. »Ich habe mein ganzes Leben hier verbracht. Und morgen soll ich nach Brüssel fliegen und das Gefühl haben, dass ich nach Hause gebracht werde. Das ist grotesk. Ich war noch nie in Brüssel. Ich weiß doch nicht mal, wie man U-Bahn fährt.« Dann fing sie an zu weinen.

Derlei kann der großen Mehrheit der weißen Bevölkerung in Südafrika nicht passieren. Sie hat keinen Ort, wohin sie ganz selbstverständlich evakuiert werden könnte oder müsste. Das hat historische Gründe. Immer wieder ist zu lesen, Ghana sei 1957 als erstes Land südlich der Sahara unabhängig geworden. Das ist falsch. Südafrika erhielt die vollständige formale Unabhängigkeit – ebenso wie andere britische Dominions – bereits 1931 durch das Westminsterstatut, erlassen vom britischen Parlament. Es ist nachvollziehbar, dass sich das nicht besonders weit herumgesprochen hat. Der Kampf gegen den Kolonialismus wurde, völlig zu Recht, auch als historische Bewegung gegen eine Diktatur der Minderheit und gegen die Entrechtung der Mehrheit gesehen. Und als Kampf gegen Rassismus. Davon war in Südafrika bekanntlich keine Rede. Aber obwohl das Ende einer Fremdherrschaft die Demokratisierung von Politik und Gesellschaft einläuten kann, ist eine solche Entwicklung nicht dessen zwangsläufige Folge. Als Napoleon die Kontrolle über Kontinentaleuropa verlor, war das nicht gleichbedeutend mit einem Sieg der Demokratie. Um nur ein Beispiel zu nennen.

Der frühe Zeitpunkt der südafrikanischen Unabhängigkeit dürfte sogar ein wesentlicher Grund dafür sein, dass die Bevölkerungsmehrheit so lange diskriminiert werden konnte. 1931 war der Grundsatz von der Gleichheit aller Menschen noch kein universales Prinzip – jedenfalls dann nicht, wenn die Menschen schwarz waren. Selbst in den USA, wo eben jener Grundsatz ein viel zitierter Bestandteil der Unabhängigkeitserklärung von 1776 ist, mussten ethnische Minderheiten, Schwarze und Ureinwohner, bis weit in die zweite Hälfte des 20. Jahrhunderts hinein für ihre – zumindest rechtliche – Gleichstellung kämpfen. Andererseits aber wurde spätestens seit den 50er-Jahren, befördert durch den Kalten Krieg und die Aufteilung der Welt in Einflusszonen, das Gebot der Nichteinmischung in die inneren Angelegenheiten eines Staates peinlich genau befolgt. Auch das erleichterte es dem südafrikanischen Apartheid-Regime, seine menschenverachtende Politik durchzusetzen. Erst 1990 wurde der Widerstandskämpfer und spätere Präsident Nelson Mandela nach jahrzehntelanger Haft aus dem Gefängnis entlassen, erst 1994 fanden die ersten freien Wahlen für alle Bewohner des Landes statt.

In anderen Staaten südlich der Sahara habe ich schon beim ersten Besuch das Gefühl, wenigstens teilweise zu verstehen, wie die jeweilige Gesellschaft funktioniert und wie sie ihre Werte definiert. Details sind immer wieder überraschend und fremd. Aber die Kolonialgeschichte, die Bedingungen der Unabhängigkeit und die Beziehungen zur ehemaligen Kolonialmacht sind überall – außer in Äthiopien, das abgesehen von einer kurzen Besetzung durch das faschistische Italien als einziges afrikanisches Land niemals eine Kolonie war – das beherrschende Element der Entwicklung in den letzten Jahrzehnten.

Für Südafrika gilt das nicht. Es käme mir anmaßend vor, nach einem Aufenthalt von nur wenigen Tagen auch nur den Versuch zu unternehmen, eine brauchbare Analyse der hiesigen Verhältnisse abzuliefern. Zumal Südafrika kein homogenes Gebiet ist, in dem überall dieselben Bedingungen gelten.

Ganz im Gegenteil. Viele Leute dort können ja nicht einmal miteinander reden. Sprachbarrieren sind Teil des normalen Alltags – in der eigenen Heimat. Elf Amtssprachen gibt es in Südafrika. Elf! Viele meiner Landsleute werden schon nervös, wenn nicht alle türkischen Einwanderinnen und Einwanderer passabel Deutsch sprechen. Auch ich finde es sinnvoll, wenn all diejenigen, die über einen längeren Zeitraum hinweg gemeinsam in einem Land leben, wenigstens über eine gemeinsame Sprache verfügen.

Aber meiner Ansicht nach reagieren wir gelegentlich ein wenig hysterisch. Irgendwann während meiner Reise habe ich dem Internet entnommen, dass das Bundesverwaltungsgericht es für rechtens befunden hat, einer türkischen Frau die Genehmigung zu verweigern, mit ihren fünf Kindern zu ihrem Ehemann nach Deutschland zu ziehen, da sie nicht über deutsche Sprachkenntnisse verfügt. Solche Meldungen sind gut gegen Heimweh.

Um keine Missverständnisse entstehen zu lassen: Ich halte es nicht nur für nützlich, sondern für notwendig, dass Immigranten bei uns die deutsche Sprache erlernen. Anders ist Integration nicht möglich. Aber zu glauben, dass es die Lust am Erwerb einer

Sprache steigert – oder gar die Liebe zum Land fördert –, wenn man diese Sprache als Instrument der Ausgrenzung und Abschottung missbraucht: Das finde ich entweder dumm oder zynisch.

Wenn ich diese türkische Frau wäre, dann würde ich, wenn ich denn endlich die Sprachprüfung bestanden hätte, schon aus Trotz nie wieder Deutsch sprechen. Und ganz bestimmt hätte ich nicht den Wunsch, mich in eine Gesellschaft zu integrieren, die derartige Prioritäten setzt.

In Südafrika stellen sich derlei Fragen gar nicht. Da geht es nicht darum, ob Leute mit »Migrationshintergrund« – um es neudeutsch zu formulieren – bereit sind, sich anzupassen. Sondern zunächst einmal nur darum, ob Bürgerinnen und Bürger mit Behörden ihres eigenen Landes ohne Dolmetscher kommunizieren können. Können sie. Weil es eben elf Amtssprachen gibt. Gäbe es die nicht, dann könnten sie das nicht.

Die meisten Afrikanerinnen und Afrikaner südlich der Sahara sprechen übrigens mindestens zwei Sprachen, viele sogar vier oder fünf. Die Muttersprache. Englisch oder Französisch oder Portugiesisch oder Italienisch. Manchmal Deutsch. Manchmal Spanisch. Und in Ostafrika fast immer Swahili. Und trotzdem gibt es Bürger ein- und desselben Staates, die nicht miteinander kommunizieren können, die – im wörtlichen Sinne – keine gemeinsame Sprache sprechen. Es bedarf keiner großen Fantasie, um sich auszumalen, was das für eine Gesellschaft bedeutet, gerade im Hinblick auf Demokratisierung.

Sprache ist immer auch ein Herrschaftsinstrument. Für Afrika gilt das in besonders unmittelbarem, brutalem Maße. Vielerorts werden Kinder bis heute streng bestraft, wenn sie sich in der Schule, und sei es in der Pause, in ihrer Muttersprache unterhalten. Die Schule ist für sie, vor allem in ländlichen Gebieten, oft der einzige Ort, an dem sie die Chance haben, die Amtssprache ihres Landes zu erlernen. Meistens gibt es derer ja nicht elf, sondern nur eine oder zwei.

Aber in vielen Ländern erinnert diese Sprache an ein besonders düsteres Kapitel der Vergangenheit, nämlich an den Kolonialismus. Fast überall, von wenigen Ausnahmen abgesehen, ist die Sprache der Kolonialherren die Amtssprache geblieben.

Das ist praktisch, es erleichtert die Kommunikation auch auf internationaler Ebene – aber es führt eben nicht unbedingt dazu, dass man Sprache lieben lernt.

Allerdings wäre die Bevölkerung von Südafrika vermutlich hochzufrieden, wenn die Sprachbarriere ihr einziges Problem wäre. Das ist nicht der Fall. Nach allem, was mir erzählt wurde, und nach allem, was ich gelesen habe, lässt sich beispielsweise die Stimmung in Kapstadt nicht mit der in Pretoria, einer alten burischen Hochburg, vergleichen. Zu meiner Überraschung fühle ich mich hier, in der offiziellen Hauptstadt von Südafrika, sehr viel mehr an die Atmosphäre in manchen Teilen der Südstaaten in den USA erinnert als an andere afrikanische Regionen, die ich besucht habe.

Vielleicht ist allerdings auch das Unfug und nur der Versuch, sich die Welt irgendwie zu ordnen. Wie gesagt: Ich war als Korrespondentin niemals für Südafrika zuständig, und ich finde es richtig, dass die meisten Medien eigene Berichterstatter in die Republik entsenden. Wer wie ich für Ost- und Zentralafrika zuständig war, kann sich nach ein paar Tagen noch kein Urteil über Südafrika erlauben.

Aber zuhören kann ich natürlich. So höre ich denn auch Barry Urban zu, wenn er über seinen Alltag im neuen Südafrika spricht. Neun Monate lang sei seine 17-jährige Tochter mit einem schwarzen Jungen liiert gewesen. »Wenn Sie die Augen geschlossen hielten, dann war er das Ideal des Mannes, den man sich für die Tochter wünscht.« Aber er musste dafür die Augen schließen? »Ja, natürlich. Ich kann doch nicht so tun, als ob die Welt um mich herum nicht existiert.« Nach einer kurzen Pause fügt er hinzu: Wenn wir denn schon über Vorurteile und Vorbehalte redeten – die dürften in der Familie des jungen Mannes noch erheblich größer gewesen sein als in seiner. Vielleicht stimmt das. Vielleicht auch nicht.

Die 33-jährige – schwarze – Lungite Mnguni, alleinerziehende Mutter einer 6-jährigen Tochter und Sekretärin an der Universitätsklinik, meint jedenfalls, sie hätte kein Problem, wenn ihre Tochter später einmal einen weißen Bräutigam nach Hause brächte. Dann macht sie eine Pause und fügt hinzu, leiser und ein bisschen verlegen lachend: »Aber bitte keinen Chinesen.« Ich kann mir nicht helfen – ich pruste los. Ich versuche, mich zu beherrschen, ich verschlucke mich, ich lache Tränen. Lungite Mnguni schaut mich ratlos und etwas verletzt an. Was daran denn so komisch sei? Wenn sie das nicht versteht, dann kann ich es nicht erklären. Ich versuche es mit einer Gegenfrage: Warum will sie denn keinen Chinesen als Schwiegersohn? »Ich mag die Augen nicht.« Ich lache weiter.

Allmählich bekomme ich mich unter Kontrolle. Was dringend nötig ist, denn es haben auch schon vorher genug Leute in unsere Richtung geschaut und uns beobachtet. Ich sollte gewiss kein Schauspiel bieten, wenn ich ungestört reden will – zumal Lungite Mnguni und ich ohnehin Blicke auf uns ziehen. Wir sitzen auf der überdachten Terrasse eines italienischen Restaurants. Die meisten Gäste sind weiß, aber nicht alle. Allerdings sind wir das einzige »gemischte« Paar – und das genügt offenbar, um Interesse zu erwecken. Durchaus wohlwollendes Interesse, meinem Eindruck zufolge. Aber eben Interesse. Vor 30, auch noch vor 20 Jahren wäre das in Kenia in einem vergleichbaren Lokal ganz ähnlich gewesen. Inzwischen lockt man dort mit der Zusammensetzung einer Tischgesellschaft keinen Hund mehr hinter dem Ofen hervor. Wie gesagt: Vielleicht brauchen manche Entwicklungen einfach nur Zeit.

»Die Apartheid wird nie vorbei sein«, sagt hingegen Lungite Mnguni. »Das Einzige, was Diskriminierung verhindern kann, sind Gesetze.« Immer noch gebe es Weiße, die nicht einmal in demselben Aufzug fahren wollten wie Schwarze. Allerdings gebe es inzwischen auch Weiße, die bei solchen Gelegenheiten sehr bestimmt und streng sagten: »Diese Zeiten sind vorbei!«

Die Sekretärin ist im Großen und Ganzen mit ihrem Leben nicht unzufrieden. Sie ist auf dem Land aufgewachsen, das Geld war damals knapp – und sie kann stolz darauf sein, es in der Stadt zu etwas gebracht zu haben. Umgerechnet verdient sie etwas mehr als 8000 Euro im Jahr. Sie hat eine Ausbildungsversicherung für die Tochter, eine Lebensversicherung, eine Sterbeversicherung und eine halbwegs gute Krankenversicherung. Was sie umtreibt: die medizinische Versorgung ihrer Mutter. Die könne

94

zwar zu staatlich subventionierten Krankenhäusern gehen, aber deren Standard sei schlecht. Und Privatkliniken seien teuer. Was ihr außerdem Sorgen macht: die Miete für ihre Wohnung. Gegenwärtig lebt Lungite Mnguni in einer Sozialwohnung, für die sie umgerechnet gerade mal 52 Euro monatlich bezahlen muss. Aber sie verdient inzwischen zu viel. Deshalb fürchtet sie, ihre Berechtigung für die Sozialwohnung zu verlieren und sich demnächst auf dem freien Markt umschauen zu müssen. Um dann eine etwa fünfmal so hohe Miete zahlen zu müssen wie bisher.

Ich verstehe, dass Lungite Mnguni all das bedrückt. Aber das, was sie erzählt, erinnert mich trotzdem in vielem eher an europäische Verhältnisse als an die Situation in anderen Teilen Afrikas. Sterbeversicherung oder Ausbildungsversicherung sind andernorts keine Themen für die Angehörigen der Mittelschicht, die ich hier kennengelernt habe. Die Prämienzahlungen für fast alle sinnvollen Versicherungen sind im Regelfall so teuer, dass man zugespitzt sagen könnte: Wer sich die leisten kann, braucht die entsprechenden Versicherungen nicht. Der finanziert anfallende Kosten gegebenenfalls aus eigener Tasche. Und wer dazu nicht imstande ist, für den sind die Prämien zu hoch.

Mein Schwager Mukuni Kihuku bekam auf furchtbare Weise zu spüren, welche Folgen das haben kann, als sein 9-jähriger Sohn Waithaka an Krebs erkrankte. Die jährlichen Beitragszahlungen für eine vernünftige Krankenversicherung hätten ungefähr zehn Prozent der maximalen Deckungssumme entsprochen, erzählt Mukuni. Das habe er sich als kleiner, selbstständiger Unternehmer für seine vierköpfige Familie nicht leisten können. Als kurz vor Weihnachten 2009 die Diagnose kam, da war also nicht auszuschließen, dass Waithaka allein deshalb würde sterben müssen, weil das Geld für die Behandlung fehlte.

Umgerechnet rund 25 000 Euro sollten Chemotherapie und Bestrahlungen kosten, wurde den entsetzten Eltern gesagt. Deren Reaktion: Sie verkauften sofort den Kleinbus, den sie bis dahin für Touristenausflüge und Zubringerdienste vermietet hatten. Damit ließ sich wenigstens der erste Teil der Behandlung finanzieren. Zugleich aber fiel somit eine wichtige Einnahmequelle für die Familie weg – ein Teufelskreis. Wie schnell Angehörige der Mittelschicht ins Bodenlose zu fallen drohen, das haben Mukuni und seine Frau Wanjiku hautnah erlebt.

Als ich vor Jahren die ersten Überlegungen anstellte, dieses Buch zu schreiben, da stand für mich von vornherein fest, dass Mukuni darin vorkommen würde – als Beispiel für jemanden, der es aus eigener Kraft geschafft hatte, die Kontrolle über sein eigenes Leben und das seiner Familie zu gewinnen. Zu meinem jüngsten Schwager hatte ich immer ein besonders enges Verhältnis. Er war gerade 21 Jahre alt, als Stanley und ich 1986 heirateten. Wir luden ihn zur Hochzeit ein, und er verbrachte danach zwei Monate bei uns in Köln. Gerne hätten wir ihm ermöglicht, in Deutschland zu studieren, er hätte das auch gerne getan – aber er bat uns dennoch, entsprechende Pläne nicht weiter zu verfolgen. Er konnte sich nicht vorstellen, seine Großmutter zu verlassen, die damals 86 Jahre alt war. »Die Liebe, die ich von ihr bekommen hatte, wollte ich zurückgeben«, sagt er heute. Mukuni wollte für sie da sein, nicht irgendwo weit weg auf einem anderen Kontinent. Bei der Scheidung der Eltern war er ein Baby. Die Mutter – meine Schwiegermutter – musste Geld verdienen und arbeitete als Hausangestellte. Sie konnte Mukuni nicht bei sich behalten. Deshalb wuchs er bei der Großmutter auf dem Land auf.

Die Kindheit in einem kenianischen Dorf und die daraus entstandenen Bindungen prägen sein Leben bis heute. Mein Schwager hat eine eindrucksvolle Karriere bei dem internationalen Konzern Unilever gemacht, der von Waschmittel über Margarine bis hin zu Maismehl und Seife die meisten der Produkte vertreibt, die sich auch noch in den ärmsten Haushalten finden. Mukuni wurde zunächst Handelsvertreter: »Ich kannte niemanden in der Firma, und niemand hat mich protegiert. Aber ich wusste, wie ein Dorf tickt. Das hat mir geholfen, erfolgreich zu sein.« 1986 fing er bei dem Unternehmen an, sechs Jahre später wurde er nach Mombasa an die Küste versetzt. 2003 kündigte er: »Da war ich gerade zum Verkaufsmanager für die gesamte Region befördert worden. Aber ich hatte inzwischen eine Frau und zwei Kinder. Ich wollte nicht mehr jedes Wochenende im Büro verbringen. Unser langfristiges Ziel war immer die Selbstständigkeit.« Sein letztes Gehalt betrug umgerechnet etwa 1700 Euro im

Monat. »Wir reden also über ernsthafte Summen, jedenfalls in Kenia. Ich konnte ziemlich viel zurücklegen.«

Diese Rücklagen ermöglichten es ihm und seiner Frau, ein Wohnhaus mit einem Laden zu bauen, in dem Wanjiku nun Waren des täglichen Bedarfs verkaufte. Mukuni pachtete eine kleine, freie Tankstelle. Außerdem gab es den Minibus. »Es ging uns damals wirklich gut. Wir konnten unsere Kinder sogar auf Privatschulen schicken – doch, es ging uns gut. Egal, welche Maßstäbe man anlegt.«

Das änderte sich im Dezember 2007. Da fanden Wahlen in Kenia statt, und lange unterdrückte Feindseligkeiten machten sich Luft. Der kenianische Präsident ist ein Kikuyu, diese Ethnie gilt als besonders geschäftstüchtig und kontrolliert große Teile des mittelständischen Handels im ganzen Land. Als sich der Verdacht verstärkte, dass das Wahlergebnis zugunsten des Präsidenten gefälscht worden war, da hatten Kikuyu landesweit ein Problem. Die Situation wurde nicht dadurch besser, dass Mordkommandos, die wiederum von Kikuyu losgeschickt worden waren, Angehörige der Opposition, die zu anderen Ethnien gehörten, niedermetzelten.

Wenn die Mächtigen in einer Gesellschaft beschließen, die Ohnmächtigen aufeinander zu hetzen, dann haben Einzelne keine Chance. »Wir haben Warnungen bekommen, dass wir verschwinden sollten, weil wir angeblich Verbündete des Präsidenten waren«, erzählt Mukuni, der ebenso wie Stanley und die anderen Mitglieder des kenianischen Teils meiner Familie ein Kikuyu ist. »Ich habe das zunächst nicht ernst genommen. Wir wohnten schon so lange in unserem Viertel – ich war sicher, dass uns nichts passieren würde. Hätte ich auf die Warnungen gehört, dann hätten wir einiges retten können.«

So aber konnten Mukuni und Wanjiku nichts retten. Gar nichts. Am 30. Dezember wurden Haus und Laden geplündert: »Sie haben alles mitgenommen. Spielzeug, Kleider, Fotos, sogar Einbauschränke – alles eben.« Die Familie selbst kam mit knapper Not davon. Sie flüchtete in Mukunis Heimatgemeinde, seine Ehefrau und die beiden Söhne blieben fast eineinhalb Jahre dort. »Wir haben auch überlegt, ob wir uns dort dauerhaft ansiedeln sollten. Wir haben sogar Geschäftsräume angeschaut, die infrage gekommen wären. Aber es gab nach den Unruhen so viele Flüchtlinge in der Gegend. Alles wurde teurer – Schulgebühren, Mieten, alles. Und ich habe gesehen, dass einfach zu wenig Geld im Umlauf war, als dass wir unseren Lebensunterhalt hätten verdienen können.«

Also kehrte Mukuni im Februar 2008 nach Mombasa zurück – gegen den Rat vieler Leute, die es gut mit ihm und seiner Familie meinten. Auch gegen meinen Rat. Die nächsten Wahlen finden 2012 in Kenia statt – was, wenn die Ereignisse sich wiederholen?»Sollten wir irgendeine feindselige Stimmung spüren, dann packen wir zusammen und gehen ins Dorf«, sagt Mukuni. »Es geht doch sowieso hier nicht um sogenannte Stammeskämpfe. Sondern um den alten Kampf der Besitzenden gegen die Habenichtse.«

Was Mukuni half, Vertrauen in die Zukunft zu haben: Ohne seine Nachbarn und Freunde – die alle zu anderen Ethnien gehörten und fast alle, wie an der Küste üblich, Moslems waren – wäre er noch viel schlechter dran gewesen. Sie hielten ihn auf dem Laufenden. Einer versteckte den Minibus, ein anderer gab die Tankstelle als seine eigene aus. »Und als ich zurückkam, da sagte ein alter Mann zu mir: ›Die Plünderer waren nicht von hier, sie haben nichts mit unserer Gemeinschaft zu tun.‹ Da hat für mich der Heilungsprozess begonnen.«

Die Kinder brauchten länger. Waithaka, der jüngere der beiden Söhne, sah einmal auf einem Markt ein kleines Feuer brennen: »Plötzlich fing er an zu schreien«, erzählt der Vater. »Er hatte Halluzinationen, er sah Plünderer auf uns zukommen. Es war einfach eine traumatische Erfahrung für ihn. Beide Kinder fragen immer wieder: Wo kommt der Hass her? Was haben wir getan? Warum haben sie sogar unsere Schulhefte zerrissen?«

Im Mai 2009 kehrten auch Mukunis Ehefrau und die Kinder zurück nach Mombasa. Allmählich stellte sich Normalität ein – bis zur Krebs-Diagnose im Dezember. Da brach für meinen Schwager eine Welt zusammen: »Ich habe mich so ohnmächtig gefühlt. Ich habe mich gefragt, was ich für ein Versager bin, wenn ich nicht einmal für mein eigenes Kind sorgen kann.«

Wenn man religiös ist, dann muss man sagen: Er hat sich an Gott gewandt, damit der für sein Kind sorgt – und er hat zumindest Umstände geschaffen, vor deren Hintergrund für seinen Sohn gesorgt werden konnte. »Ich fühle mich als Teil einer größeren Gemeinschaft«, sagt Mukuni, und er meint seine christliche Gemeinde, mit der er zweimal wöchentlich den Gottesdienst feiert. »Mein Glaube ist das, was mir Kraft gibt. Alles kristallisiert sich darum. Mein Glaube ist meine Hoffnung.« Als Abgrenzung von Freunden und Bekannten, die einen anderen Glauben haben, will er das nicht verstanden wissen: »Ich habe großen Respekt vor anderen Religionen. Wenn ich in eine islamische Familie hineingeboren wäre, dann wäre ich vermutlich Muslim. Aber ich glaube eben an das, woran ich glaube.« Er habe jedoch nicht vergessen, dass seine muslimischen Freunde das von seinem Besitz geschützt hätten, was überhaupt zu retten war.

Mukunis christliche Freunde haben – hoffentlich – das Leben seines Sohnes Waithaka gerettet. Sie und einige seiner Familienangehörigen spendeten über Monate hinweg immer wieder kleinere und größere Beträge. Insgesamt so viel Geld, dass der Junge behandelt werden konnte und der Tumor heute verschwunden ist. Das widerlegt die Überzeugung meines Freundes Olola Oneko im tansanischen Moshi, der meint, dass ein afrikanischer Freundeskreis wegen eigener Verpflichtungen gar nicht einspringen könne, wenn eine teure Behandlung erforderlich werde. Aber bedeutet die Finanzierung der Chemotherapie einen dauerhaften Sieg über den Krebs? Wir wissen es nicht, wir können es nicht wissen. Immerhin: Es besteht begründete Hoffnung.

Mukuni hatte also keine Versicherung für sich selbst und für seine Familie, aber ein Umfeld, das sich in einem so großen Ausmaß für das Wohlergehen seines Sohnes mitverantwortlich fühlte, dass wenigstens die materiellen Voraussetzungen für dessen Genesung geschaffen wurden. Aus meiner Sicht bestätigt das – wenngleich in anderer Hinsicht, als ich das ursprünglich erwartet hatte – die These, dass Angehörige der Mittelschicht auch in Afrika über Möglichkeiten verfügen, ihr eigenes Leben und das ihrer Familien in die Hand zu nehmen. Aus meiner Sicht ist es jedoch keine Frage, dass Umstände wünschenswert sind und geschaffen werden sollten, in denen es für jemanden wie Mukuni selbstverständlich ist, sich und seine Familie versichern zu können.

Allerdings muss man zugeben: Selbst wenn die Familie eine Krankenversicherung gehabt hätte – es ist gar nicht sicher, dass Waithaka eine Chance auf Heilung gehabt hätte. Nur einem glücklichen Umstand zufolge konnte das Lymphom überhaupt früh genug für eine Behandlung diagnostiziert werden. Michael Mwangi, ein langjähriger Freund von Mukuni, arbeitet seit 14 Jahren als Herzspezialist am Universitätskrankenhaus von Pretoria. Weihnachten verbrachte er den Heimaturlaub mit seiner Familie in Kenia, gerade als der erste Verdacht auf eine ernste Erkrankung von Waithaka aufgekommen war. Er nahm die Gewebeproben des Jungen mit zurück nach Südafrika. Andernfalls hätten sie nach Italien geschickt werden müssen – die Klinik in Nairobi verfügte nicht über die Möglichkeit der Laboranalyse. »Der ganze Vorgang hätte dann vermutlich zwei Monate gedauert statt eineinhalb Wochen«, erzählt Michael Mwangi. »Dann wäre es zu spät gewesen.«

Der Arzt lädt mich zu sich nach Hause zum Abendessen ein. Ich merke, wie sehr ich es genieße, endlich einmal wieder entspannt mit Leuten zu reden, bei denen das Thema Hautfarbe im Umgang mit mir keine Rolle spielt. Denn ich habe in den letzten Tagen immer stärker den Eindruck gewonnen, dass ich hier in Pretoria noch immer zuerst und vor allem darüber definiert werde, dass ich weiß bin – nicht über mein Alter oder die Tatsache, dass ich eine Frau bin, um zwei andere Möglichkeiten zu nennen. Michael und seine Frau Monica bestätigen diesen Eindruck. Auf beiden Seiten bestünden nach wie vor große wechselseitige Vorurteile, und jede Straftat oder auch nur jedes schlechte Benehmen würde stets der ganzen Gruppe zugerechnet: typisch weiß – typisch schwarz.

In den ganzen 14 Jahren, in denen Michael Mwangi an diesem Krankenhaus in Pretoria tätig ist, wurden er und seine Frau kein einziges Mal von weißen südafrikanischen Kollegen nach Hause eingeladen. »Ich merke erst an deiner Reaktion wieder, dass das nicht normal ist«, sagt Monica, als sie mein fassungsloses Gesicht sieht. Wir sind uns schnell einig, dass Misstrauen, Kränkungen und Ressentiments, die eine jahrhundertelange Geschichte haben, nicht in wenigen Jahren abgebaut werden können, und setzen unsere Hoffnung auf die Zukunft: Immerhin gingen ja jetzt alle Kinder gemeinsam zur Schule, da normalisierten sich Beziehungen dann von selber und Freundschaften würden ganz unspektakulär geschlossen.

Als wir so hoffnungsfroh vor uns hin träumen, mischt sich der 12-jährige Sohn Alex in unser Gespräch und gießt Essig in den Wein. Was wir da redeten, habe nichts mit der Wirklichkeit zu tun. »Es stimmt, dass wir gemeinsam in der Klasse sitzen. Aber in den Pausen stehen wir immer in getrennten Gruppen zusammen. Ein weißer Klassenkamerad von mir wohnt hier in unserer Straße, nur ein paar Häuser weiter. Es gibt keinerlei Kontakt zwischen uns.«

Michael und Monica würden gerne zurückgehen nach Kenia, wenn sich dort eine berufliche Perspektive eröffnete. Ganz sicher aber wollen sie ihren Ruhestand dort verleben. Eine Heimat – und sei es auch nur eine zweite Heimat – ist Südafrika ihnen nicht geworden.

Für mich ist es am nächsten Morgen höchste Zeit, weiterzureisen. Ich verlasse das noch immer unbekannte Land mit gemischten Gefühlen. Einerseits bedaure ich, dass mir mein Reiseplan nicht die Möglichkeit lässt, sehr viel mehr davon zu sehen und dann vielleicht doch manches begreifen zu können. Andererseits finde ich es anstrengend, mich ständig kategorisiert und in ein Raster gezwängt zu sehen. Seltsam: Ich hatte erwartet, dass ich Südafrika – schon allein wegen der guten Infrastruktur – als Erholung empfinden würde. Immerhin kann ich mich darauf verlassen, dass Strom, Wasser, Telefon und andere Dienstleistungen funktionieren. Aber ich fühle mich nicht erholt. Ich schwächele. Eigentlich will ich nach den letzten Tagen nichts anderes als meine Ruhe.

7. Livingstone und die verachtete Stadt

Vielleicht ist es unter diesen Umständen ganz gut, dass ich nun erst einmal eine längere Wegstrecke möglichst schnell hinter mich bringen muss, also einige Tage keine Zeit für Gespräche habe. Ich habe eine Verabredung mit einer leitenden Verwaltungsangestellten im sambischen Kitwe getroffen, die dem Vernehmen nach ungewöhnlich viel über die Geschichte und Entwicklung dieser Kleinstadt inmitten des Kupfergürtels – einem der wenigen afrikanischen Industriegebiete – weiß, die aber leider in wenigen Tagen zu einer längeren Auslandsreise aufbrechen wird. Folglich muss ich mich beeilen. Und ich gestehe mir ein: Das kommt mir entgegen. Die Fülle der Eindrücke in den letzten Wochen war so groß, dass ich es ganz schön finde, meine Gedanken ein wenig ordnen zu können.

Botswana eignet sich dafür gut. Ein gelassenes, friedliches Land, das seit vielen Jahren ein Mehrparteienstaat ist und deshalb als Musterdemokratie gilt. Es ist der einzige sogenannte »Frontstaat«, der direkt an Südafrika grenzt und die Unterstützung der Freiheitskämpfer dort und im früheren Südrhodesien – dem heutigen Simbabwe – nicht mit einem Bürgerkrieg bezahlen musste, der vom Apartheid-Regime angefacht und teilweise finanziert wurde.

Ein wesentlicher Grund dafür sind große Diamantvorkommen, die 1967, im Jahr nach der Unabhängigkeit von Großbritannien, entdeckt wurden. Dieser Reichtum ermöglichte eine nahezu beispiellose Erfolgsgeschichte. Über Jahre hinweg wuchs die Wirtschaft schneller als in fast allen anderen Ländern der Welt.

Nicht alle profitierten davon, und die Bodenschätze garantieren auch keinen dauerhaften Reichtum. Was einer der Gründe dafür ist, dass die Regierung sich gegenwärtig darum bemüht, andere einträgliche Wirtschaftszweige zu erschließen. Die Arbeitslosigkeit in Botswana war stets – und ist noch – hoch, die sozialen Unterschiede sind gewaltig. Was man selbst dann bemerkt, wenn man nur flüchtig hinschaut. Aber immerhin: Die Infrastruktur ist gut, der Staat funktioniert, er ist weder von äußeren noch von inneren Feinden bedroht. Das ist in Afrika keine kleine Errungenschaft.

In der modernen Hauptstadt Gaborone, die nur wenige Kilometer entfernt ist von der Grenze zu Südafrika, übernachte ich in einem Luxushotel. Im Augenblick will ich kein Lokalkolorit, sondern eine verlässlich funktionierende Dusche, einen möglichst großen Fernseher mit internationalem Programm, Zimmerservice und vor allem Ruhe, Ruhe, Ruhe. So viel Glück habe ich nicht. Ein Blick aus meinem Fenster am späten Vormittag des nächsten Tages zeigt mir ungefähr 20 mögliche Gesprächspartnerinnen – und bedeutet das Ende jeder Hoffnung auf eine stille Pause.

Im Garten des Hotels, direkt unterhalb meines Zimmers, wird ein Kindergeburtstag gefeiert. Mit oranger Hüpfburg und gemietetem Zauberer. Ich weiß, dass all die begleitenden Mütter mit dem gelangweilten Gesichtsausdruck zu der Zielgruppe gehören, die ich andernorts mühsam suchen muss. Hier bräuchte ich nur einige Stufen hinunterzugehen, und schon könnte ich Interviews führen. Eigentlich nennt man eine solche Situation: Reporterglück. Aber ich habe keine Lust dazu, und natürlich gibt es dafür Gründe.

Auch in Nairobi traf ich Eltern, die ihren Kindern zum Geburtstag ein Unterhaltungsprogramm gekauft haben. Mir ist das auf die Nerven gegangen, und ich fand es unangemessen angesichts der existenziellen Not, die wir alle unmittelbar vor der Haustür hatten. Nun kann und soll man als Reporterin nicht nur mit Leuten reden, die die eigenen Wertvorstellungen teilen. Aber jetzt bin ich gerade keine Reporterin, sondern müde. Also bleibe ich in meinem Zimmer sitzen.

Mir ist übrigens durchaus klar, dass die Unterscheidung, die ich im Zusammenhang mit Kindergeburtstagen zwischen unangemessenem Luxus und akzeptabler Bequemlichkeit treffe, willkürlich ist und nur der Beruhigung meines eigenen schlechten Gewissens dient, also ein Kompass für meine Ratlosigkeit sein soll. Der Abstand zwischen unseren Lebensbedingungen in Nairobi und denen von Kindern, die ums Überleben kämpfen müssen, ist so unüberbrückbar groß, dass es auf die eine oder andere Hüpfburg wirklich nicht ankommt. Kinder teilen den Lebensstandard ihrer Eltern. Weltweit. Was bedeutet das für konkrete Alltagsentscheidungen? Dass sie oft schwer zu fällen sind. Meine Tochter Nora wünschte sich zur Einschulung einen bestimmten Ranzentyp, der damals modern war und den »alle« hatten. »Alle« hieß: die anderen Kinder der deutschen Schule in Nairobi, deren Kindergarten sie bereits besucht hatte. Selbstverständlich waren die liebenden deutschen Großeltern glücklich, ihn kaufen zu dürfen.

Mein Glücksgefühl hielt sich in Grenzen. Wir wohnten etwa 250 Meter von der Haltestelle des Schulbusses entfernt. Nora hätte den Weg alleine zurücklegen können. Es gab keine bedrohliche Straße, die zu überqueren war. Aber es gab einen Treffpunkt von Straßenkindern, ganz in der Nähe. Die waren also jeden Tag mit Altersgenossen konfrontiert, die all das bekamen, wovon sie kaum zu träumen wagten. Ich fürchtete, dass sie durchaus bereit gewesen wären, anderen Kindern besonders begehrte Gegenstände wegzunehmen. Zum Beispiel einen Ranzen.

Wie gesagt, ich befürchtete das. Konkrete Hinweise hatte ich nicht. Im Gegenteil, die Straßenkinder waren stets freundlich und – peinlich genug – ausgesprochen dankbar, wenn man ihnen nach dem Einkauf im Supermarkt mal einen Laib Brot oder eine Packung Kekse schenkte. Aber allein meine Befürchtung führte dazu, dass Nora über Jahre hinweg jeden einzelnen Schultag bis zum Bus gebracht wurde. Vom Vater, von unserer Hausangestellten, von mir. Schließlich wollte niemand, dass sie durch das Erlebnis eines Raubes traumatisiert würde.

Eine privilegierte Lebensstellung bedeutet auch den Verlust von Freiheit, den Abschied von der Möglichkeit, altersgerecht die ersten Schritte in die Selbstständigkeit tun zu dürfen. Die Kinder aus gut situierten Familien in Nairobi sind noch im Teenageralter kaum je außerhalb der Rufweite von Erwachsenen – und damit befreit von deren wachsamen Augen. Wenn die soziale Kluft in Deutschland weiterhin in dem Ausmaß wächst wie in den letzten Jahren, dann wird sich das vielleicht auch in Berlin, München, Düsseldorf und Dresden bald nicht mehr exotisch anhören, sondern für normal gehalten werden. Wie traurig eine solche Entwicklung – auch – für die Bessergestellten ist, merkt eine Gesellschaft im Regelfall erst, wenn es zu spät ist. Bis dahin hält sie eine vernünftige Sozialpolitik für ein Gebot der Barmherzigkeit, nicht für eine Maßnahme, die in ihrem eigenen Interesse liegt.

Hätten wir uns seinerzeit im konkreten Alltag in Nairobi anders verhalten können? Bis heute glaube ich: Es gibt in diesem Zusammenhang keine richtige und keine falsche Entscheidung. Was immer wir getan hätten, jemand hätte einen Preis dafür bezahlen müssen. Hätten wir Nora einen Ranzen gekauft, der für Straßenkinder nicht attraktiv gewesen wäre: Sie wäre eine Außenseiterin in ihrer Schule gewesen. Das hätten wir nicht lustig gefunden, und das hätte vor allem unsere Tochter nicht lustig gefunden. Jeder Tornister hingegen, der begehrenswert war, gefährdete sie. Das Dilemma war nicht lösbar. Allerdings immer noch klein, verglichen mit den Problemen, mit denen sich seinerzeit ihr Großvater, Stanleys Vater, herumschlagen musste.

Kurz vor der kenianischen Unabhängigkeit 1963 wollten die Kolonialherren ihre Bereitschaft zur Integration beweisen und vergaben zwölf Stipendien für ein – bis dahin ausschließlich für britische Schüler reserviertes – Eliteinternat an begabte Kinder aus armen afrikanischen Familien. Mein späterer Mann war eines dieser Kinder. Das Stipendium deckte allerdings nur die Schulgebühren und die Lebenshaltungskosten ab, nicht die Grundausstattung, die zur Schule mitgebracht werden musste.

Stanley erinnert sich bis heute an den fassungslosen Gesichtsausdruck seines Vaters, als der die Liste sah: Rugby-Socken, Tennis-Socken, jeweils zwölf Paar, außerdem ein Dutzend

Taschentücher, einen Hockeyschläger, ein Kricket-Schlagholz, einen Tennisschläger und selbstverständlich für alle diese Sportarten auch die jeweils passenden Kleidungsstücke. Das ging ins Geld, sollte jedoch nicht die einzige Hürde bleiben, die zu überwinden war. Den Schülern war ausdrücklich verboten, in bestimmte Stadtviertel zu gehen, in denen die afrikanische Bevölkerung lebte. Dort wohnte nun aber Stanleys Vater, der seinerzeit bei der Eisenbahn angestellt war. Was tun an Feiertagen, an denen die Kinder ihre Familien besuchen sollten? Die Schulordnung verletzen, schon klar. Aber was tun, wenn man mal einen Klassenkameraden mit nach Hause nehmen will? Das geht dann eben nicht. Integration braucht offenbar ziemlich viel Übung.

Das Thema Kindergeburtstag ist für mich in der botswanischen Hauptstadt Gaborone schnell erledigt. Mein Bus in Richtung Norden verlässt die Hauptstadt am frühen Nachmittag. Zum ersten und letzten Mal im Laufe meiner Reise dürfen hier fliegende Händler, die alles Mögliche verkaufen – Sandwiches, Erdnüsse, Wasser, Zeitungen, Hühnerbeinchen, Chips – den Bus besteigen. Überall sonst müssen ihre Kollegen ihre Waren draußen anbieten. Passagiere kommen kaum noch durch den Gang. Ohnehin hat niemand mehr den Überblick, wer nun eigentlich reisen möchte und wer etwas feilzubieten hat. Die Situation ist chaotisch – und außerordentlich beruhigend: Einen deutlicheren Hinweis darauf, dass die Sicherheitslage gut und nicht einmal Kleinkriminalität zu befürchten ist, kann es kaum geben. Michael Mwangi, der kenianische Arzt in Pretoria, hatte mir erzählt, ich könne in Botswana sogar unbesorgt per Anhalter fahren, und es gebe feste Tarife für Benzinbeteiligung.

Im Bus wird wieder einmal ein Film gezeigt. In diesem Falle handelt es sich offenbar um einen politischen Propagandafilm, der in Südafrika zur Zeit der Apartheid gedreht wurde. Wunderbare, edle Schwarze kämpfen gegen bösartige, gierige Weiße. Drei Mädchen im Teenageralter lachen jedes Mal betont laut, wenn ein unfreundlicher Satz über Weiße fällt, und schauen danach in meine Richtung. Sehr, sehr demonstrativ. Mir tun die Kinder ein bisschen leid. Es muss für 15-Jährige ziemlich deprimierend sein, wenn die einzig mögliche Form des Protests darin besteht, einer Mitreisenden ihre Verachtung zu zeigen, weil der große Kampf – der gegen die Apartheid – schon von den Eltern erfolgreich beendet wurde.

Übernachtung in Francistown, etwa 400 Kilometer von Gaborone entfernt. Am nächsten Morgen geht es zur Grenze nach Sambia. Weitere 400 Kilometer. Der Bus ist heute abscheulich. Die Sitze sind zu eng und ohne Armlehnen, es gibt keine Klimaanlage, im Bodenbelag klaffen Löcher. Aber auch schlechte Busse haben ihre Vorteile. Kein Film wird gezeigt, wir werden nicht einmal mit Musik beschallt. Und ein Prediger, der nach der Mittagsrast aufdringlich und laut versucht, uns auf den rechten Weg zu führen, wird vom Fahrer erst höflich gebeten, das Fahrzeug zu verlassen, und dann, als das nichts nützt, ziemlich unsanft am Schlafittchen gepackt und hinausbefördert. Wunderbar. Mit Feindseligkeit gegen Religion scheint das nichts zu tun zu haben. Meine beiden Nachbarn lesen in religiösen Heften und haben dennoch offenbar kein Bedürfnis, sich missionieren zu lassen. Jedenfalls heben sie nicht einmal den Blick.

Botswana ist etwas größer als Frankreich, hat aber nur etwa zwei Millionen Einwohner: einer der am dünnsten besiedelten Staaten der Erde. Lange fahren wir durch eine unbewirtschaftete, dürre Steppenlandschaft, bis sich das etwa hundert Kilometer vor der Grenze schlagartig ändert. Gepflegte Farmen mit riesigen Ackerflächen liegen plötzlich links und rechts der Straße.

Haben ehemalige weiße Großbauern aus Simbabwe hier ein neues Zuhause gefunden? Möglich. Nach ihrer gewaltsamen Enteignung vor knapp zehn Jahren sind viele von ihnen in Nachbarländer geflohen, um sich dort eine neue Existenz aufzubauen. Oft wurden sie mit offenen Armen empfangen, weil sie als hoch qualifiziert gelten und natürlich vielfach auch über Kapital verfügen. Insgesamt sind mehrere Millionen Menschen aus Simbabwe geflohen, seit Präsident Robert Mugabe in den späten 90er-Jahren des letzten Jahrhunderts mit einer Politik der Einschüchterung und der Gewalt begann, die jede Opposition unterdrückte und große Teile der Bevölkerung ins Elend stürzte.

Flüchtlinge, die weder über besondere berufliche Fähigkeiten noch über Geld verfügen, sind weniger gern gesehen als ihre glücklicheren Landsleute. Etwa 180 Kilometer vor der Grenze nach Sambia gibt es einen unvorhergesehenen Zwischenaufenthalt: Die Polizei kontrolliert die Ausweise der Reisenden. Zwei Männer mit simbabwischen Papieren werden aus dem Bus geholt, wir anderen dürfen weiterfahren. Niemand reagiert. Es hatte ja auch in Mosambik niemand Fragen gestellt, als die beiden Somalis von der Polizei mitgenommen wurden.

Der Grenzübergang verläuft dann anders, als ich ihn mir vorgestellt habe. Um es positiv zu formulieren: Es ist wenigstens nicht der übliche, öde, formale Vorgang in einer lang gestreckten Baracke, bei dem es nur darum geht, die Geduld nicht zu verlieren, wenn es länger dauert. Um es negativ zu formulieren: Es ist anstrengend. Sehr anstrengend. Etwa 500 Meter läuft man von der botswanischen Grenze, der Endstation des Busses, zum Ufer des Sambesi. Diesen Fluss, der die Lebensgrundlage für Millionen Menschen im südlichen Afrika bildet, müssen wir überqueren, um nach Sambia zu gelangen. 500 Meter: Das hört sich nach einer geringen Entfernung an, aber bei einer Temperatur von 35 Grad im Schatten – und hier gibt es keinen Schatten – kann ein halber Kilometer sehr lang sein.

Ich bin, nicht zum ersten Mal, sehr froh, mein Gepäck für die Reise auf insgesamt etwa sieben Kilo beschränkt zu haben. In einer Reisetasche liegen drei T-Shirts, Jeans, eine warme Jacke, zwei bügelfreie Kleider, Waschzeug, Wäsche, zwei Bücher – die, sobald ausgelesen, zurückgelassen und durch neue ersetzt werden –, ein Badeanzug, zwei Nachthemden, einige Medikamente, Spielkarten, Notizblöcke. In einem Sisalbeutel, den meine Schwiegermutter für mich geflochten hat, transportiere ich meinen Laptop, meinen iPod samt Kopfhörern und eine kleine Tasche mit Pass, Bargeld und Kreditkarte.

All das ist unerlässlich. Trotzdem fühlt sich mein Gepäck schon nach wenigen Metern an, als befänden sich Bleigewichte darin. Irgendwann spricht mich eine junge Frau an: »Darf ich Ihnen das abnehmen? Sie können doch gar nicht mehr.« Eigentlich will ich ablehnen – ist ja peinlich –, aber noch eigentlicher bin ich dankbar. Ich übergebe meine Tasche gern. Die junge Frau war mit zwei Freundinnen ein paar Meter hinter mir gegangen.

Als wir endlich den Fluss erreichen, sehen wir eine erstaunlich große Zahl von Fußgängern und eine unübersehbar große Zahl von Lastwagen, die auf die Fähre warten. Meine Begleiterinnen schätzen die Wartezeit auf zwei Stunden. Wir entscheiden uns, stattdessen für ein paar Dollar ein Schnellboot zu nehmen. Kaum sind wir am anderen Ufer angekommen, da wird mir klar, dass dies eine noch bessere Entscheidung war, als ich angenommen hatte. Die Grenzformalitäten sind schnell erledigt, weil ja die Fähre noch nicht da ist und sich keine Schlange gebildet hat. Wir können entspannt mit einem Taxifahrer über den angemessenen Fahrpreis in die Stadt Livingstone diskutieren. Wir: Das trifft es nicht so ganz. Patience Mandunga, die von Anfang an Wortführerin war, übernimmt die erfolgreiche Verhandlung.

Patience ist sehr hilfsbereit. Hätte sie mich nicht geduldig auch noch bei der Hotelsuche begleitet, dann hätte ich vermutlich in der Stadt keine bezahlbare Unterkunft mit Internetanschluss gefunden. Denn obwohl es in Livingstone ungewöhnlich viele Übernachtungsmöglichkeiten für einen Ort mit etwa 100 000 Einwohnern gibt, ist dort eben auch die Nachfrage ungewöhnlich groß. Wenige Kilometer von der Stadt entfernt lässt sich nämlich eines der größten Naturwunder der Erde besichtigen: die Viktoria-Fälle. Auf einer Breite von 1708 Metern stürzt der Wasserfall mehr als hundert Meter eine steile Felswand hinab.

Im Allgemeinen halte ich Wasserfälle für überschätzt. Es gefällt mir, dass der Dichter John Steinbeck die Niagarafälle abfällig »sehr hübsch« genannt hat. Aber an den Viktoria-Fällen ist nichts »hübsch«. Ich finde sie – zu meiner großen Überraschung – überwältigend. Der Fußweg verläuft etwas unterhalb der Fälle, aber als Besucherin hat man das Gefühl, buchstäblich mittendrin zu sein. Gerade noch war man vollständig eingehüllt von einer gigantischen Wasserwand, dann kommt ein leichter Windstoß: Plötzlich reißt der Schleier auf und gibt den Blick frei auf ein friedliches Hochplateau und – weiter unten – auf eine schwankende Hängebrücke, die man gleich überqueren wird. »Donnernder Rauch«, der alte Name der ortsansässigen Bevölkerung für die Fälle, ist eine ungemein treffende Bezeichnung.

Mit der Jahreszeit habe ich großes Glück. Jetzt im März, also in der Regenzeit, führt der Sambesi viel Wasser. 10 000 Kubikmeter donnern pro Sekunde die Felswand hinunter. In Dürrejahren soll angeblich nur ein schmales Rinnsal von der gewaltigen Flut übrig bleiben. Vorstellen kann ich mir das nicht.

Früher ist die überwältigende Mehrheit der ausländischen Touristen nach Victoria Falls in Simbabwe gereist, um das Schauspiel anzuschauen, weil der Blick von dort aus angeblich noch eindrucksvoller ist. Seit der dramatischen Verschlechterung der politischen Lage im Nachbarland besuchen jetzt jedoch viele Touristen vom sambischen Livingstone aus die Viktoria-Fälle. Aber »viele« ist relativ: Mir begegnen während meines etwa zweistündigen Spaziergangs vielleicht 30 andere Besucher. Kein Rummel, kein Massentourismus. Die Einsamkeit im Angesicht der Naturgewalt trägt sicher auch dazu bei, dass man sich kaum sattsehen kann.

David Livingstone, der schottische Afrikaforscher, war der erste Europäer, der im November 1855 die Fälle zu Gesicht bekam. Die Stadt, die seinen Namen trägt, ist meines Wissens nach der einzige Ort in Sambia, der seine englische Bezeichnung auch nach der Unabhängigkeit behalten hat. Er seinerseits nannte die Fälle nach der damaligen britischen Königin Victoria, und der Name blieb – obwohl die UNESCO, die 1989 das Naturwunder auf die Liste des Welterbes gesetzt hat, sowohl den britischen als auch den afrikanischen Namen anführt. In vielen Fällen lässt sich schwer sagen, warum manche Bezeichnungen aus der Kolonialzeit bis heute benutzt werden und andere sofort nach der Unabhängigkeit aus dem Sprachgebrauch getilgt wurden. In anderen Fällen liegt die Erklärung auf der Hand: Es ist wenig erstaunlich, dass die afrikanische Bevölkerungsmehrheit in Rhodesien nicht länger in einem Staat leben wollte, der nach dem britischen Eroberer Cecil Rhodes benannt war, und den jungen Staat in Simbabwe umbenannte, nach einer im Mittelalter sehr bedeutenden Stadt der Region.

Manchmal bleibt andererseits ein Name haften, weil die Bevölkerung einem Mann oder einer Frau aus Europa ein ehrendes Andenken bewahrt. So zum Beispiel der dänischen Schriftstellerin Karen Blixen, die bei uns vor allem unter dem Pseudonym Tania Blixen bekannt ist und deren Lebenserinnerungen die Vorlage für den Film *Jenseits von Afrika* lieferten. Die Gegend, in der einst ihre Farm lag und in der inzwischen ein wohlhabender Vorort von Nairobi entstanden ist, heißt heute »Karen«. Die Autorin hat zwar durchaus einige Sätze geschrieben, die aus heutiger Sicht fürchterlich rassistisch klingen, aber viele Kenianer entschuldigen das mit dem Hinweis, sie sei eben auch ein Kind ihrer Zeit gewesen. Und in ihrem Kampf um eine Verbesserung der Lebensbedingungen der einheimischen Kikuyu war sie dieser Zeit weit voraus.

Auch David Livingstone genießt in weiten Teilen Afrikas bis heute großes Ansehen – übrigens im Unterschied zu fast allen anderen europäischen Forschern, die berüchtigt waren für die herablassende und oft grausame Art ihres Umgangs mit »Eingeborenen«. Livingstones Berichte über die »entsetzliche Sklaverei«, den »Fluch«, mobilisierte die britische Öffentlichkeit und trug wesentlich zur Abschaffung dieser Form des Menschenhandels bei. Tragischerweise waren es – auch – seine Forschungsergebnisse, die Kaufleute und Missionare zum Aufbruch in diesen Teil des Kontinents ermutigten und mittelfristig so den Kolonialismus beförderten. Ob er je seine Erkenntnisse nach Hause übermittelt hätte, wenn er die Folgen hätte vorhersehen können? Schwer zu sagen. Immerhin hielt er die christliche Missionierung Afrikas für einen göttlichen Auftrag, und auch daran hatte er ja nennenswerten Anteil.

In Sambia ist dieser Auftrag besonders nachdrücklich erfüllt worden. Am 29. Dezember 1991 erklärte der damalige Präsident Frederick Chiluba die Republik zu einer »christlichen Nation«. Chiluba ist nicht mehr Präsident, aber Sambia noch immer eine »christliche Nation«, inzwischen sogar laut Verfassung. David Livingstone hätte das sicher gefreut. Einige sambische Christen, sogar Bischöfe, freut es nicht: Sie befürchten, dass ihre Landsleute, die anderen Religionen angehören, zu Bürgern zweiter Klasse werden. Aber sie konnten sich in der innenpolitischen Diskussion nicht durchsetzen.

In der Stadt gibt es übrigens auch ein Livingstone-Museum.

Neben einer Abteilung, in der es um das Leben und Wirken des Afrikaforschers geht, sind dort Exponate zu sehen, die sambische Geschichte, Kultur und Traditionen durch die Jahrhunderte beleuchten. In einem Teil sind mit viel Liebe zum Detail zwei Lebensräume nachgebaut. »Unser Dorf« und »ihre Stadt«. Was das bedeuten soll, ist unmissverständlich. Das Dorf mit seinen traditionellen Hütten und einem kleinen Kiosk wirkt friedlich und ist eine Umgebung, die dem Menschen gemäß ist. Die Stadt – »ein Produkt der Kolonialisierung« – wirkt abweisend, anonym, feindselig. Im Vordergrund der Stadtszene sitzt die Figur eines alten Mannes in Lebensgröße auf dem Boden. Aus seinem Mund kommt eine Sprechblase: »Du kannst in die Stadt gehen, aber du wirst zurückkommen und uns glücklich, gesund und stark finden, die köstliche Luft unseres Dorfes genießend.«

Die Verklärung einer dörflichen Idylle hat Tradition, nicht nur in Sambia. Das liegt unter anderem daran, dass die Stadt stets die Bastion der Herrschenden war, der Widerstand gegen die koloniale Fremdherrschaft hingegen seine Basis auf dem Land hatte. Dieser Widerstand wurde für viele der jungen Vielvölkerstaaten später zum identitätsstiftenden Gründungsmythos der Nation. Als »romantische Folklore« hat das ein UNESCO-Mitarbeiter auf der Ilha de Mocambique mir gegenüber bezeichnet und von einer Konferenz erzählt, die er einige Monate zuvor auf Sansibar besucht habe. Mehrere tansanische Politiker hätten dort vor der Idealisierung des ländlichen Lebensstils gewarnt und darauf hingewiesen, dass in wenigen Jahrzehnten mehr als die Hälfte der afrikanischen Bevölkerung in Städten leben wird. Wenn es nicht gelinge, die Stadt als solche in die afrikanische Kultur zu integrieren, dann gebe es keine afrikanische Kultur der Zukunft. Es ist übrigens ironisch, dass sich ein so eindrucksvoller Beleg für diese These ausgerechnet in einem Museum in Sambia findet: Immerhin leben hier bereits jetzt 44 Prozent der Bevölkerung in Städten. In anderen Ländern ist der Prozentsatz noch höher: Etwa 60 Prozent sind es in Botswana, über 80 Prozent in Gabon. »Ihre« Stadt? Von wegen.

Von Livingstone aus kann ich einen bequemen Bus ins 800 Kilometer entfernte Ndola buchen, die 60 Kilometer von dort bis zu meiner Endstation Kitwe werden sich vermutlich mit einem Sammeltaxi zurücklegen lassen. Die Abfahrt ist für sechs Uhr morgens geplant, Einstieg ab halb sechs. Leider steigen nicht nur Passagiere zu, sondern auch ein Prediger, der uns mit ungewöhnlich lauter, durchdringender Stimme zur Abkehr von unseren Sünden aufruft und jeden Gedanken daran vertreibt, noch ein bisschen Schlaf nachholen zu können. »Jeder Mensch hat Feinde«, ist ein wiederkehrender Satz seiner Predigt. Der Mann hat recht. Er hat zumindest eine Feindin. Mich.

Der Bus gehört zur komfortablen Luxussorte, mit einer kleinen Einschränkung: Die Bremsen funktionieren nicht richtig. Also wird das Fahrzeug 470 Kilometer später ausgetauscht, am zentralen Terminal der Hauptstadt Lusaka. Wir sitzen nun in einer Schrottkiste, die bei mir keineswegs größeres Vertrauen erweckt als das erste Gefährt. Zumal ich auf diesem Abschnitt der Reise zum ersten Mal noch aus einem anderen Grund wirklich Angst habe: Unser Fahrer liefert sich Rennen mit der unübersehbar großen Zahl von Tanklastern, die auf dieser Strecke in den Kupfergürtel unterwegs sind. Die Straße ist schmal? Macht nichts. Es dämmert? Macht nichts. Es ist dunkel und nicht alle Autos haben Licht? Macht gar nichts, ermutigt den Fahrer nur zu größeren Anstrengungen. Der einzige Vorteil des Fahrzeugwechsels: Dieser Bus fährt direkt nach Kitwe. Als ich dort aussteige, zittern mir die Knie.

8. Zementsäcke im Wohnzimmer

Der nächste Morgen beginnt mit einer Enttäuschung: Ich bin zu spät dran. Die Frau, mit der ich mich verabredet und die mir sogar ihre Gastfreundschaft angeboten hatte, muss schon am nächsten Tag zu ihrer Auslandsreise aufbrechen. Wir haben uns hinsichtlich der Termine missverstanden. Betrüblich. Ihr tut es auch leid, und wir schauen uns ratlos an bei einem kurzen Treffen, zu dem sie noch eine junge Kollegin mitgebracht hat. Da schlägt diese Begleiterin, die Leiterin des städtischen Gesundheitsdienstes, plötzlich zögernd vor, sie könne mir ja ebenfalls einiges zeigen und Gesprächspartner vermitteln. Ein Dach über dem Kopf biete sie mir auch an – allerdings wirklich nur das. Sie wohne nämlich erst seit drei Wochen in ihrer neuen Wohnung, und die sei praktisch leer.

Damit hat Chileshe Mwiko nicht übertrieben. Auf einem heruntergekommenen, ungepflegten Grundstück stehen zwei winzige Häuschen, eines davon hat sie gemietet. Bis vor Kurzem lebte sie gemeinsam mit ihrem Bruder in einer Einzimmerwohnung, aber das wurde auf die Dauer einfach zu eng. Jetzt hat sie ein Wohnzimmer, ein Schlafzimmer, eine Küche, ein Bad. »Und seit einer Woche sogar Dusche und Toilette«, meint sie trocken. Auf den Vermieter spricht man sie besser nicht an, sonst kann die 32-Jährige – eigentlich eine fröhliche Frau – ziemlich böse werden. Er war nämlich der Ansicht, es sei ihre Aufgabe, das vorher unbenutzbare Bad zu sanieren. Das hat er seiner Mieterin aber erst nach dem Einzug gesagt.

Eine Dusche gibt es also inzwischen. Davon abgesehen jedoch tatsächlich nicht viel. Einen Schreibtisch. Einen Kleiderschrank. Einen Tisch. Ein ausziehbares Sofa, auf dem Chileshe schläft. Alle anderen Möbel und fast alle Küchengeräte aus der alten Wohnung hat sie dem Bruder überlassen. Wir besorgen erst einmal eine billige Matratze, damit auch ich einen Schlafplatz habe.

Um mich einzurichten und mit der Außenwelt in Verbindung bleiben zu können, muss ich hier – wie überall – erst einmal einen Internet-Zugang für meinen Laptop schaffen. Das Netz ist an vielen Orten noch immer eine Herausforderung. Erstaunlich, wie viele Möglichkeiten es gibt, nicht zu funktionieren. In den Tagen zuvor war ich öfter in Reichweite von drahtlosen Verbindungen gewesen, aber nur theoretisch. »Eingeschränkte Konnektivität« ist ein Hinweis, den ich zu hassen gelernt habe.

Von einem jungen Techniker in einem Computergeschäft in Kitwe, das genauso schick aussieht wie diese Art von Läden überall auf der Welt, erhoffe ich mir Hilfe bei der Einrichtung eines externen Modems. Als er empört feststellt, dass die Anweisungen und Hinweise meines Laptops in einer Sprache abgefasst sind, die er nicht versteht – nämlich deutsch –, tippt er in rasendem Tempo in der Systemsteuerung herum, scheint dieses zu löschen und jenes einzufügen und reduziert seinen Sprachschatz auf zwei Wörter: »Ich weiß.« Das ist die Standardantwort auf all meine Bitten, mir endlich zu sagen, was er da eigentlich treibt, auf meine Dolmetscherangebote, auf die nachdrückliche Aufforderung, nichts grundsätzlich zu verändern. Schließlich blickt er auf, unterbricht sein unseliges Tun und begehrt barsch die Adresse der Website meiner Firma. Er müsse da ein paar Einstellungen verändern. Ich bezweifle zwar, dass ihm das gelingen würde, aber ich ergreife trotzdem die Flucht. Keine Frage: 20-jährige Computer-Freaks in Afrika können ebenso unerträglich sein wie ihre Kollegen in Deutschland. Meine Gastgeberin Chileshe bringt mich wenig später binnen zehn Minuten ins Netz – gelassen, ruhig und ohne die Website der *taz* abschaffen zu wollen.

Die Bekanntschaft mit Chileshe ist der vermutlich größte Glücksfall meiner ganzen Reise. Nicht nur, weil wir uns ungewöhnlich gut verstehen. Sondern auch deshalb, weil sie nach meiner Abreise aus Kitwe all ihre Bekannten in anderen afrikanischen Ländern, die ich noch bereisen will, streng dazu auffordert, sich um mich zu kümmern. Sie tun es. »Was bleibt einem übrig, wenn Chileshe sich etwas in den Kopf gesetzt hat?«, wird einer von ihnen später sagen, spöttisch und liebevoll.

Aber noch bin ich ja gerade erst in Kitwe angekommen, in einer Bergarbeiterstadt inmitten der sambischen Kupferminen mit etwa 500 000 Einwohnern. 1992 war ich schon einmal hier gewesen. Damals war Sambia gerade leuchtendes Symbol der Hoffnung darauf, dass nach dem Fall des Eisernen Vorhangs und dem Ende der Blockbildung nun der Demokratisierung Afrikas nichts mehr im Wege stehen würde. Im Jahr zuvor hatte die Bevölkerung nach der Einführung des Mehrparteiensystems einen neuen Präsidenten gewählt. Kenneth Kaunda, der das Land 27 Jahre lang – seit der Unabhängigkeit 1964 – regiert hatte, räumte kampflos das Feld. In einer Zeit, in der besonders grausam geführte Bürgerkriege wie beispielsweise die in Somalia, in Liberia oder in Sierra Leone viele Blütenträume bereits welken ließen, war ein friedlicher Machtwechsel ein Signal, das weit über die Landesgrenzen hinaus wirkte.

Kitwe bot seinerzeit ein Bild des Wohlstands. Schmucke Einfamilienhäuser inmitten großer, grüner Gärten lagen an sauberen Straßen. Die damals noch staatliche Minengesellschaft stellte den Bergarbeitern und ihren Familien die Häuser mietfrei oder gegen einen nominellen Betrag zur Verfügung. Die Kinder besuchten eine werkseigene Schule, das Krankenhaus der Minengesellschaft genoss einen guten Ruf. Für Maismehl, das Grundnahrungsmittel hierzulande, mussten die Bergarbeiter nicht einmal ein Drittel des sonst üblichen Ladenpreises bezahlen und brauchten dafür auch nicht Schlange zu stehen: Wer in den Kupferminen beschäftigt war, durfte in Läden einkaufen, die anderen Kunden verschlossen blieben.

Diese goldenen Zeiten sind lange vorbei. Viele Häuser sind in schlechtem Zustand. Notwendige Reparaturen werden offenbar seit Jahren hinausgeschoben. Die Asphaltdecke zahlreicher Straßen ist keine Decke mehr, sondern ein Sieb. Dessen Löcher größer sind als alle Flächen dazwischen. In der Regenzeit lassen sich manche Strecken nur mit allradgetriebenen Fahrzeugen zurücklegen. Schlamm, Schlamm, Schlamm. Vor der Baustelle eines neuen Einkaufszentrums in der Innenstadt stehen jeden Morgen lange Schlangen von Männern jeden Alters, die Arbeit suchen. Die meisten vergeblich. Der Niedergang hat mehrere Ursachen. Vor 20 Jahren schon hatte mir der damalige Sprecher der Minengesellschaft erzählt, dass der Wohlstand auf tönernen Füßen stand: »Die Minen wurden immens hoch besteuert und haben praktisch alleine Regierung und Einheitspartei finanziert. Deshalb fehlte das Geld, um Ersatzteile zu kaufen, und die Minen waren viel weniger ertragreich, als sie hätten sein können.« Weltbank und Internationaler Währungsfonds erzwangen in den 90ern die Privatisierung der Betriebe. Vielleicht hätte das einen realen Aufschwung befördern können – aber dann stürzten die Weltmarktpreise für Kupfer in den Keller. Manche Minen wurden ganz geschlossen, andere wechselten mehrfach den Besitzer. Und mit jeder neuen Entwicklung verloren die Arbeitnehmer wieder einige Rechte.

Meine Gastgeberin zwingt einen befreundeten Ingenieur der Metallurgie, mir ein Interview zu geben. Der hätte erkennbar lieber Masern und Windpocken gleichzeitig. Er fürchtet um seinen Job, wenn er mit einer Journalistin über seine Arbeitsbedingungen redet. Aber Chileshe ist durchsetzungsfähig, und so spricht er doch mit mir. Unter der Bedingung, dass ich weder seinen Namen noch den seines Arbeitgebers nenne.

Der 38-Jährige hat acht Jahre in einer Mine gearbeitet, dann wurde sie geschlossen. Einige Monate später hat ein anderer Investor die Produktion wieder aufgenommen und auch ihn eingestellt, allerdings zu neuen Bedingungen: »Sie haben einfach meine Funktion gestrichen und mich eine Gehaltsstufe tiefer eingruppiert. Ich mache also dieselbe Arbeit wie vorher, habe aber einen anderen Titel und verdiene deshalb 40 Prozent weniger. Alle Gehälter sind ohnehin pauschal um 30 Prozent gekürzt worden«, erzählt er. »Früher habe ich also rund elf Millionen Kwacha im Monat verdient, heute drei.« Umgerechnet bekam er seinerzeit etwa 1800 Euro im Monat, jetzt noch 500.

Der Junggeselle wohnt in einer gemieteten Einzimmerwohnung, in der er sich allerdings nur selten aufhält. »Ich arbeite sieben Tage die Woche, jeweils von sechs bis 18 Uhr.« Die christliche Nation Sambia besteht offenbar nicht darauf, dass ihren Bürgern wenigstens am Sonntag die Zeit gegeben wird, einen Gottesdienst zu besuchen. Verhältnisse wie im Mittelalter? Nein, schlimmer. Mein Gesprächspartner ist der Einzige, dem auch nach längerem Nachdenken keine Lieblingsspeise einfällt: »Ich esse eigentlich immer unterwegs auf dem Weg zur Arbeit oder nach Hause. Irgendetwas zum Mitnehmen.« Das tun inzwischen immer mehr Afrikaner. Hühnchen mit Pommes gibt es fast überall, der Markt ist heiß umkämpft. In Sambia konkurriert der südafrikanische Greedy Lion mit McDonalds aus den USA. KFC, das Brathühnchen aus Kentucky, will sich dort ebenfalls gerne etablieren. Das gäbe meinem Gesprächspartner, um es zynisch zu formulieren, in seinem Alltag wenigstens eine weitere Wahlmöglichkeit. Wenn er denn schon in anderen Bereichen keine hat.

Aber natürlich hat er seine Träume nicht aufgegeben. »Im Augenblick habe ich keine Wahl. Wir konkurrieren um die wenigen Jobs, die es gibt. Aber mittelfristig wäre ich gerne selbstständig, ein unabhängiger Unternehmer. Gemeinsam mit meinem Bruder.«

So lustig ist es derzeit in Kitwe allerdings auch nicht, ein Geschäftsmann zu sein, wie das Leben von Bernie Siwale zeigt. Er hat länger als ein Vierteljahrhundert in der Personalabteilung einer Mine gearbeitet. Vor fünf Jahren wurde er im Alter von 54 frühpensioniert – wenn man das denn bei einer monatlichen Rente von umgerechnet 7,50 Euro so bezeichnen möchte. Nach der Privatisierung der Minen hat er fast alle Ansprüche auf seine Altersversorgung verloren. Immerhin: Zum Ausgleich überließ ihm die noch staatliche Minengesellschaft das Einfamilienhaus, in dem er vorher zur Miete gewohnt hatte, für einen symbolischen Preis.

Einen Teil seines Wohnzimmers hat Bernie Siwale nun in ein Warenlager verwandelt. Er zieht einen Vorhang zur Seite – und gibt den Blick frei auf Zementsäcke und Stoffballen. Letztere sind für Schuluniformen gedacht und kommen aus Dubai über Dar Es Salaam. Wenn irgend möglich, dann holt der Zwischenhändler seine Ware selbst in Tansania ab und bringt sie durch den Zoll, um das Geld für einen Agenten zu sparen. Aber die Zeiten sind hart, und der Konkurrenzkampf ist groß.

»Durch die Entlassungen in den Minen haben auch viele Leute in Zulieferbetrieben ihren Job verloren, und die versuchen jetzt eben alle, sich mit ähnlicher Arbeit wie ich über Wasser zu halten«, erzählt er. »Es gibt also viele Verkäufer – aber wenige Käufer.« Als Teil des informellen Sektors wird in der Volkswirtschaft eine Tätigkeit wie die von Bernie Siwale bezeichnet. Kleinhandel, aber auch ungelernte Dienstleistungen wie Rasenmähen und das Putzen von Schuhen oder die Herstellung von einfachen Gegenständen wird unter diesem Oberbegriff zusammengefasst. Die Angaben darüber, welcher Prozentsatz der afrikanischen Bevölkerung mit derartigen Arbeiten seinen Lebensunterhalt verdient, schwanken stark. Das ist nicht erstaunlich, denn dieser ökonomische Bereich definiert sich ja gerade dadurch, dass er von offiziellen Statistiken nicht präzise erfasst wird und sein Anteil am gesamten Bruttosozialprodukt nur geschätzt werden kann.

Vorsichtigen Annahmen zufolge verdienen sich mindestens zwei Drittel aller Männer, Frauen und Kinder südlich der Sahara wenigstens ein Zubrot in diesem Bereich, in Sambia sind es möglicherweise sogar bis zu 80 Prozent. Das erklärt übrigens auch, warum so viele – statistisch betrachtet – angeblich mit einem Monatseinkommen zurechtkommen, das selbst in Billiglohnländern nicht einmal zum Sterben genug wäre: Sie müssen eben nicht wirklich damit zurechtkommen. Sondern sie arbeiten im informellen Sektor.

Das allerdings ist ein Bereich ohne alle Rechte und ohne jede Sicherheit. Ein Beispiel dafür, was das konkret bedeuten kann: In vielen Ländern werden ganze Reihen kleiner Verkaufsstände immer mal wieder unter polizeilicher Aufsicht einfach platt gewalzt, selbst dann, wenn die Händler einen Gewerbeschein vorweisen können. Oft genügt es, dass ein einflussreicher Politiker der Ansicht ist, diese Kioske verschandelten das Straßenbild. Dann verlieren Dutzende von Leuten auf einen Schlag ihre Existenz. Ohne Möglichkeit der Gegenwehr, ohne Kompensation für vernichtete Waren. In Ndola, 60 Kilometer von Kitwe entfernt, kam die Polizei gerade vor zwei Tagen. Ohne Vorwarnung, ohne – wie sonst häufig – mit Vertretern der Vereinigung sambischer Markthändler wenigstens einen Kompromiss auszuhandeln. Sie setzte Tränengas ein, als die verzweifelten Kioskbesitzer sich zu wehren versuchten.

Verglichen mit diesen bedauernswerten Leuten ist Bernie Siwale gut dran. Als Zwischenhändler muss er nicht selber auf der Straße stehen oder gar einen Laden mieten. Und wer wie er Stoff für Schuluniformen verkauft, der kann sich wenigstens auf ein Grundeinkommen verlassen: Solange solche Uniformen verpflichtend vorgeschrieben sind, so lange können Kunden daran nicht sparen. Ein Abnehmerkreis ist garantiert. Aber das gilt selbstverständlich nicht für alle Produkte, und außerdem ist die Frage, ob sich Käufer finden, nicht das einzige Problem eines Händlers. »Man kauft in Dubai ein Auto für 4000 Dollar, der Transport nach Tansania kostet ungefähr 700 Dollar. Und dann verlangt der Zoll für die Einfuhrgenehmigung noch mal 3500 Dollar, obwohl eigentlich nur 25 Prozent des Wertes berechnet werden dürfen.« Siwale schüttelt den Kopf. »Die Zollbeamten sind ganz einfach zu korrupt.« Wer ist denn schlimmer, die Tansanier oder die Sambier? »Da gibt es keinen Unterschied. Die sind beide schlimm.«

Ein Binnenland wie Sambia ist naturgemäß in noch viel stärkerem Maße von Stabilität und einer funktionierenden Infrastruktur in angrenzenden Staaten abhängig als ein Land mit Zugang zum Meer. Ein marodes Straßen- und Schienennetz, eine korrupte Verwaltung oder gar kriegerische Auseinandersetzungen beim Nachbarn können selbst ein wohlhabendes Binnenland an den Rand des Ruins treiben. Weswegen von den umfangreichen chinesischen Investitionen in die afrikanische Infrastruktur tatsächlich sogar solche Teile des Kontinents profitieren, in denen sie nicht unmittelbar getätigt werden.

Schon wahr: Peking ist nicht aus humanitären Gründen vor Ort, sondern weil es Interesse an den afrikanischen Rohstoffen und an der Region als Absatzmarkt hat. Der Handel zwischen Afrika und China hat 2010 mit einem Umfang von über 120 Milliarden Dollar einen neuen Rekord erreicht. Aber Hoffnungen auf solche schönen Zuwächse sind ja auch europäischen Regierungen und Konzernen keineswegs fremd. Und zahlreiche Afrikaner – keineswegs nur Angehörige der Eliten – finden es überaus erfrischend, einmal keine Vorschriften und guten Ratschläge aus einer angemaßten moralischen Überlegenheit heraus zu bekommen, sondern klare, eindeutige Geschäftsbeziehungen mit einer Weltmacht zu unterhalten. China ist vielerorts in Afrika sehr viel beliebter, als man sich das in Europa eingestehen möchte. Allerdings nicht am Kupfergürtel. Hier haben chinesische Geschäftsleute, die in die Kupferminen investieren, einen so schlechten Ruf, dass wir Europäer plötzlich schwindelerregende Höchstwerte auf der Popularitätsskala erklimmen. Sogar die Kolonialvergangenheit erscheint gelegentlich in sonnigem Licht: »Wir hatten nie Probleme mit Europäern. Sie haben an vorderster Front gegen den Sklavenhandel gekämpft, und sie waren immer Freunde der Afrikaner. Das ist bei den Chinesen ganz anders. Sie integrieren sich nicht. Wir erwarten, dass Ausländer, die hierherkommen, sich auch integrieren. Aber sie leben völlig abgeschlossen. Zu sagen, die Chinesen seien unpopulär, wäre eine Untertreibung.« Meint ein Wirt, der in kurzer Hose und offenem Freizeithemd hinter dem Tresen einer Bar am Stadtrand von Kitwe steht. Die meisten seiner Gäste sind Männer, die meisten trinken Bier – und keinem fällt ein gutes Wort zu den Chinesen ein. Sklaventreiber seien sie, viele sogar Kriminelle, alle unfähig zur Integration, alle korrupt. »Sie schaden unserem Land.« – »Sie bestechen Politiker der Zentralregierung, um Lizenzen zu bekommen und keine Steuern zahlen zu müssen.« – »Wir haben qualifizierte Leute in Sambia, aber die Chinesen machen alles selber, sie bringen ihre eigenen Fachleute mit. Sogar die Schutzkleidung importieren sie. Sie unterstützen also nicht einmal in dieser Hinsicht die lokale Industrie.«

Ein Gast erzählt: »Die Betriebsanleitungen für alle neuen Maschinen sind ausschließlich in chinesischer Sprache. Da haben Sambier natürlich keine Chance.« Sein Vater habe während der Kolonialzeit im Bergbau gearbeitet. »Damals gab es noch ein Gefühl der Verantwortung seitens der Firma – sowohl für die Arbeiter als auch für die Stadt.« Er selbst hat vier erwachsene Kinder. »Sie tun buchstäblich nichts. Einer hat die Uni geschmissen, die zwei Töchter haben gar nicht erst die Schule beendet, der andere Sohn schlägt sich irgendwie im informellen Sektor durch.« Der

54-Jährige lacht. Und hört plötzlich abrupt zu lachen auf. »Natürlich bin ich enttäuscht. Manchmal habe ich das Gefühl, mein Herz bleibt stehen, wenn ich an die Zukunft meiner Kinder denke.« Keine Frage, dass die Chinesen aus seiner Sicht zumindest teilweise verantwortlich sind für das Elend. Am lautesten und am härtesten urteilt der Wirt. Er ist auch derjenige, der als Einziger ganz dringend mit mir reden möchte und der darauf achtet, dass ich alles genau aufschreibe, was er sagt.

Der 47-jährige Mwenya Musenge ist nämlich nicht nur Besitzer der Bar, sondern außerdem der Parlamentsabgeordnete des Wahlkreises, in dem Kitwe liegt. Eine ausländische Journalistin, die sich in seinen Wahlkreis verirrt hat: Das ist eine Gelegenheit, die er nicht ungenutzt verstreichen lassen möchte. Wenn ihm das, was ich schreibe, nichts nutzt, dann kann er zumindest sicher sein, dass es ihm auch nicht schaden wird. Denn die Abneigung gegen – oder die Zuneigung für – chinesische Investoren verläuft in Sambia ziemlich präzise entlang den Linien der Parteipolitik.

Der Kupfergürtel ist inzwischen eine Hochburg der Opposition. Die Regierung ist es, die Genehmigungen für ausländische Unternehmer vergibt und die Bedingungen dafür festlegt, die bei Gesetzesverstößen ein Auge zudrückt, die definiert, welche Arbeitsbedingungen noch zumutbar sind und welche nicht. Die Regierung ist es also auch, die für all das verantwortlich gemacht werden kann, was schiefläuft im Zusammenhang mit ausländischen Investoren. Nett. Jedenfalls für Oppositionspolitiker. Kritik an den Chinesen ist eine sichere Methode, um auf Stimmenfang zu gehen.

Denn es sind keineswegs nur Leute mit Ambitionen auf eine große politische Karriere, die wirklich sehr wütend sind auf diese Investoren. Der frühere Minenangestellte Bernie Siwale, der heute mit Stoff für Schuluniformen handelt, und sein Sohn Jonah, ein Kollege meiner Gastgeberin Chileshe, überbieten sich gegenseitig mit bösen Geschichten, die sie zu erzählen haben. Die Chinesen zahlten schlecht, sie achteten nicht auf die Sicherheit der Arbeiter, sie hielten sich von der lokalen Bevölkerung fern. Mit einer Ausnahme: »Es gibt jetzt eine ganze Generation sambisch-chinesischer Kinder hier«, berichtet Jonah. »Aber die chinesischen

Männer heiraten die sambischen Frauen nicht. Das verbietet ihre Kultur. Sie lassen sie einfach zurück, wenn sie wieder nach Hause gehen.«

Eine weitere Anschuldigung: Angeblich kaufen chinesische Geschäftleute regelmäßig Minenabfälle, in denen noch Spuren von Silber, Kobalt und Kupfer enthalten sind. Teenager graben danach in den riesigen Abfallbergen neben den Minen. Die Suche ist lebensgefährlich. Immer wieder können Jungen nur noch tot geborgen werden, wenn ein Berg ins Rutschen gekommen ist und sie unter sich begraben hat. All das behauptet Bernie Siwale. Der außerdem sagt, dass dieser Ankauf schlicht Diebstahl sei. Südafrikanische Geschäftsleute hätten nämlich den ganzen Abfall en gros gekauft und transportierten ihn mit Lastwagen ab.

Natürlich lassen sich für mich all die Vorwürfe nicht im Einzelnen auf ihre Richtigkeit hin überprüfen. Ich bin schließlich nicht Mitglied einer Untersuchungskommission. Aber es ist erstaunlich, wie viele Angaben allein durch den Augenschein an Plausibilität gewinnen, wenn man aufmerksam durch die Stadt fährt. In einen etwa 20 Meter hohen Hügel aus den Minenabfällen, die nach der Verhüttung übrig bleiben, wurden Höhlen gegraben. Zwei halbwüchsige Jungen sind gerade damit beschäftigt, mit kleinen Schaufeln eine weitere zu bauen. Man mag gar nicht hinschauen, weil man fürchtet, dass jeden Augenblick alles zusammenbricht. Aber es gibt Leute, die an diesen Anblick offenbar gewöhnt sind: Einige Meter entfernt steht ein Polizist, untätig, der die Jungen ungerührt beobachtet und gewähren lässt. »Siehst du«, sagt Bernie Siwale. Ja, ich sehe.

Etwas außerhalb von Kitwe liegt eine Wohnsiedlung für die chinesischen Minenarbeiter. Umgeben von einer hohen Mauer, mit einem Aufbau aus Stacheldraht. Der sambische Wächter verwehrt uns den Zutritt, aber der Ausweis von Jonah als Mitarbeiter der Stadtverwaltung führt dazu, dass wir vom Türhüterhäuschen aus wenigstens einen Blick auf die Gebäude werfen dürfen. Vor uns liegt eine fremde Welt. Ziegelhäuser mit leicht geschwungenen, blauen Dächern, zwischen denen rote Seidenlampions hängen. In der Mitte des Areals steht ein Tempel. Einige Hundert Männer leben hier. »Nur einer ist verheiratet«, sagt der Wächter.

»Alle anderen sind Junggesellen.« Jonah wirft einen missbilligenden Blick auf die Anlage: »Deshalb also terrorisieren sie unsere Mädchen.«

Wenn es so etwas gibt wie kollektive schlechte Laune eines ganzen Landes oder einer Stadt, dann ist Kitwe sehr schlecht gelaunt. Allzu viele Hoffnungen, die sich mit der Privatisierung der staatlichen Minen verknüpft hatten, wurden enttäuscht. Es hilft nicht, dass auch die Stadtverwaltung ganz offensichtlich – um es höflich zu formulieren – überfordert ist. In Wohngebieten türmen sich Müllhaufen. Bei jedem Regenguss sind die Straßen überflutet, weil die Kanalisation verstopft. Und die Stadt ist nicht einmal mehr beteiligt an einem großen Umsiedlungsprogramm, das Familien aus einsturzgefährdeten Häusern – unter Teilen des Stadtgebietes verlaufen unterirdische Tunnel der Bergwerke – neue Wohnungen zuweist. Diese Hilfe organisiert und finanziert die Weltbank lieber im Alleingang.

Typische Beispiele für Trägheit und Gleichgültigkeit eines öffentlichen Dienstes, nicht unbekannt auch in anderen Gegenden dieser Welt? So einfach ist es nicht. »Wir müssen auf Geldzuweisungen der Zentralregierung warten, die nicht kommen«, sagt Stephen Chipulu, seit vier Jahren Mitglied des Stadtrats von Kitwe. »Wir haben einfach kein Geld mehr, um unsere Aufgaben zu erfüllen.« Die meisten ursprünglich kommunalen Abgaben wie beispielsweise Gebühren für Kfz-Zulassungen oder eine Steuer auf Benzin fließen inzwischen an die staatliche Zentralregierung, die sie dann nach eigenem Gutdünken an die jeweiligen Kommunen rückverteilt. Kann man es wirklich für einen Zufall halten, dass die Straßen in anderen Städten repariert werden, aber ausgerechnet im oppositionellen Kitwe nicht? Ich halte das nicht für einen Zufall.

Vergleichbares kenne ich aus Kenia. Je lauter die Kikuyu in der kenianischen Zentralprovinz die Einführung des Mehrparteiensystems forderten und je deutlicher es wurde, dass sie den damaligen Präsidenten Daniel Arap Moi unter keinen Umständen unterstützen würden, umso schlechter wurde die Straße von Nairobi in die Provinzhauptstadt Nyeri. Das schadete dem ganzen Land, denn die fruchtbare Zentralprovinz ist der Brotkorb von

Kenia. Aber die daraus entstandenen Nachteile wogen für die Regierung weniger schwer als das befriedigende Gefühl, ihre Gegner »bestrafen« zu können.

Ich wundere mich inzwischen nicht mehr, dass es in Kitwe so aussieht, wie es aussieht. Schließlich sind der Stadt lediglich die Einnahmen aus der Erteilung von Gewerbescheinen geblieben. Vor einigen Jahren hat die Zentralregierung nämlich auch noch den Angestellten des öffentlichen Dienstes die Möglichkeit eröffnet, die Häuser in städtischem Besitz, in denen sie vorher zur Miete wohnten, zu einem sehr günstigen Preis zu kaufen. »Der Präsident hat die Häuser praktisch verschenkt«, schimpft Stadtrat Chipulu. »Jetzt muss die Kommune sogar auf die geringen Mieteinnahmen verzichten.« Die Folgen seien dramatisch: 80 Prozent der städtischen Einnahmen flössen mittlerweile in die Gehälter der etwa 1200 Angestellten des öffentlichen Dienstes. Da bliebe eben nicht mehr viel übrig für andere Dienstleistungen.

Klingt einleuchtend. Aber was heißt das eigentlich: Die Einnahmen fließen in die Gehälter? In Kitwe wie auch fast überall sonst in Afrika können sich staatliche oder kommunale Bedienstete keineswegs darauf verlassen, dass zu einem bestimmten Zeitpunkt das Geld auf dem Konto liegt. Es hat sich eingebürgert, Angestellte warten zu lassen. »Das Gehalt kommt oft zwei Monate zu spät«, sagt Irene Kayuni. Niemals käme es verlässlich: »Ich kann niemandem zusagen, dass ich geliehenes Geld an einem bestimmten Tag zurückzahle, weil dann mein Gehalt kommt.« Wenn es endlich da ist, dann hebt sie den gesamten Betrag sofort vom Konto ab und zahlt ihre Schulden, die Strom- und die Wasserrechnung und kauft Grundnahrungsmittel auf Vorrat. Es reicht ja sowieso hinten und vorne nicht. Also erst einmal das Nötigste sicherstellen.

Die 41-jährige, auffallend schmale und mädchenhaft wirkende Frau arbeitet seit 14 Jahren als Sozialarbeiterin. Seit sechs Jahren ist sie verwitwet und muss jetzt alleine für ihre vier Kinder im Alter zwischen acht und 16 Jahren sorgen. Außerdem kümmert sie sich auch noch um die Kinder ihrer drei Schwestern – alle drei sind tot.

Eine Frage steht im Raum, und nach längerem Zögern wage ich es, sie zu stellen: Aids? Irene Kayuni schweigt. Lange. »Eine ist vielleicht daran gestorben.« Pause. »HIV-Positive reden im Allgemeinen nicht darüber, dass sie positiv sind. Wenn ich es wäre, dann würde ich es auch niemandem erzählen. Es würde einfach zu viel geklatscht.« Neuerliche Pause. »Glauben Sie nicht daran, was in Radiospots und Anzeigen behauptet wird: dass es das Beste für alle Beteiligten ist, das Thema ganz offen anzusprechen. In Wahrheit ist alles ganz anders.«

Es gibt keinen Zweifel: Näher möchte sie auf das Thema nicht eingehen. Deshalb lasse ich das so stehen und rette mich auf festeren Grund. Warum lassen sie und ihre Kollegen es sich denn gefallen, dass sie nicht pünktlich bezahlt werden? Es ist eine der Fragen, die mich in vielen afrikanischen Ländern auch früher schon beschäftigt hat, und ich habe die Antworten, die ich bekam, nie überzeugend gefunden.

Das gilt auch für das, was Irene Kayuni zunächst sagt: »Das Geld ist eben einfach nicht da.« Ich finde das nicht logisch. Es ist ja nicht so, als ob die Gehälter nie ausgezahlt würden – sie werden nur eben zu spät bezahlt. Wenn die Stadt regelmäßig die Überweisungen hinauszögert, sie aber am Ende doch tätigt, dann erreicht sie zwar, dass ihre Angestellten wütend sind, aber sie spart unter dem Strich keinen Kwacha.

Irene Kayuni denkt nach: »Es beschwert sich ja niemand. Wir lassen uns alles gefallen. Ich käme mir seltsam vor, wenn ich mich als Einzige beklagte. Wir sind doch dankbar, dass wir überhaupt Arbeit haben. Und manchmal – zum Beispiel, wenn die Schulgebühren fällig sind – lässt der Arbeitgeber auch mit sich reden. Allerdings nur, wenn man ein gutes Verhältnis hat.« Die Sozialarbeiterin erklärt auch, was »mit sich reden lassen« bedeutet: dass das Gehalt ausnahmsweise pünktlich überwiesen wird. Toll.

Immerhin konnte Irene das Haus, in dem sie mit ihren Kindern wohnt, kaufen, als der Präsident die Immobilien verschleuderte: »Du musstest kein Bargeld zahlen, du hast einfach deine Urlaubstage als Gegenwert eingesetzt.« Zum letzten Mal hat sie deshalb Urlaub genommen, als der jetzt 8-jährige Sohn geboren wurde.

Irgendwie geht alles, und es geht auch alles immer weiter, und Irene Kayuni hat ihre Kinder ja schon ziemlich groß bekommen. Allerdings unter Bedingungen, die in Deutschland sofort Jugendamt und Medien auf den Plan rufen würden: »Als die Kinder noch klein waren, da musste ich sie manchmal morgens im Haus einsperren. Ich habe den Schlüssel dann der Nachbarin gegeben und kam in der Mittagspause zurück, um nach dem Rechten zu sehen.«

Wir reden noch lange über die Frage, warum das Gehalt denn nie pünktlich kommt. Irgendwann sagt die Sozialarbeiterin, zögernd und leise: »Die verspäteten Überweisungen hängen natürlich nicht nur damit zusammen, dass die Stadt kein Geld hat. Die Zuständigen haben einfach auch keine Achtung vor den Leuten, die für sie arbeiten. Schließlich kauft die Stadtverwaltung immer mal wieder einen Neuwagen. Dafür ist dann ja auch Geld da.«

Stimmt. Die Folgen sind absurd. Meine Gastgeberin Chileshe und Irene Kayuni wohnen weniger als einhundert Meter voneinander entfernt, aber sie werden jeden Morgen von zwei verschiedenen Fahrern der Stadtverwaltung in zwei verschiedenen Fahrzeugen zu zwei – geringfügig – unterschiedlichen Zeiten abgeholt. Schließlich arbeiten sie in verschiedenen Abteilungen, da können sie auch einen Anspruch auf jeweils individuellen Fahrdienst geltend machen. Das Netz öffentlicher Verkehrsmittel ist so löcherig, dass niemand einer qualifizierten Führungskraft deren Benutzung auf dem Weg zur Arbeit zumuten möchte. Eine zweifelhafte Form der Anerkennung. Keine Frage: Beide Frauen hätten lieber ein pünktliches Gehalt als einen nur für sie zuständigen Chauffeur. Aber diese Wahl haben sie nicht.

9. Chileshe Mwiko – eine Erfolgsgeschichte in Sambia

Am Sonntag nimmt Irene Kayuni mich zu einer traditionellen Feier mit, von der ich noch niemals zuvor gehört habe: zu einem sogenannten Küchentanz. Ein verlobtes Mädchen bekommt bei dieser Gelegenheit von ihren Freundinnen, ihren künftigen Schwägerinnen, ihrer Mutter, ihren Schwestern und anderen ihr nahe stehenden Frauen eine Küchenausstattung geschenkt. Im Rahmen traditioneller Tänze, Rituale und Gebete.

Ich weiß nicht, wie ein Küchentanz üblicherweise abläuft, aber etwas weiß ich: An diesem Tag in Kitwe geht er gründlich schief. Etwa 200 Frauen, die meisten in bodenlange, farbenprächtige Gewänder gehüllt und mit kunstvoll geschlungenen Kopftüchern geschmückt, nehmen Platz an weiß gedeckten Tischen in einem riesigen, eigens für diese Veranstaltung gemieteten Garten. Allerdings nehmen sie dort nur kurz Platz. Dann zwingt sie – uns alle – ein Wolkenbruch, der in strömenden Dauerregen übergeht, unter ein schmales Vordach. Wer etwas vom langen Büfett essen oder auch nur eine Cola trinken möchte, muss sich anstellen – und das dauert. Lange. Nach wenigen Minuten sind alle klatschnass, weil eben die Zahl der Hungrigen deutlich höher ist, als das Vordach breit und die Schlange im Freien endet.

Die Braut braucht das eigentlich nicht zu kümmern. Sie bekommt ja trotz des schlechten Wetters eine Luxusküche, die in einem kleinen Pavillon aufgebaut, also vor Regen geschützt ist. Zu den Geräten gehören eine Mikrowelle, eine Eismaschine, ein Cocktailshaker. Skurriler Gegensatz zwischen Tradition und Moderne: Die Braut muss sich in Demutsgesten am Boden wälzen und darf keinerlei Freude zeigen – weil sie schüchtern zu sein hat und sich schämen muss, wofür auch immer –, während ihr die Funktion der jeweiligen Geschenke ausführlich erklärt wird. Als ob sie noch nie ein Eis gegessen oder einen Cocktail getrunken hätte. Der Form muss Genüge getan werden.

Das Gefühl ritualisierter Verlegenheit und Scham kenne ich von einem anderen Hochzeitsbrauch, allerdings aufseiten des Bräutigams. Bei den Brautpreisverhandlungen für die jüngere Schwester von Stanley vor etwa 25 Jahren durfte ich dabei sein. Der Ablauf und die Atmosphäre waren völlig anders, als ich erwartet hatte. Mir war die Tradition, dass der heiratswillige Mann einen Brautpreis bezahlen muss, vorher stets sehr unsympathisch gewesen. Es kam mir vor, als ob das Mädchen verkauft würde. Das mag gelegentlich auch so sein, aber Eltern, die ihre Kinder lieben und ihnen eine glückliche Ehe wünschen, geht es um etwas anderes als Geld.

Der Besuch meines künftigen Schwagers in Begleitung seines Vaters und seiner engsten Freunde war vorher minutiös geplant worden. Dennoch hatten wir – als Familie der Braut – uns überrascht zu zeigen, als die Gäste kamen. Was wollen die hier eigentlich? Es dauerte lange, bis der Bewerber um die Hand der Tochter meinem Schwiegervater endlich Geld in die Hand drücken durfte. Als es so weit war, schien eine schwere Last von seinen Schultern abzufallen.

Vorher war er von dem demonstrativ abweisenden Vater seiner Liebsten mindestens eine halbe Stunde lang einer hochnotpeinlichen Befragung unterzogen worden: Warum er Christine denn überhaupt heiraten wolle? Was er denn unter Liebe verstünde? Ließe sich das noch etwas genauer erklären? Schließlich stellte mein Schwiegervater die erlösende Frage, ob der angehende Bräutigam ihm etwas geben könne, um seine Behauptungen zu untermauern. Da reichte der ihm die Geldscheine so erleichtert hinüber, dass ich den Eindruck bekam, er hätte auch sein letztes Hemd verpfändet, um endlich Ruhe zu haben.

Man muss jemanden schon sehr gern mögen, um sich einer solchen Tortur zu unterziehen. Ein formaler Antrag mit Blumenstrauß für die zukünftige Schwiegermutter ist leichter zu stellen.

Übrigens sagte mein Schwiegervater später zu Stanley und mir, er werde dem Brautpaar das Geld bei der Hochzeit als Geschenk zurückgeben. Das sei für ihn selbstverständlich.

Nach der Zeremonie wurden der Bräutigam und seine Begleiter zum Mittagessen eingeladen. Aber da sie – entsprechend der Tradition – verlegen und beschämt zu sein hatten, durften sie von den angebotenen Speisen nur kosten. Egal, wie hungrig sie gewesen sein mögen. Ich war noch sehr neu in der Familie, und natürlich wollte ich nichts falsch machen. Deshalb fragte ich einen Bruder von Stanley flüsternd, ob wir denn nun im Gegenzug besonders viel essen müssten. Er warf mir einen kurzen Blick zu, zögerte den Bruchteil einer Sekunde – das hätte mich misstrauisch machen sollen – und antwortete dann: »Ja. Du musst alles aufessen, was auf deinem Teller ist.« Auf meinem Teller war ein riesiger Berg von Irio, einem gestampften Brei aus Mais, Kochbananen, Bohnen und Erbsen. Sättigend. Sehr, sehr sättigend. Ich kämpfte. Ich kämpfte lange. Irgendwann nahm mir mein Schwager grinsend den noch immer halbvollen Teller weg: »Ich glaube, jetzt reicht es.«

Erschlagen hätte ich den Witzbold mögen. Er konnte sich vor Lachen kaum halten. Der Rest der Familie auch nicht, als wir später davon erzählten.

Seither glaube ich, dass bei vielen Ritualen eigentlich vor allem das spannend ist, was hinter den Kulissen passiert. Leider habe ich keine Ahnung, was die Braut in Kitwe ihren Freundinnen zugezischt hat, während sie sich demütig am Boden wälzte. Aber vielleicht war sie zu deprimiert, um irgendetwas zu sagen. Denn ihre Feier ist ja wirklich schiefgegangen, anders als die Brautpreisverhandlung meiner Schwägerin. So fielen beispielsweise in Kitwe die traditionellen Volkstänze der Frauen wetterbedingt aus, und das war nicht einfach höhere Gewalt. Sondern schlechte Organisation seitens ihrer Familie, die für den Küchentanz zuständig war.

Diese schlechte Organisation bietet für alle, die dafür nicht verantwortlich sind, eine Gelegenheit zu ausdauerndem und lustvollem Klatsch. Kaum sitzen wir im Auto für die Rückfahrt, schon geht es los: »Ich verstehe nicht, warum sie dieses Risiko eingegangen sind. Um die Jahreszeit! Wenn es jeden Tag irgendwann regnet!« Sagt die Fahrerin genüsslich. »Also, es ist einfach albern, bei den hohen Kosten für eine solche Veranstaltung ausgerechnet am Zelt zu sparen«, meint die Beifahrerin. Ich mische mich ein: »Die Familie des Bräutigams wird heute einen gemütlichen Abend haben – so viel Stoff für üble Nachrede gegenüber der neuen Verwandtschaft.« Irene kichert: »Oh ja! Und es hat schon auf dem Fest begonnen. Überall wurde getuschelt.«

Meine Gastgeberin Chileshe hatte wegen eines anderen Termins nicht mitkommen können, will aber – natürlich – ganz genau wissen, wie alles gelaufen ist. Sie lacht und lacht. Wenig verbindet Leute so sehr wie die Möglichkeit, gemeinsam über andere Leute spotten zu können. Nachdem wir irgendwann jeden Aspekt des Küchentanzes durchgehechelt haben, wird die Stimmung nachdenklicher. Wir sitzen in der Dunkelheit auf der kleinen Terrasse vor ihrer Eingangstür, und Chileshe spricht zum ersten Mal ausführlich über ihr Leben.

Die 32-Jährige ist eine glänzende Erzählerin. Ich wage nicht, sie zu unterbrechen, ich warte auf jeden weiteren Satz – aber ich kann mir nicht alles merken. Ich brauche einen Kugelschreiber, einen Notizblock, eine Taschenlampe, und ich brauche die Erlaubnis, über das schreiben zu dürfen, was sie berichtet. Sie unterbricht sich und sagt, mütterlich fast, ich solle mir holen, was ich bräuchte. Sie werde warten. Danach fährt sie genau da fort, wo sie vorher aufgehört hat.

Chileshe Mwiko ist ein Scheidungskind, und die Trennung der Eltern verlief nicht freundschaftlich. Zunächst bekam der Vater das Sorgerecht für alle sechs Kinder, aber die Mutter – ohne Geld und Einfluss – kämpfte. Eines Tages holte sie die damals 10-jährige Tochter Chileshe einfach von ihrer Schule in der Hauptstadt Luanda ab und nahm sie mit zu sich nach Hause. Das Kind, das Sehnsucht nach der Mutter gehabt hatte, blieb einige Tage dort. Vom Vater hörten sie nichts. Am Tag vor ihrem Geburtstag ging Chileshe zu seinem Haus, um sich einige Kleider zu besorgen. »Und natürlich hoffte ich auch auf ein Geschenk.«

Der Vater ließ ihr von einer Angestellten ausrichten, dass er sie nicht sehen wolle. Er weigerte sich sogar, ihr Kleidungsstücke mitzugeben. »Ich war so verletzt. Diesen Tag werde ich niemals vergessen.« Plötzlich scheint statt der Frau, die sonst so lebenslustig und ausgeglichen wirkt, ein verlassenes, trostbedürftiges Kind auf der Terrasse zu sitzen.

Die Probleme hatten Folgen. Chileshe blieb in der Schule sitzen. Es half nicht gerade, dass die Mutter neben ihrer Arbeit als Krankenschwester in einer psychiatrischen Klinik außerdem einen Imbissstand führte, um die 10-Jährige und ihre jüngeren Geschwister, die inzwischen ebenfalls bei ihr wohnten, durchzubringen. Wie sollte sie es schaffen, sich um die Hausaufgaben der Tochter zu kümmern?

Chileshe kam ins Internat. Dort traf sie zufällig einen Cousin aus ihrer Familie väterlicherseits – und erfuhr, was der Vater inzwischen erzählte: dass die Mutter das Essen von den Patienten stehle, dass sie selbst, die Tochter, überhaupt nicht mehr in die Schule gehe, sowieso nutzlos sei und es niemals zu irgendetwas bringen werde. Chileshe reagierte mit Trotz: »Danach wollte ich meinem Vater beweisen, dass ich kein Niemand bin.« Ihre Leistungen wurden besser.

Auch der Vater war vermutlich gekränkt, sonst hätte er sich ja wohl anders verhalten. Nach zwei Jahren besuchte er die Tochter erstmals im Internat. »Damals konnte ich ihm nicht verzeihen. Ich habe gesagt, dass ich gar nichts mit ihm zu tun haben will.« Eigentlich hatte Chileshe ihn nicht einmal begrüßen wollen. Nur mühsam konnte die Rektorin der Schule sie überreden, sich wenigstens das anders zu überlegen. Die Süßigkeiten, die der Vater ihr mitgebracht hatte, gab sie demonstrativ an Schulkameraden weiter – an die Cousins väterlicherseits. Die Mutter, obwohl ihrerseits verletzt genug, versuchte zu vermitteln: »Egal, was war: Er ist immer noch dein Vater.«

Schließlich ließ Chileshe die Besuche zu. Im Gegenzug half der Vater dann endlich auch mit der Bezahlung der Schulgebühren. »Aber er hat sich nie entschuldigt. Nie.« Wofür genau? Dafür, dass er seinerzeit kein Geschenk für sie hatte, dafür, dass er ihre Besitztümer nicht herausrücken wollte, dafür, dass er sie am Tag vor ihrem Geburtstag nicht einmal empfangen hat. Für alles eben. Wenn ich den Tonfall ihrer Stimme richtig deute, dann kränkt

Chileshe all das bis heute. Obwohl irgendwann weiße Salbe über die Zwistigkeiten innerhalb der Familie gestrichen worden ist.

Eine Zeitlang schien alles auf gutem Wege zu sein. Chileshe war zu einer ordentlichen Schülerin geworden – obwohl die Noten wiederum nicht so gut waren, dass sie für den Besuch der Universität reichten. Aber sie konnte sich immerhin erfolgreich bei einer Fachhochschule für Gesundheits- und Umweltwissenschaften bewerben. Das war ein Schritt, der einigen Erfolg versprach. Der Bruder bekam einen Studienplatz für Jura. Kurzfristig sah es so aus, als ob es der nächsten Generation gelingen würde, sich von der sozialen und psychologischen Last zu befreien, die ihre Eltern zu schultern hatten.

Aber es sah nur kurzfristig so aus. Die Mutter wurde krank. Sie litt unter hohem Blutdruck und konnte sich nicht mehr um die jüngste Tochter kümmern, die damals noch bei ihr lebte. Chileshe nahm diese Schwester bei sich auf. Der Bruder ging nicht zur Universität, sondern nahm einen Job bei einer Bank an: »Er sagte damals: Ich muss meine kranke Mutter und meine Schwester unterstützen«, erzählt Chileshe. Einige Jahre später verlor er seinen Arbeitsplatz. Seither schlägt er sich so durch. In dem Bereich, der »informeller Sektor« genannt wird.

Die Talsohle war noch nicht erreicht. »Irgendjemand starb auf der Farm meines Vaters«, sagt Chileshe vage, und sehr viel präzisere Informationen sind ihr trotz mehrfacher Nachfrage nicht zu entlocken. Sie lässt durchblicken, dass sie glaubt, ein Mann sei bei einem Streit zwischen Farmarbeitern ums Leben gekommen und ihr Vater habe – aus welchen Gründen auch immer – als Sündenbock herhalten müssen. Zum Tode verurteilt wurde er, erzählt die Tochter, und erst vier Jahre später sei er in einem zweiten Gerichtsverfahren freigesprochen worden.

Zu spät, um sein Leben retten zu können. Während der Haft habe er sein gesamtes Vermögen verloren: »From riches to rags«, sagt Chileshe sarkastisch. Frei übersetzt: vom Millionär zum Tellerwäscher. Die Bank habe alle Kredite gekündigt, und ohnehin sei der Vater nach seinem Gefängnisaufenthalt ein gebrochener Mann gewesen. Im Alter von 56 Jahren starb er – verarmt – vor etwa zehn Jahren an Aids. Nur wenige Monate, nachdem

Chileshes Mutter, vier Jahre jünger, einen Schlaganfall nicht überlebt hatte.

»Ich war damals am Boden zerstört«, sagt die Tochter. Beide Eltern fast zeitgleich gestorben: Das war für sie eine emotionale Katastrophe. »An wen sollte ich mich um Rat wenden? Bis heute weiß ich nicht, wie ich diese Situation überstanden habe – aber ich habe sie überstanden. Ich habe es geschafft.« Bei diesem letzten Satz richtet sich Chileshe auf dem Stuhl auf, wirkt plötzlich größer – und ist auf eine ungemein sympathische Weise stolz auf sich selbst.

Ja, sie hat es geschafft. In der Tat. Neben ihrer Arbeit in der Stadtverwaltung hat sie Abendkurse belegt und vor zwei Jahren dann doch noch einen Universitätsabschluss erworben. Im Bereich »Personalmanagement«. »Ich hätte mir so gewünscht, dass meine Mutter das noch erlebt hätte«, sagt Chileshe.

Das, was die Mutter hätte erleben sollen, wäre eine ganze Menge gewesen. Nicht nur das Examen ihrer Tochter. Sondern auch: dass diese inzwischen als Chefin des kommunalen Gesundheitsdienstes in Kitwe für eine Abteilung mit zehn Angestellten verantwortlich ist und schon seit längerer Zeit ein ziemlich gutes Gehalt verdient. Genug für den Erwerb eines Grundstücks am Stadtrand, auf das sie gerade ein Haus stellt. Zum Vermieten, also als soziale Sicherheit. Und das Angebot, mit einem Stipendium in den Niederlanden zu promovieren, hätte die Mutter ganz gewiss auch gefreut. Chileshe hat das Angebot angenommen. Während ich diese Zeilen schreibe, lebt sie also, relativ gesehen, in meiner Nähe. Demnächst wird sie mich, wie ich hoffe, in Berlin besuchen.

Mittelschicht? Keine Frage, Chileshe gehört dazu. Sie ist gut ausgebildet. Sie verfügt über ein Einkommen, das ihrer Ausbildung entspricht. Sie hat die Möglichkeit, sich weiterzubilden. Und sie hat all das aus eigener Kraft geschafft. Eine afrikanische Erfolgsgeschichte.

10. Reichskriegsflagge auf namibischen Aschenbechern

Die nächste Station: Windhuk, Namibia. Dahin reise ich mit dem Flugzeug. Eigentlich wäre ich am liebsten nur bis Livingstone geflogen und hätte von dort aus wieder einen Bus genommen, aber die Möglichkeit gab es nicht. Und ein zweites Mal wollte ich mir den mühsamen Weg zwischen Kitwe und Livingstone auf der Landstraße mit den vielen Tanklastern wahrlich nicht antun. Dann lieber gleich die ganze Strecke fliegen.

Nach all den Busreisen kommt mir der kleine Flughafen in Ndola wie der Inbegriff von Luxus vor, zumal Chileshe eine Freundin gebeten hat, mich dorthin zu bringen und sich um mich zu kümmern, falls es Probleme gibt. Es tut gut, so umsorgt zu werden, und in Windhuk werde ich ebenfalls herzlich empfangen. Ein ehemaliger Kollege, der inzwischen Motorradsafaris für Touristen anbietet, hat sich dort vor einigen Jahren niedergelassen, und ich darf bei ihm wohnen. Endlich einmal wieder ganz entspannt mit jemandem reden zu können, ohne die Unterhaltung innerlich daraufhin zu analysieren, ob ich sie für das Buch mitschreiben sollte, empfinde ich als ungemein erholsam. Zumal mir dieses Land – in dem ich noch nie zuvor gewesen bin – in vielleicht noch stärkerem Maße fremd ist als Südafrika. Ich finde nur sehr wenige Anknüpfungspunkte, die mich an andere Regionen südlich der Sahara erinnern.

In der Innenstadt von Windhuk ist die deutsche Kolonialvergangenheit bis heute unübersehbar. Fachwerkhäuser stehen hier, für die neoromanische lutherische Christuskirche aus Sandstein hat seinerzeit Kaiser Wilhelm II. einige Fenster gestiftet.

Straßen sind nach Beethoven, Brahms und Uhland benannt. Es gibt deutsche Restaurants, eine deutschsprachige Tageszeitung, und bis heute leben etwa 20 000 Nachfahren ehemaliger deutscher Kolonialisten in Namibia.

All das erzeugt jedoch in mir kein Heimatgefühl. Im Gegenteil. Ich fühle mich wie aus der Zeit gefallen. Das liegt daran, dass Windhuk zwar im Zentrum fast so aussieht wie eine mittelgroße deutsche Stadt, aber je vertrauter das Bild ist, umso seltsamer wirkt manches, was ich im Jahre 2010 nicht mehr für möglich gehalten hätte, irgendwo auf der Welt zu finden. Die Reichskriegsflagge auf Aschenbechern und Wandtellern in Souvenirläden. Die Tatsache, dass manche deutschstämmigen Kellner oder Verkäuferinnen im Gespräch ganz selbstverständlich von »Eingeborenen« sprechen, wenn sie die Angehörigen der schwarzen Bevölkerungsmehrheit meinen. Und ein bizarrer Streit um den neuen Standort eines alten Standbilds: des Reiterdenkmals.

Ich finde, es zeugt von einem hohen Maß an Toleranz und großem Respekt vor historischen Baudenkmälern, dass der Reiter überhaupt stehen blieb, als Namibia nach mehr als einhundertjähriger Fremdherrschaft, erst durch die Deutschen, dann durch die Südafrikaner, 1990 endlich unabhängig wurde. Wäre der überlebensgroße Schutztruppenreiter in Uniform, der ein Gewehr in der rechten Hand hält, vom Sockel gestürzt worden: Ich hätte es verstanden, auch wenn ich Bilderstürmerei barbarisch finde.

Das Denkmal, das am 27. Januar 1912 – Kaisers Geburtstag – eingeweiht worden war, soll, so der beschönigende Sprachgebrauch, an die deutschen Opfer der Kolonialkriege im damaligen Deutsch-Südwestafrika erinnern. Die Inschrift der Widmungstafel: »Zum ehrenden Angedenken an die tapferen deutschen Krieger, welche für Kaiser und Reich zur Errettung und Erhaltung dieses Landes während des Herero-und Hottentottenaufstandes 1903 bis 1907 und während der Kalahariexpedition 1908 ihr Leben ließen. Zum ehrenden Andenken auch an die deutschen Bürger, welche den Eingeborenen im Aufstande zum Opfer fielen. Gefallen, verschollen, verunglückt, ihren Wunden erlegen und an Krankheiten gestorben, von der Schutztruppe: Offiziere 100, Unteroffiziere 254, Reiter 1180, von der Marine: Offiziere 7,

Unteroffiziere 13, Mannschaften 72, im Aufstande erschlagen: Männer 119, Frauen 4, Kinder 1.«

Ehrendes Angedenken? Die Niederschlagung des Aufstands der Herero und der Nama, abwertend als Hottentotten bezeichnet, war ein Völkermord. Der erste Genozid des 20. Jahrhunderts. Der Widerstand gegen die deutsche Kolonialherrschaft, verursacht durch Landknappheit und wachsende wirtschaftliche Not, wurde in der Schlacht am Waterberg am 11. August 1904 gebrochen. Die Herero, von den deutschen Truppen besiegt, flohen in großer Zahl nach Osten in die Omaheke-Wüste. Bis zu diesem Zeitpunkt lassen sich die Ereignisse in der Tat noch als Kolonialkrieg charakterisieren, was allerdings nicht bedeutet, dass die Militäroperation legitim gewesen wäre. Sondern nur, dass die gewaltsame Unterdrückung jeder einheimischen Opposition während der Kolonialzeit auch andernorts und von anderen Mächten für selbstverständlich gehalten wurde.

Bis heute halten sich hartnäckig Legenden von der besonderen Grausamkeit afrikanischer Rebellen – und der vermeintlich maßvollen Reaktion ehrenhafter Kolonialtruppen darauf. Im Hinblick auf zahlreiche Länder. Das vermutlich bekannteste Beispiel dafür ist der Mau-Mau-Aufstand der 50er-Jahre des letzten Jahrhunderts in Kenia. Wer davon in Europa überhaupt gehört hat, erinnert sich an entsetzliche Geschichten darüber, wie redliche Siedler von vermeintlich treuen Angestellten ermordet wurden. Von afrikanischen Opfern ist kaum je die Rede. Tatsache ist: Es sind 33 europäische Siedler ermordet worden. Die Zahl der Kenianer, die von britischen Soldaten und lokalen, ihnen loyal ergebenen Sicherheitskräften getötet wurden, lässt sich nicht mehr genau ermitteln. Die Schätzungen britischer Wissenschaftler schwanken zwischen 20 000 und 100 000.

Es wurde also damals und wird zum Teil bis heute mit zweierlei Maß gemessen, wenn es um den Wert eines europäischen und um den eines afrikanischen Menschenlebens in der Zeit des Kolonialismus geht. Aber für das, was in Deutsch-Südwestafrika, dem heutigen Namibia, nach der Schlacht am Waterberg geschah, gibt es dennoch in diesem Abschnitt der Geschichte kein weiteres Beispiel – und es wurde sogar in der damaligen Zeit von Teilen der europäischen Öffentlichkeit als menschenverachtend betrachtet.

Generalleutnant Lothar von Trotha ließ Teile der Omaheke-Wüste abriegeln, verhinderte so die Rückkehr der Herero und befahl seinen Truppen, sie von den wenigen Wasserstellen zu vertreiben. Tausende – Männer, Frauen und Kinder – verdursteten. Überlebende Herero und Nama, die sich nach der Niederschlagung des Herero-Aufstandes ebenfalls gegen die Kolonialherrschaft auflehnten, wurden in Konzentrationslagern interniert, in denen viele schlicht verhungerten. Die genaue Zahl der Opfer steht nicht fest, geschätzt wird, dass mindestens zwei Drittel, möglicherweise aber bis zu 80 Prozent aller Herero und etwa die Hälfte der Nama ums Leben kamen.

Zur Beendigung des Krieges müsse »die Nation als solche vernichtet« werden, schrieb von Trotha im Oktober 1904 an den deutschen Generalstab. Einige Jahre später erklärte er: »Dass ein Krieg in Afrika sich nicht nach den Gesetzen der Genfer Konvention führen lässt, ist selbstverständlich.«

Einhundert Jahre sollte es nach der Schlacht am Waterberg dauern, bis ein deutsches Regierungsmitglied sich offiziell für die Verbrechen entschuldigte. Die damalige Bundesministerin für wirtschaftliche Zusammenarbeit, Heidemarie Wieczorek-Zeul, sagte bei einer Gedenkveranstaltung in Namibia im August 2004: »Ich bin mir der Gräueltaten schmerzlich bewusst: Die deutschen Kolonialherren hatten Ende des 19. Jahrhunderts die Bevölkerung von ihrem Land vertrieben.« Als sich die Herero dagegen wehrten, habe General von Trotha gegen sie und die Nama einen »Vernichtungskrieg« geführt.

An den Formulierungen dieser Rede ist lange gefeilt worden, denn die Bundesrepublik wollte keinesfalls, dass die Ansprache als Grundlage für Forderungen nach materieller Entschädigung der Herero herangezogen werden konnte. Bis heute lehnt die deutsche Regierung solche Zahlungen ab und verweist ersatzweise auf die deutsche Entwicklungshilfe. Auch eine Möglichkeit. Wobei man gerechterweise erwähnen muss: Die namibische Regierung wäre gar nicht begeistert von der Vorstellung, dass ein kleiner Teil der Bevölkerung plötzlich über nennenswerte Mittel verfügt und sich infolgedessen das Machtgefüge zwischen den verschiedenen Ethnien verschieben könnte. Das Geflecht widerstreitender Interessen ist kompliziert, wie so oft. Eine Minderheit von Historikern und – wie sich den Leserbriefspalten der namibischen *Allgemeinen Zeitung* entnehmen lässt – zahlreiche deutschstämmige Namibier bestreiten übrigens bis heute, dass es sich bei dem Massensterben der Herero um einen Völkermord gehandelt hat. Eines der Argumente: Sie seien in der Wüste ja nicht abgeschlachtet worden, sondern schlicht verdurstet. Die Kontroverse überrascht nicht. Es gibt keinen Genozid in der Geschichte, der als solcher allseits anerkannt ist und den niemand bezweifelt.

Das Reiterdenkmal zum »ehrenden Angedenken« an die »tapferen deutschen Krieger« blieb also auch nach der Unabhängigkeit am angestammten Platz in Windhuk stehen. Bis zum August 2009. Dann musste der Schutztruppler dem Neubau eines Unabhängigkeitsmuseums weichen. Ein Teil der Bevölkerung war begeistert und hätte es am liebsten gesehen, wenn das Denkmal bei dieser Gelegenheit nun doch zerstört worden wäre. Unumstritten ist es nämlich nicht. Aber der Deutsche Kulturrat, die größte Organisation deutschstämmiger Namibier, setzte einen Umzug vor den Haupteingang der Alten Feste durch, einen Kolonialbau, der heute das Nationalmuseum beherbergt.

Damit aber fing der Streit innerhalb des deutschstämmigen Teils der Bevölkerung erst an. Ob, wann und wie das Standbild festlich neu eingeweiht werden sollte, war Gegenstand einer heftigen Kontroverse. Traditionalisten hätten ja eine Feier an Kaisers Geburtstag schön gefunden, aber da zog der Deutsche Kulturrat denn doch die Reißleine. Der wollte gar keine Feier – und löste damit flammende Empörung aus. Die Mitgliedsvereine »sollten sich wegen dieser Verhaltensweise schämen und sich erneut auf die alten Werte der deutschen Kultur in diesem Land besinnen«, erklärte Harald Koch, Koordinator des Umzugs, am Volkstrauertag im November 2010. Da gab es nämlich schließlich doch eine Veranstaltung, organisiert von der namibischen Sektion des Traditionsverbandes ehemaliger Schutz- und Überseetruppen. Festredner Hans Feddersen, langjähriger Chefredakteur der *All-*

gemeinen Zeitung, teilte bei der Gelegenheit mit, man wolle das neue Unabhängigkeitsmuseum »demokratisch tolerieren«. Das wird die Regierung sicher beruhigen.

Kurz vor der Wiedereinweihung hatte Harald Koch eine Kranzniederlegung am Reiterstandbild angekündigt: »Damit wollen wir die Totenruhe, die durch die Verschiebung des Denkmals gestört wurde, wiederherstellen.« Den Termin wollte er aber nicht bekannt geben, denn die Öffentlichkeit sei zu dieser Zeremonie »nicht erwünscht«.

Wo bin ich hier eigentlich hingeraten? Für mich als Außenstehende wirkt die Atmosphäre mehr als befremdlich. Dabei ist mir klar, dass nicht alle deutschstämmigen Namibier in eine Schublade gesteckt werden können – ich treffe ja, nicht zuletzt durch meinen Gastgeber, auch ganz andere Leute. Selbstverständlich vertreten nicht alle seltsame Ansichten, die vermuten ließen, sie hätten die letzten 100 Jahre im Dornröschenschlaf verbracht und warteten noch immer darauf, wach geküsst zu werden. Aber doch immerhin genug, als dass eine derart geschichtsvergessene, rückwärtsgewandte Diskussion ernst genommen werden muss.

Wolfram Hartmann seufzt. Der 54-Jährige betreibt ein Buchantiquariat in der Innenstadt von Windhuk. Er weiß genau, wovon ich rede und wonach ich frage. »Am Haus eines Farmarbeiters meiner Mutter hängt seit meiner Kindheit die reichsdeutsche Fahne, schwarz-weiß-rot. Sie ist inzwischen ziemlich verschlissen, und jetzt redet meine Mutter davon, eine neue kaufen zu wollen.«

Gerade für jemanden wie Hartmann ist das schwer erträglich. 1974 ist er, noch als Minderjähriger, mit gefälschten Papieren von zu Hause ausgerissen – unter anderem deshalb, weil er, wie er sagt, die Apartheidpolitik nicht mehr ausgehalten hat. Im Ausland studierte er, wurde Historiker und lehrte 18 Jahre lang an internationalen Hochschulen. 20 Jahre hat er in Hamburg gelebt, zwei in London, sechs in New York. Ein Weltbürger. Als er in seine namibische Heimat zurückkehrte, kam er »mit großen Hoffnungen und viel Enthusiasmus«.

Inzwischen ist er ziemlich hart auf dem Boden der Tatsachen aufgeschlagen. Der Rassismus bestehe fort, ja, und das Wort

»Eingeborener« werde ohne jede ironische Brechung benutzt. »Aber man sieht nur den weißen Rassismus. Den schwarzen Rassismus finde ich noch unerträglicher, weil er nicht so leicht zu erkennen ist.« Nach wie vor hielten sich die verschiedenen Bevölkerungsgruppen voneinander fern. Schwarze Freunde? »Allenfalls aus Simbabwe.« Eine Freundschaft mit schwarzen Namibiern habe sich bisher nicht ergeben, »fehlt mir auch nicht so«. Aber es stört ihn, dass ihn böse Blicke treffen, wenn er mit schwarzen Angestellten seiner Buchhandlung in einer Kneipe sitze, die als »weißes« Refugium gilt.

Wolfram Hartmann wirkt offen, liberal, weltläufig. Namibia ist seine Heimat, aber gleichzeitig scheint er hier seltsam unbehaust zu sein. Als ich ihm das sage, meint er, das gehe seiner Ansicht nach vielen Deutschstämmigen so. Aus ganz unterschiedlichen Gründen. »Ich denke oft darüber nach, was für Folgen und was für eine Bedeutung der brutale Bruch von Biografien infolge von Auswanderung hat.«

In seiner eigenen Familie hat er dafür viel Anschauungsmaterial. Der Großvater mütterlicherseits war 1908 als 20-Jähriger nach Deutsch-Südwest gekommen. Die Gründe liegen auf der Hand: Er hatte den heimischen Bauernhof nicht geerbt, »und hier gab es Arbeit«. Die Großmutter kam 1924 und heiratete sofort. Erst 30 Jahre später hatte sie erstmals die Gelegenheit, Deutschland noch einmal zu besuchen. Ihre Heimat hat die gebürtige Thüringerin nie mehr gesehen.

Die heute 81-jährige Mutter von Hartmann erzählte dem Sohn jahrelang, sie sei die Tochter eines Generals der Schutztruppen. In Wahrheit war der Großvater, wie Hartmann später herausfand, Truppenschmied. Sein eigener Vater kam erst 1953, er war 18 Jahre alt, in das damalige Südwestafrika.

Nicht alle Verwandte hat der Historiker je kennengelernt: »Ich vermute, dass ich viele Herero-Halbgroßonkel habe, dass also mein Großvater mehrere Söhne mit einer Herero-Frau hatte. Aber ich habe keine Ahnung, wie ich die ausfindig machen soll, und sie fehlen mir in meiner Familienkonstellation.« Auch den afrikanischen Teil seiner Familie betrachtet er als Teil seiner Identität. Aber dieser Teil ist eben abgeschnitten.

Viele Verletzungen, viele enttäuschte Hoffnungen. Es gibt ja so etwas wie eine Hierarchie der Kolonien – nicht jeder Militärdienst auf Außenposten versprach dieselben Karrierechancen, nicht jeder Auswanderer durfte derselben Verheißung auf Wohlstand entgegensehen. Namibia war nicht gerade eine Perle in der Krone der Kolonialreiche, und ganz gewiss war Namibia keine Eliteschmiede. Wie viele Weiße in Namibia brauchten – und brauchen – die Überzeugung, sie gehörten zu einer überlegenen Rasse, weil sie nichts anderes haben, worauf sie stolz sein können?

Eine Straße will ich sehen in Windhuk: die Anton-Lubowski-Straße, benannt nach einem namibischen Rechtsanwalt. In einer ruhigen Gegend mit großen Gärten steht an einem der vielen Hügel der 1600 Meter hoch gelegenen Stadt sein ehemaliges Wohnhaus. Ein gemütliches Haus, es sieht aus, als ob man sich dort geborgen fühlen könne. Für Anton Lubowski wurde es zur tödlichen Falle. 1984 war der Sohn eines deutschstämmigen Vaters und einer afrikaansstämmigen Mutter als erster Weißer öffentlich der Unabhängigkeitsbewegung SWAPO beigetreten. Fünf Jahre später, am Abend des 12. September 1989, wurde der 37-jährige Vater von zwei Kindern vor seinem Haus von Unbekannten erschossen, als er aus seinem Auto ausstieg. Wenige Monate später wurde Namibia unabhängig. Es gibt Hinweise darauf, dass der südafrikanische Geheimdienst den Mord in Auftrag gegeben hatte. Beweise gibt es nicht. Niemals wurde jemand für die Tat vor Gericht gestellt, geschweige denn verurteilt. Die Familie hofft noch immer auf Gerechtigkeit. Die Chancen schwinden.

Stanley und ich erfuhren vom Tod des Rechtsanwalts aus dem Radio – einen Tag, nachdem wir aus Deutschland ausgereist waren, um künftig in Kenia zu leben. Die Nachricht bedrückte uns wochenlang. Das hört sich übertrieben und vielleicht auch vermessen an, denn wir hatten Anton Lubowski nur ein einziges Mal getroffen, Ende 1984. Ich hatte mit ihm, dem ersten weißen SWAPO-Mitglied, ein Interview geführt, und er war danach in unserer Wohnküche in Köln gelandet. Wo wir bis halb fünf Uhr morgens redeten.

Ich weiß nicht, ob Tony, wie er genannt werden wollte, sich später noch an uns erinnerte, denn er begegnete vielen Menschen. Aber wir haben an ihn stets als an einen Freund gedacht. Er war bereits damals in seinen eigenen Kreisen wegen seiner politischen Haltung zum Außenseiter geworden und erhielt regelmäßig Morddrohungen. Später wurde er ins Gefängnis geworfen, seine wirtschaftliche Existenz war bedroht.

Anton Lubowski, der aus einer alteingesessenen, wohlhabenden Familie stammte, hatte sich für sein Leben ursprünglich gewiss anderes erträumt. Aber schon sein erster Fall, den er 1977 als Referendar in einer Anwaltskanzlei in Windhuk bekam, stellte die Weichen. Ein SWAPO-Mann, des Mordes angeklagt, wurde freigesprochen – vor Gericht konnte nachgewiesen werden, dass sein Geständnis durch Folter erpresst worden war. Immer häufiger verteidigte der Jurist danach Mitglieder der Unabhängigkeitsbewegung, forschte nach Verschwundenen, nahm auch Kontakt mit der SWAPO-Führung im Ausland auf. Im Februar 1980 machte Anton Lubowski sich selbstständig. Vier von fünf Klienten waren schwarz, mehr als die Hälfte der Prozesse hatten politischen Charakter. »Es gibt dann einen Punkt, an dem man nicht mehr zurück kann«, sagte er damals im Interview.

Der Anwalt wirkte souverän und sah aus, als käme er direkt aus einem Schulungskurs für junge Führungskräfte. Gut geschnittener Anzug, dezente Krawatte, halblange, lockige Haare, Siegelring am Finger. Elegante Bewegungen, charmantes Lächeln, sicheres Auftreten. Aber wenn er von den Gefolterten sprach, die er in Gefängnissen besucht hatte, dann verlor er seine Gelassenheit. Hilflose Handbewegungen, unvollständige Sätze.

Die Lebensleistung von Anton Lubowski war schon 1984 groß, sodass wir ihn in jedem Falle bewundert hätten. Aber Bewunderung genügt nicht, um jemanden ins Herz zu schließen. Was den Abend in unserer Wohnküche für uns zu einem unvergesslichen Erlebnis machte, war die Tatsache, dass es von dem Augenblick an, wo wir am Tisch saßen, eben keinerlei Anlass mehr gab für Bewunderung. Für einige Stunden war jede Distanz aufgehoben.

Tony war ganz und gar unheroisch. Dafür streitlustig – und

sehr, sehr hungrig. Wir fraßen den Kühlschrank leer, blödelten herum, diskutierten über Politik, aber wahrlich nicht nur über Politik. Wir redeten so, als kennten wir uns seit Jahren.

Irgendwann sagte er, dass er den Abend genösse, weil wir als Paar in seinen Augen viel von dem verkörperten, was er sich für die Zukunft seiner Heimat wünschte: Alle Arten von Beziehungen zwischen allen Teilen der Bevölkerung, in denen die Hautfarbe keine Rolle mehr spielte. Natürlich waren wir geschmeichelt. Aber wir haben uns auch einfach sehr gefreut, weil wir nämlich diesen Wunsch teilten. Damals wurden wir immer wieder von Bekannten, die in der Anti-Apartheid-Bewegung aktiv waren, aufgefordert, uns im Kampf gegen die Rassentrennung in Südafrika und Namibia zu engagieren. Wer, wenn nicht wir? Wir fanden: Alle, aber gerade wir nicht. Unser Argument, wir wollten unsere Beziehung nicht als politische Stellungnahme verstanden wissen, sondern hielten sie für eine Privatangelegenheit, wurde selten verstanden. Tony verstand uns. Und teilte unseren Standpunkt.

Früh am Morgen brachten wir Tony in sein Hotel zurück. Ich saß am Steuer und hielt vor einer roten Ampel. Weit und breit war kein anderes Auto zu sehen – und Tony und Stanley fragten fast wie aus einem Mund, was eigentlich in mir vorginge, anzuhalten. Na ja, die Ampel war eben rot. Reicht doch, oder? Die Männer schüttelten die Köpfe und kamen überein, es gebe grundsätzliche Mentalitätsunterschiede zwischen Europa und Afrika, die nichts mit der Hautfarbe zu tun hätten. Kein afrikanischer Fahrer, der bei Verstand wäre, würde unter diesen Umständen stehen bleiben. Die beiden schienen sich bei dieser Analyse wechselseitig ganz toll zu finden. Ich fand sie blöd und wartete auf grün.

Anton Lubowski wurde in Lüderitzbucht, einer alten deutschen Kolonialstadt, geboren. Auch nach seinem Beitritt zur SWAPO blieb er Vorsitzender einer Bürgerinitiative, die sich für die Pflege von Häusern aus der Kolonialzeit einsetzte. »Wir können unsere Geschichte nicht ignorieren«, sagte er. »Sie gehört ebenso zu uns wie unsere Zukunft.« Ich hätte so gerne von ihm gehört, was er zum Streit über das Reiterdenkmal zu sagen gehabt hätte.

Von Windhuk aus will ich in den Norden Namibias fahren,

um von dort aus die Grenze nach Angola zu überqueren. Der Kleinbus in die 800 Kilometer entfernt liegende Stadt Ongwediva, in der ich übernachten will, fährt am Rande der Vorstadtsiedlung Katatura ab. Dieses Wohngebiet war Ende der 50er-Jahre aus dem Boden gestampft worden. Der Name Katatura ist ein Wort aus der Herero-Sprache und bedeutet übersetzt: »Der Ort, an dem wir nicht leben wollen.« Die schwarze Bevölkerung von Windhuk wurde dorthin zwangsweise umgesiedelt – die Innenstadt sollte von da an ausschließlich Weißen vorbehalten sein. Auch so sah Rassentrennungspolitik konkret aus.

Bis heute ist das Zentrum der namibischen Hauptstadt in stärkerem Maße von Weißen geprägt als jeder andere Ort in Afrika, den ich kenne. Und noch immer lebt etwa ein Drittel der Bevölkerung des Einzugsgebiets von Windhuk am Stadtrand, in Katatura. In Wellblechhütten oder Baracken, oft illegal errichtet: Die Landflucht lässt die Siedlung beständig anschwellen. Die Regierung bemüht sich darum, die Strom- und Wasserversorgung zu verbessern, es gibt asphaltierte Straßen, und auch der Müll wird entsorgt. Verglichen mit anderen Armensiedlungen südlich der Sahara sind das komfortable Zustände. Aber ich finde die Atmosphäre dennoch bedrückend – Katatura ist nach wie vor ein unwirtlicher Ort.

Im Kleinbus bin ich die einzige Weiße. Und das einzige Mal während meiner gesamten Reise werde ich das Gefühl nicht los, dass mir Ablehnung entgegenschlägt. Nicht offene Feindseligkeit, das nicht. Eher sind es Signale, die mir bedeuten, dass ich hier nichts zu suchen habe. Die Frau neben mir besetzt – wie ich finde: demonstrativ – die Armlehne zwischen unseren Sitzen. Die gesamte, etwa elfstündige Fahrt hindurch tauschen wir nicht einmal die sonst üblichen Floskeln über das Wetter oder den Zustand der Straße aus. Und kein Lächeln. Der Fahrer setzt mich in Ongwediva an einer Tankstelle ab und behauptet, das Gästehaus, in dem ich übernachten will, nicht zu kennen. Dabei liegt es direkt an seiner Strecke, er fährt dort jeden Tag vorbei, und die Besitzerin der Pension hatte mir vorher gesagt, ich solle mich vom Kleinbus am Eingang absetzen lassen. Das sei so üblich.

All das kann Zufall sein. Aber ich finde, es sind ein bisschen zu viele Zufälle auf einmal, und ich fühle mich unwohl, obwohl die Fahrt auf der gut ausgebauten Nationalstraße B1 ungewöhnlich komfortabel ist und die weiten Ebenen des Graslands, an deren Horizont immer wieder steile Bergformationen auftauchen, schön anzusehen sind. Nur wenige Kilometer abseits der Straße liegen auf beiden Seiten berühmte Sehenswürdigkeiten und Naturwunder, von denen ich nichts gesehen habe. Trotzdem verlasse ich Namibia ohne Bedauern. Wahrscheinlich müsste ich noch einmal für längere Zeit zurückkommen, um mir wirklich ein Urteil bilden zu können. Aber in den wenigen Tagen, die ich hier verbracht habe, ist mir das Land sehr fremd geblieben.

11. Diamanten und Ressourcenfluch

Immerhin ist der Abschied aus Namibia besonders freundlich. Der Grenzbeamte in dem etwa 60 Kilometer von Ongwediva gelegenen Grenzort Oshikango bietet mir an, mich zunächst ohne Ausreisestempel passieren zu lassen. Die Kollegen auf der angolanischen Seite machten vor allem bei europäischen Reisenden immer Schwierigkeiten, und ich solle erst einmal sehen, ob sie mich überhaupt ins Land ließen.

Ich bin dankbar, lasse mir aber trotzdem einen Stempel geben. Mit Problemen habe ich gerechnet. Angola ist berüchtigt dafür, Leute nur ungern hereinzulassen, die erkennbar keine investitionsfreudigen Geschäftsleute sind. Deshalb habe ich mir für dieses Land – und für Nigeria, wo die Situation ähnlich sein soll – schon in Deutschland ein Visum besorgt. An der Grenze, wie andernorts in Afrika inzwischen üblich, stehen hier die Chancen dafür schlecht, zumal auf dem Landweg. Internetberichten von leidgeprüften anderen Reisenden habe ich entnommen, dass ein Visum zwar hilft, aber keineswegs eine Garantie dafür ist, einreisen zu dürfen. Also bin ich gewappnet, auch mit Geduld, und ich habe außerdem bereits eine Vorstellung, was sich die Grenzbeamten einfallen lassen können, um mir das Leben zu erschweren.

Die Vorbereitung erweist sich als nützlich. Hätte ich nicht gewusst, was auf mich zukommt, dann wäre ich vermutlich explodiert – und Minuten später auf dem Rückweg nach Namibia gewesen. So bleibe ich uncharakteristisch ruhig, als ich an der Grenze das Einladungsschreiben eines angolanischen Gastgebers vorweisen soll, das Voraussetzung für ein Visum ist. Einmal abgesehen davon, dass diese Einladung so echt nicht war, liegt das Schreiben, wie die Beamten sehr genau wissen, natürlich bei der angolanischen Botschaft in Berlin. Die hat schließlich das Visum ausgestellt. Es geht eine Weile hin und her. Als kein Zweifel mehr daran bestehen kann, dass ich verstanden habe, wer hier das Sagen hat, wird das Thema gewechselt. Und der Ort.

Jetzt soll ich in einem Hinterzimmer 6000 US-Dollar Bargeld vorweisen. Es sei gesetzlich vorgeschrieben, dass ich 200 Dollar pro Tag für eine maximale Verweildauer von 30 Tagen dabeihaben müsse. Ich sage, dass ich sowieso nur zehn Tage bleiben will. Erwartungsgemäß nützt das nichts. Ich verweise auf meine Kreditkarte und den finanziellen Rahmen, den sie mir bietet. Erwartungsgemäß nützt das ebenfalls nichts. Also ziehe ich bündelweise Bargeld aus verschiedenen Taschen und Täschchen im Gepäck und beginne zu zählen. Ich weiß, dass ich deutlich weniger als 6000 Dollar dabeihabe, und die Beamten wissen es auch. Trotzdem führen wir die Groteske bis zum letzten Schein auf. Dann schauen wir uns an. Ich habe vermutlich inzwischen nackte Angst im Blick – nicht in erster Linie, weil ich fürchte, zurückgeschickt zu werden, sondern vor allem, weil ich nicht weiß, wie hoch die Summe ausfallen wird, die nun die Beamten von mir verlangen. Meine Vermögensverhältnisse habe ich ja offengelegt.

Dann die Überraschung: Sie wollen gar kein Geld. Sie wollen auch nicht mehr schwierig sein. Sondern väterlich und fürsorglich. Ich werde ermahnt, mein Geld gut zu verstecken und es möglichst niemandem je zu zeigen – sehr witzig –, und dann rufen sie einen Jungen herbei, den sie beauftragen, mich sicher zu dem etwa einen Kilometer entfernten Busbahnhof zu bringen und mir mit dem Gepäck behilflich zu sein. Letzter Hinweis: Ich bräuchte dem Jungen kein Trinkgeld zu geben. Daran halte ich mich nicht. Was kann der Junge für all das.

Bis heute weiß ich nicht, was den Stimmungsumschwung bewirkt hat. Wollten die Beamten einfach ihren Spaß haben und hatten nun genug davon? Fanden sie mich nett? Ging es nur darum, Autorität und Macht zu beweisen? Keine Ahnung. Immerhin stehe ich irgendwann am Busbahnhof, und es wäre mir selbst dann klar, dass ich nicht mehr in Namibia bin, wenn ich die Grenze in tiefer Bewusstlosigkeit passiert hätte. Es ist laut, chaotisch, schmutzig. Und sehr vertraut, vor allem atmosphärisch. Freundliche Hilfsbereitschaft, zurückhaltende Neugier. Ein paar Minuten plaudere ich mit zwei jungen Männern, die mich an der Grenze überholt hatten. Sie wollen denselben Bus benutzen wie ich, ins etwa 430 Kilometer entfernte Lubango. Also habe ich kein Problem, die richtige Haltestelle zu finden, mein Gepäck zu verstauen, mich auf einen Fensterplatz zu setzen. Alles ist gut. Ich mag Angola. Bisher.

Zunächst kommen wir zügig voran. Die Wiesen sind überschwemmt, auch hier herrscht Regenzeit, aber die Straße ist trocken und weitgehend asphaltiert. Riesige Bäume, deren Namen ich nicht kenne, säumen den Weg, manche knorrig, andere mit gigantischen, kugelrunden Kronen. Sie wirken urzeitlich, obwohl es in diesem Klima auch gut möglich ist, dass sie erst zehn Jahre alt sind. Wir fahren an der Ruine eines Hauses vorbei, die aussieht, als sei sie von Artilleriegeschossen durchlöchert worden. Auf freiem Feld steht ein alter, verrosteter Panzer. Erinnerungen an einen der schlimmsten Bürgerkriege in der Geschichte Afrikas.

Dem Land war nach der Unabhängigkeit von Portugal 1975 nicht einmal eine kurze Zeit des Friedens vergönnt. Angola ist ein besonders furchtbares Beispiel für die sogenannten Stellvertreterkriege, die in verschiedenen Teilen Afrikas jahrelang tobten. Machtkämpfe rivalisierender Bewegungen wurden von anderen Staaten geschürt, deren Interessen weit über die jeweiligen Grenzen hinausreichten.

Das Apartheid-Regime in Südafrika und später auch die USA bekämpften die sozialistische Regierung in Angola, deren Rückgrat die marxistische Befreiungsbewegung MPLA bildete und die von Kuba und der Sowjetunion unterstützt wurde. Südafrika wollte verhindern, dass Angola zum sicheren Rückzugsgebiet für den namibischen SWAPO-Widerstand wurde, die Vereinigten Staaten wollten verhindern, dass das an Erdöl und Diamanten reiche Land dauerhaft und stabil zum sowjetischen Imperium gehörte. So weit, so einleuchtend – und nicht ungewöhnlich in der Zeit des Kalten Krieges.

Beide Weltmächte und auch ehemalige Kolonialisten haben mehrfach Diktatoren und Kriegsfürsten bewaffnet, denen ein anständiger Mensch nicht einmal die Hand geben sollte. Vermutlich wäre es naiv, im globalen Ringen um Rohstoffe und Einflusszonen anderes zu erwarten. Aber bedeutet das, dass es überhaupt keine Maßstäbe gibt, geben kann und geben muss? In Angola hat die Führungsmacht der sogenannten freien, demokratischen Welt über Jahrzehnte hinweg mit einem Verbrecher paktiert, dessen Skrupellosigkeit schwer zu überbieten war: Jonas Savimbi.

Der Gründer der Bewegung UNITA, dessen behauptete Beteiligung am Kampf gegen den Kolonialismus übrigens inzwischen von Zeitgeschichtlern in Zweifel gezogen wird, fühlte sich nach der Unabhängigkeit um die Regierungsbeteiligung betrogen. Daraufhin begann er einen Guerillakrieg, für den er zunächst vor allem von den USA ausgerüstet wurde und der insgesamt länger als ein Vierteljahrhundert dauern sollte. Etwa 500 000 Menschen starben, etwa 4,5 Millionen wurden Binnenflüchtlinge im eigenen Land. Weite Teile Angolas sind bis heute vermint.

Jonas Savimbi war »verantwortlich für Leid und Tod in einem Ausmaß, das außerhalb seines zerstörten Landes kaum fassbar ist«, schrieb der britische *Guardian* nach dem Tod des Guerillaführers im Februar 2002. Dieses Urteil ist vor allem wegen der Ereignisse nach 1992 gerechtfertigt. Damals hat er im Alleingang alle Hoffnungen auf Frieden vernichtet.

Die Öffnungspolitik des sowjetischen Staats- und Parteichefs Michail Gorbatschow veränderte die Welt. Angola, Kuba und Südafrika unterzeichneten im Dezember 1988, also noch vor dem Fall des Eisernen Vorhangs, ein Abkommen, das den Abzug der kubanischen Truppen aus Angola und im Gegenzug die Unabhängigkeit Namibias vorsah. Damit hätten die Grundlagen auch für ein Ende des Bürgerkrieges gelegt sein können.

Im Mai 1991 wurde tatsächlich ein Friedensvertrag unterzeichnet, im Jahr darauf gab es freie, von den UN überwachte Wahlen. Die regierende MPLA war vom Marxismus abgerückt und ließ ein Mehrparteiensystem zu. Aber es gab Anlass zur Sorge: Zwei ehemalige Weggefährten von Savimbi hatten öffentlich erklärt, dass dieser im Falle einer Wahlniederlage erneut den militärischen Kampf aufnehmen würde. Nur wenige journalistische Beobachter zweifelten damals an dieser Niederlage.

Seinerzeit war ich anlässlich der Wahlen in die angolanische Hauptstadt Luanda gereist und hatte bei dieser Gelegenheit einige US-Wahlbeobachter begleitet, junge Mitarbeiter republikanischer Kongressabgeordneter. Diese Erfahrung hat meine Weltsicht für immer verändert. Bis dahin war ich stets davon ausgegangen, dass zumindest diejenigen, die in der Nähe der Macht arbeiten, wissen, was sie tun. Andere Überzeugungen als die meinen, andere Prioritäten, übergeordnete Überlegungen – all das hielt ich für selbstverständliche Möglichkeiten. Aber nicht eine derartige Naivität.

Die Wahlbeobachter wirkten auf mich ungemein ernsthaft und integer. Der MPLA und dem Staatspräsidenten José Eduardo dos Santos misstrauten sie. Ich habe keinen Zweifel daran, dass die US-Beobachter wirklich glaubten, Savimbi sei der einzige zur Wahl stehende Demokrat, und die einzige reale Gefahr bestünde darum, dass er um seinen – sicheren – Sieg betrogen würde. Es war ein surreales Erlebnis. Die meisten Journalisten hielten einen Erfolg von Savimbi für ausgeschlossen und erörterten nicht mehr die Frage ob, sondern nur noch die Frage, wann er erneut zu den Waffen greifen würde. Unterdessen rückten die jungen US-Beobachter den Sichtschutz in Wahlkabinen zurecht, um die geheime Abgabe der Stimmen zu gewährleisten.

Ich habe seither nie mehr geglaubt, dass alle Leute, die einen Verbrecher unterstützen, einfach zynisch und böse sind. Aber ich habe auch jedes Vertrauen darin verloren, dass Zeitungen gelesen werden, dass wenigstens die wichtigsten Geheimdienste dieser Welt gut informiert sind, dass Informationen diejenigen erreichen, die sie kennen müssen. Von jedem der US-Wahlbeobachter, mit denen ich unterwegs war, würde ich einen Gebrauchtwagen kaufen. Das ist erfreulich, wenn man den Glauben an das Gute im Menschen nicht verlieren will. Es ist eine vernichtende Erkenntnis, wenn man den Glauben an die Kompetenz von Entscheidungsträgern behalten möchte.

Es kam schließlich, wie viele Beobachter befürchtet hatten. Savimbi verlor die Wahl, weigerte sich, das Ergebnis anzuerkennen, gründete eine Gegenregierung – und der Bürgerkrieg ging weiter. Jonas Savimbi bezahlte ihn von diesem Zeitpunkt an vor allem mit der Ausbeutung von Diamantvorkommen in den von ihm kontrollierten Gebieten. Die UNITA war die erste Rebellenbewegung, der 1998 vom UN-Sicherheitsrat verboten wurde, Diamanten auszuführen. Wenig später wurde der Handel mit sogenannten Blutdiamanten – also mit Diamanten, die einen militärischen Konflikt finanzieren – grundsätzlich verboten. Durchgesetzt ist das Verbot bis heute nicht.

Savimbi starb am 22. Februar 2002 in einem Gefecht mit angolanischen Regierungstruppen. Erst nach seinem Tod war der Weg zum Frieden frei. Die von ihm gegründete UNITA ist heute eine von mehreren politischen Parteien. Und vom Krieg zeugt – auf den ersten Blick – nur noch ein verrosteter Panzer auf einem Feld. Das ist doch erfreulich.

Auf den zweiten Blick muss man allerdings sagen, dass eine derart verheerende Infrastruktur selbst bei einer schlechten Regierung ohne Krieg kaum denkbar wäre. Die zunächst gute Asphaltstraße nach Lubango verwandelt sich nach ungefähr 250 Kilometern in etwas, für dessen Beschreibung mir die angemessenen Worte fehlen. Acker würde es nicht treffen, der Begriff »Schlagloch« setzt irgendeinen Belag voraus, in dem es ein Loch geben kann. Davon kann keine Rede sein. Wir kriechen, ruckeln, schleichen voran.

Wie alle Überlandbusse, so macht auch dieser irgendwann eine Pause. In einem kleinen Dorf sitzen Frauen am Straßenrand. Sie braten Hühnchen und Pommes frites auf Öfen, die mit Holzkohle beheizt werden. Ich habe großen Hunger, aber ich traue mich nicht, etwas zu bestellen. Zum ersten und letzten Mal während meiner Reise. Die Öfen sind umgeben von Müll, und es kommt immer neuer Abfall hinzu. Meine Mitreisenden schmeißen den Dorfbewohnern alles buchstäblich vor die Füße, wofür sie keine Verwendung mehr haben – vom benutzten Taschentuch über die Plastiktüte bis zur Coladose. Niemand beschwert sich. Dieses Verhalten scheint für normal gehalten zu werden, für ebenso normal wie die Tatsache, dass unterwegs jeder Müll souverän aus dem Fenster geworfen wird.

In den 6oer-Jahren waren auch die westdeutschen Wälder und Straßenränder übersät mit Abfällen. Ich erinnere mich noch gut an landesweite Erziehungsversuche und an den – lange vergeblichen – Versuch, der Öffentlichkeit begreiflich zu machen, dass verantwortungsbewusster Umgang mit dem eigenen Müll in engem Zusammenhang mit der Frage nach dem Gemeinsinn steht. Angola hat derzeit sicherlich andere Probleme. Ich verstehe das. Und vielleicht wird in fünf Jahren eine Kampagne bewirken, dass jeden vorwurfsvolle Blicke treffen, der auch nur einen Mangokern wegwirft. Trotzdem frage ich mich, ob die völlige Gleichgültigkeit gegenüber der Umwelt und der unmittelbaren Umgebung auch damit zusammenhängt, dass über Jahrzehnte hinweg alle genug damit zu tun hatten, sich um sich selbst und allenfalls noch um die eigene Familie zu kümmern. Dass also selbst dies eine – ganz unauffällige – Folge des Bürgerkrieges ist. Ja, auch in anderen afrikanischen Ländern türmt sich der Müll. Aber nicht so hoch.

Nach der Essenspause fällt mir auf, dass wir ziemlich alleine unterwegs sind. Wir begegnen nur sehr wenigen anderen Autos und Lastwagen. Ich habe immer gerne einen Plan B im Kopf, soll heißen: Selbst wenn ich einer Einladung von guten Freunden aufs Land folge, dann stelle ich sicher, dass ich jederzeit von dort wegkommen kann, wenn ich das wünsche. Von Mitfahrgelegenheiten mache ich mich grundsätzlich nicht abhängig. Hier gibt es keinen Plan B. Sollten wir liegen bleiben, dann nutzt mir weder mein deutscher Pass noch mein Geld etwas. Mitgefangen, mitgehangen. Behaglich finde ich das nicht.

Wir bleiben aber nicht liegen. Sondern kommen nachts um halb eins in Lubango an, gut zwölf Stunden nach unserer Abfahrt und ungefähr fünf Stunden später, als ich erwartet habe. Es gibt keine Straßenbeleuchtung, keine Taxis, kein Hotel in Sichtweite. Was es gegeben hätte: die Möglichkeit, eine Fahrkarte nachzulösen und weitere fünf Stunden bis zur Stadt Huambo im Bus zu verbringen. Eine sehr theoretische Möglichkeit. Ich habe Halsschmerzen – vermutlich infolge der Klimaanlage –, und ich kann mich nach der langen Zeit auf dem engen Sitz kaum noch rühren. Nur raus aus dem Bus. Alles Weitere wird sich finden.

Es findet sich. Die beiden jungen Männer, mit denen ich mich schon an der Grenze unterhalten hatte, fordern mich – etwas ungeduldig – auf, ihnen zu folgen. Als ich verwirrt nachfrage, wohin denn eigentlich, erwidert der eine, man müsse mich jetzt doch wohl irgendwie zu einem Hotel schaffen.

So laufe ich also mitten in der Nacht mit zwei Unbekannten, die mein Gepäck tragen, durch fremde, dunkle Straßen. Finde ich das akzeptabel und vernünftig? Nein. Dürfte ich mich beschweren, wenn ich ausgeraubt würde? Nein. Habe ich eine Wahl? Nein.

Während ich derlei nutzlosen Überlegungen nachhänge, fordert mich der eine meiner Begleiter auf, schneller zu laufen. Der Weg sei weit. Ich bin so erschöpft, dass ich das Gefühl habe, keinen Fuß mehr vor den anderen setzen zu können, und sage mit aller Würde, die ich aufbringen kann: »Ich bin alt genug, um Ihre Mutter zu sein. Bitte nehmen Sie etwas Rücksicht.« Kritischer Blick: »Wie alt?« – »53.« Ich schätze die Jungen auf etwa dasselbe Alter wie meine Tochter, also Anfang 20.

Der junge Mann, der mich zu größerer Eile antreiben wollte, zögert. Er flüstert seinem Freund etwas zu und geht dann zu einem unbebauten Grundstück, an dessen Ende eine Baracke steht. Mir ist inzwischen wirklich mulmig. Wie wird das enden?

Freundlich. Der bedauernswerte Bewohner der Baracke, ebenfalls ein junger Mann, wird wach geklopft und tritt verschlafen ins Freie. Gemeinsam mit meinem Begleiter schiebt er eine Ruine von einem Auto, die auf dem Grundstück steht, in unsere Richtung. Der Wagen springt an, wir alle steigen ein – und nach ungefähr drei Kilometern halten wir vor einem sauberen, sicheren, vergleichsweise günstigen Hotel.

Einer der jungen Männer handelt an der Rezeption den Übernachtungspreis für mich aus, dann verabschieden sich alle drei. Nein, ich darf das Benzin nicht bezahlen. Die Hilfe sei selbstverständlich gewesen. Eine sichere Weiterreise wünschen sie mir, und einer gibt mir noch den Rat, nicht allzu abenteuerlustig zu sein. Keine Sorge. Das bin ich im Augenblick nicht mehr.

Habe ich noch vor wenigen Stunden aus Müllbergen einen Mangel an Gemeinsinn herausgelesen? In diesem Augenblick, kurz bevor mein Kopf das Kissen trifft, halte ich die Angolaner für die sozialsten, freundlichsten Leute der Welt. Konkurrenzlos hilfsbereit. Der Eindruck vertieft sich im weiteren Verlauf der Reise. Luanda galt lange als die teuerste Stadt der Welt. Derzeit liegt die angolanische Hauptstadt auf Platz drei, jedenfalls der alljährlichen Studie des Beratungsunternehmens ECA International zufolge, das die Lebenskosten für ins Ausland entsendete Geschäftsleute an 400 Standorten vergleicht. Fünf oder sechs Millionen Menschen leben in dieser Stadt, deren Infrastruktur gerade ein Zehntel der Einwohner verkraften könnte. Während des Bürgerkrieges war Luanda der letzte Zufluchtsort vor Kämpfen in ländlichen Gebieten. Jetzt lässt der Ölboom ausländische Firmen um Erschließungs- und Förderaufträge konkurrieren. Deren Vertreter zahlen fast jeden Preis für eine Wohnung oder ein Hotelzimmer. 300, 400, sogar 500 Dollar pro Nacht gelten als normal für ein Bett.

Solche Preise sprengen mein Budget. Es gibt keine Zimmervermittlung und keine Touristenberatung – wozu auch? Es gibt ja keine Touristen. In meiner Verzweiflung wende ich mich an ein junges Paar, das gerade auf sein Auto zugeht. Ob sie irgendeine bezahlbare Unterkunft in dieser Stadt wüssten? Die beiden schauen mich an, die beiden schauen einander an, die beiden seufzen. Dann fordern sie mich auf, einzusteigen, sie wollten versuchen, mir behilflich zu sein.

Es ist mir peinlich. Eigentlich möchte ich ablehnen, da ich durchaus spüre, dass ich lästig falle. Aber ich habe keine Alternative. Es gibt ja nicht einmal Taxis in dieser Stadt. Wie ich später erfahre, ist diese Dienstleistung erst vor einigen Monaten überhaupt eingeführt worden, und noch immer fahren angeblich in der ganzen Stadt kaum ein Dutzend herum. Wer es sich irgend leisten kann, hat ein eigenes Auto, und die anderen können nicht einmal ein Taxi bezahlen.

Das Opfer, das Luis Silva und seine Ehefrau Betty bringen, ist groß. Der Verkehr in Luanda steht, vermutlich käme man zu Fuß schneller voran. Wenn man denn wüsste, wo man hinwollte. Trotzdem klappern sie mit mir mehrere Adressen ab, die ihnen einfallen, dabei hätten sie gerade an diesem Tag wahrlich Besseres zu tun. Betty Silva ist erst wenige Stunden zuvor von einem mehrmonatigen Aufenthalt in Kairo zurückgekommen, wo sie einen Englischkurs absolviert hat. Eine Angolanerin lernt Englisch in Kairo? Die Globalisierung treibt seltsame Blüten. Wir haben viel Zeit, um uns zu unterhalten. Eigentlich scheinen die beiden genau die Gesprächspartner zu sein, nach denen ich suche: Beide arbeiten als Geologen für Ölfirmen, sind gut ausgebildet, haben ein sicheres Auftreten und wirken selbstbewusst, ohne arrogant zu sein. Aber das Wort Mittelschicht entlockt ihnen nur ein müdes Lächeln. »Vergessen Sie's«, sagt Luis Silva. »Hier gibt es nur arm oder reich. Wir sind schon froh, dass wir ein Dach über dem Kopf haben und nicht im Slum wohnen.« Das ist keine Übertreibung: Angeblich leben 90 Prozent der Bevölkerung dort. Wie sieht denn das Dach über dem Kopf meiner freundlichen Helfer aus? Gibt es Strom? »Manchmal.« Fließendes Wasser? Luis grinst. »Manchmal.«

In dem Gästehaus, in dem wir endlich ein Zimmer für mich finden, gibt es beides, Strom und Wasser. Und es kostet nur 200 Dollar pro Nacht. Ein Schnäppchen! Da darf man nicht zu viel verlangen. Stuhl und Schreibtisch braucht man nicht unbedingt. Man kann sich schließlich auch aufs Bett setzen und den Laptop auf einen Wäschekorb stellen. Wer nach einem Sonderangebot sucht, darf nicht wählerisch sein.

Nirgendwo sonst auf der Welt habe ich derart brutale soziale Gegensätze wie in Luanda gesehen – und es ist ja nicht so, als ob es andernorts keine Elendsviertel und Luxusvillen gäbe. Aber die angolanische Hauptstadt geht weit über das hinaus, was ich mir bisher vorstellen konnte. Oberhalb des Hafens mit Blick auf den Atlantischen Ozean liegen prächtige Botschaften und andere Repräsentationsgebäude. Unten in der Innenstadt stehen malerische, kleine Kolonialhäuser. Bei meinem letzten Besuch 1992 schienen sie vom Verfall bedroht zu sein, inzwischen wurden sie herausgeputzt und sehen mit ihren pastellfarbenen Fassaden aus, als seien sie Teil eines Freilichtmuseums. Sie passen gar nicht zu den Hochhäusern, die derzeit überall gebaut werden. Das ganze Zentrum von Luanda wirkt wie eine einzige, riesige Baustelle. Es gibt allerdings auch alte Hochhäuser, von denen manche aussehen, als könnten sie jeden Augenblick einstürzen. Gelegentlich kommt das vor. Vor ein paar Jahren ist das Hauptquartier der Kriminalpolizei in sich zusammengefallen. Einfach so.

Einige Kilometer vom Zentrum entfernt gibt es ebenfalls hohe Erhebungen, aber sie sind von anderer Art. Steile Müllberge ragen neben der Straße empor. Neben, an und auf diesen Hügeln steht ein Meer von Hütten aus Pappe, Holz und Wellblech. Halbnackte Kinder spielen zwischen Lumpen, Altmetall, kaputten Autoreifen und Fäkalien. Beißender Gestank liegt über dem Areal.

So also lebt die große Mehrheit der Bevölkerung in dem Land, das wegen der Gewinne aus Erdöl- und Diamantenexporten mehrfach in den letzten Jahren das weltweit höchste Wirtschaftswachstum verzeichnete.

Es scheint hier keinerlei Maßstäbe zu geben, nicht einmal absurde. Hundert Dollar fordert ein Polizist, der sich offenbar gezielt auf die Lauer gelegt hat, als Bußgeld von ortsfremden Ausländern, die den winzigen Nichtrauchersticker an einem Gebäude übersehen und sich davor eine Zigarette angezündet haben. Ein Portugiese schiebt ihm mit verächtlicher Geste die Hälfte zu. Die nimmt er, und er akzeptiert nach längerer Diskussion auch, dass ich gar nichts zahlen will. Wenn es keine Regeln gibt, dann geht alles.

Ich will es mir nicht zu leicht machen. Es ist eine Generationenaufgabe, aus einem zerrissenen, zerstörten Land nach jahrzehntelangen Kämpfen eine Gesellschaft zu formen. Man kann keiner Regierung einen Vorwurf daraus machen, dass sie nicht alle Probleme innerhalb von weniger als zehn Jahren löst. »Nach dem Dreißigjährigen Krieg sah es bei uns lange auch nicht so gut aus«, sagt ein europäischer Diplomat. Um dann sarkastisch hinzuzufügen: »Aber wir hatten wenigstens kein Öl.«

Als »Ressourcenfluch« wird von Wissenschaftlern die Tatsache bezeichnet, dass ein Reichtum an Bodenschätzen paradoxerweise manchmal negative Auswirkungen auf die Entwicklung eines Landes hat. So können die Gewinne aus Exporterlösen die Korruption befördern und demokratische Transparenz behindern, wenn nämlich die politische Elite die Einnahmen in die eigene Tasche steckt und dabei – verständlicherweise – nicht erwischt werden möchte. Öl und Diamanten sind in Angola die Produkte, deren Verkauf viel Geld in die Kassen spült. In wessen Kassen auch immer. Für die angolanische Regierung sind gute Beziehungen zu Geschäftspartnern in Übersee deshalb wichtiger als Kontakte zu anderen afrikanischen Staaten und vielleicht sogar wichtiger als das Wohlwollen der Bevölkerung. Vor diesem Hintergrund ist es wenig erstaunlich, dass es nach wie vor kein landesweites Straßennetz gibt, kaum Handel mit Anrainerstaaten und fast keine innerafrikanischen Flüge, von Verbindungen mit Südafrika einmal abgesehen.

Immerhin: Internationale Organisationen signalisieren, dass es vorwärts geht, wenn auch langsam. Auf der alljährlich veröffentlichten Rangliste des UN-Entwicklungsprogramms UNDP über die weltweiten Lebensbedingungen und den Stand der Demokratie steht Angola inzwischen auf Platz 146 von insgesamt 169 bewerteten Staaten. Früher war die Bewertung noch schlechter. Der Internationale Währungsfonds lobt, dass sich die Bereitschaft zur Kooperation und die Transparenz politischer Prozesse seit der Zeit des Bürgerkriegs verbessert hätten. Das finde ich allerdings einen bescheidenen Anspruch, und obwohl ich zugebe, dass Optimisten in alldem einen Fortschritt erkennen mögen, ist mir mein Optimismus beim Anblick der Slums gerade abhanden gekommen. Ich möchte Luanda so schnell wie möglich verlassen.

Ob mir das ohne die Hilfe meiner Pensionswirtin problemlos gelungen wäre, ist jedoch fraglich. Ein am Vorabend bestelltes Taxi, das mich zum Busbahnhof bringen soll, taucht – was für eine Überraschung! – nie auf. Meine Wirtin seufzt. Allmählich gewöhne ich mich daran, dass ich hier ständig in Situationen gerate, die bei anderen Leuten diese Reaktion hervorrufen. Bisher habe ich mich für eine ziemlich routinierte Reisende gehalten, aber in Angola stoße ich offenbar an meine Grenzen. Wieder einmal ist es mir peinlich, um Hilfe bitten zu müssen, und wieder einmal kann ich es nicht ändern.

Der Fahrer und die Pensionswirtin bringen mich für einen sehr freundschaftlichen Preis an mein Ziel. Dort wird mir klar, dass mir das allein noch gar nichts nutzt. Ich kann froh sein, dass das Taxi nicht gekommen ist. Ohne Unterstützung wäre ich ratlos inmitten des überfüllten, schlammigen Terrains umhergeirrt und hätte noch von Glück sagen können, wenn ich unter den verschiedenen, klapprigen Rostlauben, die hier offenbar als Busse bezeichnet werden, den richtigen in Richtung Norden gefunden hätte. Dem Internet entnehme ich später, dass Leute oft mehrere Tage für die rund 300 Kilometer bis M'Banza Kongo brauchen, die ich am Ende in etwa zehn Stunden zurückgelegt haben werde.

Meine Wirtin seufzt noch einmal. Dann wird sie tätig. Sie redet, sie lacht, sie schimpft, sie verhandelt, sie zeigt mal in diese, mal in jene Richtung. Ich habe keine Ahnung, was sie da eigentlich tut. Dann weist sie mich an, in einen fabrikneuen Mercedes einzusteigen. Der Fahrer muss den Wagen in die nordangolanische Stadt M'Banza Kongo überführen und ist bereit, mich für eine Fahrtkostenbeteiligung mitzunehmen. Offenbar ein übliches Verfahren: Nach einigen Minuten steigt noch ein Student zu, der über Ostern seine Eltern besuchen möchte. Er ist ein äußerst schweigsamer junger Mann, der erkennbar keine Unterhaltung wünscht.

Die Fahrt ist über weite Strecken hin grauenvoll. Ich möchte mir gar nicht ausmalen, wie sich diese Straße in einem Bus anfühlt. Es sind nur wenige andere Autos unterwegs, und man sieht fast überhaupt keine Menschen. Selbst wenn ich nichts über den Bürgerkrieg und die daraus resultierende Landflucht wüsste: dass in dieser Gegend irgendetwas grundlegend schiefgegangen sein muss, würde mir auch ohne Vorkenntnisse auffallen.

Die wenigen Häuser, die man sieht, sind grasgedeckte Hütten – das Geld der Bewohner reicht offenbar nicht einmal für ein Wellblechdach. Tanken kann man in kleinen Marktflecken, dort wird Benzin in Kanistern verkauft. Zapfsäulen wären hier nutzlos. Schließlich gibt es keinen Strom. Irgendwann tauchen wie aus dem Nichts riesige Felsen auf, die über weite Flächen verstreut sind. Es sieht aus, als hätten Riesen mit Murmeln gespielt.

In M'Banza Kongo, Hauptstadt der Provinz Zaire mit etwa 25 000 Einwohnern, setzt mich der Fahrer vor einem Hotel ab, das schon von außen etwas schäbig aussieht. Das sei die einzige überhaupt akzeptable Unterkunft hier, lässt er mich wissen.

Was für eine deprimierende Auskunft. Das Hotel ist der Inbegriff der Trostlosigkeit. In den unverputzten Wänden des Badezimmers klaffen faustgroße Löcher. Kabel hängen herunter. In einer Ecke meines Zimmers steht Gerümpel. Im Restaurant sind fast alle Tische besetzt. An jedem sitzt ein Mann – allein. Die meisten Gäste sind Weiße, die vermutlich entweder in der Ölindustrie oder im Diamantenabbau beschäftigt sind. Hier macht der Kapitalismus offenbar nicht einmal denen Spaß, die ihn sich leisten können. Alle starren auf einen Bildschirm, auf dem tonlos ein Fußballspiel läuft, während sie auf ihr Essen warten. Hamburger mit Pommes für 20 Dollar. Die Übernachtung im Einzelzimmer kostet 71 Dollar, zu entrichten in bar. Verglichen mit den Preisen in Luanda ist das natürlich fast geschenkt.

Am nächsten Morgen frage ich mich an den Platz durch, an dem die Sammeltaxis zur kongolesischen Grenze abfahren. Ich lande im altersschwachen Auto von Degol Landu, einem arbeitslosen Elektrotechniker aus Luanda, der mehrmals im Monat aus der Hauptstadt hierher kommt, um wenigstens ein bisschen Geld zu verdienen. Wenn man ihn auf die Lage des Landes oder auf seine persönliche Situation anspricht, reagiert der 36-Jährige wütend: »Jemand mit meiner Ausbildung sollte zur Mittelschicht gehören. Aber davon kann keine Rede sein.« Ich schaue auf die kunstlederne Verkleidung des Armaturenbretts, aus der Schaumstoff quillt. Er hat wohl recht.

Kaum eine andere Landschaft hat mir bisher so gut gefallen wie die, durch die wir jetzt auf einer mäßig gut ausgebauten Sandpiste fahren. Der Blick schweift über weite Hügel, die in satten Grünschattierungen leuchten. Vereinzelt reckt sich ein einzelner Baum in den Himmel hinauf. Wunderschön. Das einzige Problem: Lexika und Reiseführern zufolge fahre ich gerade durch tropischen Regenwald. Davon kann nun allerdings keine Rede sein. Ob ein Zusammenhang besteht zwischen dem Anblick dieser Landschaft und den vielen Lastwagen, diesseits und jenseits der Grenze, die mit riesigen Baumstämmen beladen sind? Ja, vermutlich schon. Tropenhölzer sind bekanntlich weltweit begehrt.

12. Politiker, Glücksritter, Verbrecher: Kongo

Um es vorwegzunehmen: In der kongolesischen Hauptstadt Kinshasa habe ich zum ersten Mal einen Reisekoller bekommen und hätte meine Fahrt am liebsten ganz abgebrochen. Die Sehnsucht nach Berlin oder Nairobi wurde beinahe übermächtig. Rückwirkend waren die Anlässe geringfügig, aber es kam manches zusammen, und ich war wegen einer anhaltenden Halsentzündung – diese blöden Klimaanlagen! – ohnehin dünnhäutig.

Dabei hatte sich anfangs alles gut angelassen. Ich beantragte mein Visum für den Kongo in der Botschaft in Luanda und hätte es eigentlich bereits am nächsten Tag abholen können. Aber da jeder Weg in der angolanischen Hauptstadt angesichts der chaotischen Verkehrslage ein Problem ist, bettelte und flehte ich darum, das Visum gleich mitnehmen zu dürfen. »Keine Chance, es sei denn, Sie tanzen vor dem Botschafter«, sagte die Angestellte trocken. Ich wäre bereit gewesen, mit einem Leoparden zu steppen, und sagte ihr das auch. Sie grinste, ging in die hinteren Räume, und nach einer halben Stunde empfing mich der Botschafter. Warum ich es denn so eilig hätte, nach Kinshasa zu kommen? »Wohnen Sie hier?« fragte ich zurück. Als er bejahte, schaute ich ihn fassungslos an: »Und da fragen Sie noch, warum jemand möglichst schnell von Luanda nach Kinshasa will? Würden Sie nicht auch lieber dort leben?« Er lachte schallend, und innerhalb von fünf Minuten hatte ich mein Visum. Complimentary, die Gebühr wurde mir erlassen. Ich glaube, der Botschafter hat sich einfach gefreut, dass er mal eine Reisende traf, für die Kinshasa das Ziel aller Wünsche war. Nachdem ich dort gewesen bin, denke ich, dass ihm das nicht so oft passiert.

Elf Kilometer hinter der angolanisch-kongolesischen Grenze beginnt eine gut ausgebaute Teerstraße. Der Fahrer des Sammeltaxis jagt dahin, als gebe es keinerlei Gegenverkehr. Es gibt ihn aber. Viele Schwerlaster, viele Minibusse und ziemlich viele Limousinen, deren Chauffeure die Straße offenbar ebenfalls für eine Einbahnstraße halten. Ursprünglich hatte ich mich gefreut, den Beifahrersitz ergattert zu haben, denn auf der Rückbank müssen sich drei Erwachsene und ein zehnjähriges Kind zusammendrängen. Jetzt kann ich nur noch daran denken, dass dieser Sitz als der Todessitz gilt. Die Stimmung im Auto ist angespannt.

Es ist heiß und staubig, aber der Fahrer will nicht einmal kurz anhalten, damit ich mir eine Flasche Wasser kaufen kann. Das habe ich noch in keinem Sammeltaxi erlebt. Während wir Kiosk um Kiosk passieren, vertröstet er mich beständig auf eine spätere Gelegenheit. Irgendwann bildet sich ein kurzer Stau, an dem selbst er nicht vorbeipreschen kann, und ich nutze meine Chance, springe aus dem Auto und besorge mir etwas zu trinken. Der Fahrer ist sehr ärgerlich. In wenigen Kilometern hätte es angeblich viel besseres Wasser gegeben. Ich bin auch ärgerlich. Ob er wirklich glaubt, dass ich noch nie von Provisionszahlungen gehört habe, die Straßenhändler und Wirte an Fahrer entrichten, damit deren Passagiere bei ihnen einkaufen? Manchmal bin ich es leid, für naiv gehalten zu werden.

Die knapp 200 Kilometer bis Kinshasa legen wir in sensationellen zweieinhalb Stunden zurück, von den Außenbezirken bis in die Innenstadt dauert es dann deutlich länger. Kinshasa hat knapp neun Millionen Einwohner, doppelt so viele wie bei meinem letzten Besuch vor etwa 20 Jahren – nicht nur eine Folge des hohen Bevölkerungswachstums, sondern vor allem auch der massiven Landflucht der letzten Jahre. Der Verkehr ist genauso dicht wie in Luanda.

Die Atmosphäre empfinde ich als aggressiv, sogar als bedrohlich. An einer Kreuzung hat sich eine Menschenmenge um einen jungen Mann gebildet, der angeblich etwas gestohlen hat, wie wir dem Geschrei der Zuschauer entnehmen können. Einige kräftige Männer schlagen auf den Gefangenen ein. Ich habe Angst vor Lynchjustiz und genauso viel Angst davor, dass wir hier nicht weiterkommen. Aufgeheizte Massen reagieren bekanntlich oft unberechenbar. Zum ersten Mal bin ich dankbar für die rücksichtslose Fahrweise unseres Chauffeurs. Er bricht durch.

Kinshasa war von Anfang an von mir nur als Durchreisestation geplant. Eine Recherche in dem riesigen Land wäre logistisch schwierig, ließe sich aber – zugegeben – durchaus bewerkstelligen. Ausschlaggebend für meine Entscheidung war, dass Teile des Kongo seit Jahren umkämpft sind. Unruheprovinzen sind vor allem die rohstoffreichen östlichen Regionen. Rivalisierende Milizen, die teilweise vom Ausland unterstützt werden, kämpfen mit Regierungssoldaten, die ihrerseits die Gelegenheit zur Selbstbedienung nutzen, um die Kontrolle über den Mineralienhandel zu gewinnen. Alle gemeinsam terrorisieren die Zivilbevölkerung.

Diese Kämpfe sind keine lokalen Konflikte, von denen der Rest des Landes weitgehend unberührt bleibt, wie das in einigen anderen afrikanischen Staaten der Fall ist. Sie haben wesentlichen Einfluss auf die politischen Kräfteverhältnisse insgesamt, auch in der Hauptstadt. Vor diesem Hintergrund fände ich die Suche nach Interviewpartnern, die mir ihre Lebensverhältnisse im Frieden schildern, irreführend. Schließlich will ich mich mit Kriegs-und Krisengebieten in diesem Buch nicht befassen.

Obwohl sich der Kongo also schlecht als Beispiel für den stabilisierenden Einfluss einer afrikanischen Mittelschicht eignet, möchte ich an dieser Stelle einige kurze, historische Anmerkungen einflechten. Denn leider ist der Kongo ein sehr gutes Beispiel für die Fülle von miteinander verschränkten Problemen, mit denen afrikanische Länder zu kämpfen hatten und zu kämpfen haben – wenn auch nur wenige andere Staaten so viele Schwierigkeiten gleichzeitig bewältigen müssen.

Die Kongo-Kriege der letzten Jahre könnten als Blaupause für Autoren mittelmäßiger Thriller dienen, die nach dramatischen Elementen suchen, mit denen gelegentlich Weltpolitik gemacht wird. Waffenschmuggel im großen Stil, Rebellen im Dschungel, Ränkespiele rivalisierender Großmächte, einander jagende Konferenzen rund um den Globus, Geheimdiplomatie, untereinander verfeindete Bevölkerungsgruppen, politische Morde, Bodenschätze, hilflose UN-Soldaten: All das gab und gibt es in den Auseinandersetzungen, die mit kurzen Unterbrechungen nun schon fast 20 Jahre dauern und die inzwischen als Afrikanischer Weltkrieg bezeichnet werden. Zum einen wegen der großen Zahl fremder Staaten, die in die Kämpfe verwickelt sind. Zum anderen deshalb, weil dieser Konflikt durch seine indirekten Auswirkungen vermutlich mehr Opfer gefordert hat als irgendein anderer seit dem Ende des Zweiten Weltkrieges: Schätzungen zufolge etwa fünf Millionen Tote. Von denen die meisten nicht durch Gewalteinwirkung gestorben sind, sondern weil Kranke keine Klinik erreichen können, weil es keine Medikamente gibt und kein sauberes Wasser. Ähnliche Probleme gibt es allerdings auch in anderen, friedlichen Teilen des Kontinents. Was bedeutet, dass sich über alle konkreten Zahlen trefflich streiten lässt. Kein Streit kann jedoch etwas daran ändern, dass die Toten tot sind – und dass sehr viele Menschen gestorben sind.

Die komplizierten Hintergründe und Zusammenhänge der Kriege im Einzelnen zu schildern, führte hier zu weit. Der Völkermord in Ruanda 1994 spielte eine wesentliche Rolle, Uganda und Simbabwe verfolgen eigene Interessen, aber auch die USA und Frankreich, ja, sogar Großbritannien und Italien haben sich im Kongo eingemischt. Dabei waren die westlichen Mächte keineswegs miteinander verbündet, im Gegenteil. Wenn es um Rohstoffe und Einflusszonen geht, ist jeder sich selbst der Nächste.

Die Demokratische Republik Kongo – die früher zeitweise Zaire hieß und nicht zu verwechseln ist mit der viel kleineren, benachbarten Republik Kongo – ist seit der Teilung des Sudan der flächenmäßig größte Staat südlich der Sahara. Es gibt hier besonders wenige Transportwege. China stellte der Regierung 2009 einen Kredit in Höhe von 6,2 Milliarden US-Dollar zur Verfügung, rückzahlbar durch Konzessionen für den Abbau von Rohstoffen wie Gold, Kupfer, Kobalt und Nickel. Damit werden Straßen und Eisenbahnverbindungen von den wichtigsten wirtschaftlichen Zentren im Landesinneren zu Seehäfen am Atlantik gebaut. Bisher kann man zwischen den meisten größeren Städten nur entweder das Flugzeug nehmen oder über unbefestigte Wege fahren und sich über weite Strecken auf die Zuverlässigkeit von notorisch mangelhaft gewarteten Schiffen auf dem Kongo oder dessen Nebenflüssen verlassen. Keine reizvolle Perspektive.

Im Index des UN-Entwicklungsprogramms UNDP, das weltweit Lebensbedingungen vergleicht, liegt der Kongo derzeit auf dem vorletzten Platz – 13 Plätze hinter Afghanistan, 22 hinter Angola. Schlechter bewertet wird nur noch Simbabwe. Vielleicht tröstet sich die Regierung in Kinshasa damit, dass über manche Länder wie beispielsweise Somalia, Nordkorea und den Irak nicht genug Daten vorliegen, um eine Einschätzung zu ermöglichen.

Der Kongo gehört zu den Ländern mit einer besonders blutigen Geschichte, vermutlich gerade weil er so reich an Bodenschätzen und so fruchtbar ist. Der belgische König Leopold II. betrachtete das Land nach der Berliner Konferenz, auf der die Grundlage für die Aufteilung des afrikanischen Kontinents in Kolonien geschaffen wurde, seit 1885 als seinen Privatbesitz. Damit war der Bevölkerung nicht einmal das Minimum an Rechtssicherheit garantiert, das in Regionen herrscht, die von fremden Staaten verwaltet werden. Belgische Exportfirmen bedienten sich brutaler Methoden zur Gewinnung von Kautschuk. Bis 1908, als Leopold II. auf öffentlichen Druck hin den Kongo an den belgischen Staat übergab, soll mehr als die Hälfte der Bevölkerung durch Sklaverei, Zwangsarbeit, Geiselhaft, Hunger, Krankheiten und drakonische Strafen ums Leben gekommen sein.

1960 wurde der Kongo unabhängig. Als die belgische Kolonialmacht verstand, dass sie das riesige Gebiet nicht gegen den Widerstand mehrerer nationaler Bewegungen dauerhaft würde kontrollieren können, zog sie sich Hals über Kopf zurück – und hinterließ einen Scherbenhaufen. Weder waren die internen Machtkämpfe entschieden noch verfügte das Land über eine wenigstens halbwegs funktionierende Verwaltung und Infrastruktur. Es wurde deutlich, dass sich Belgien noch weniger als andere Kolonialmächte um Schicksal und Zukunft der Bevölkerung scherte und keinerlei Vorbereitungen getroffen hatte, die den Übergang in die Unabhängigkeit erleichtern würden. Ein Beispiel: Im ganzen Land gab es 1960 gerade einmal 16 kongolesische Akademiker.

Der erste Ministerpräsident Patrice Lumumba, ein charismatischer Widerstandskämpfer, wurde von Belgien und den USA als »kommunistisches Sicherheitsrisiko« betrachtet und nach nur drei Monaten entmachtet. Das genügte seinen Gegnern nicht. Am 17. Januar 1961 wurde er erschossen. Die genauen Umstände seiner Ermordung waren jahrzehntelang umstritten. Erst um die Jahrtausendwende herum haben eine Untersuchungskommission des belgischen Parlaments und eine preisgekrönte Fernsehdokumentation von Thomas Giefer bewiesen, dass Angehörige des belgischen Geheimdienstes und des US-Dienstes CIA unmittelbar an der Tat beteiligt waren.

Nach einigen Jahren interner Machtkämpfe übernahm Generalleutnant Mobutu Sese Seko, der am Sturz von Lumumba beteiligt war, am 24. November 1965 die Macht. Er ist zum Inbegriff des korrupten, afrikanischen Despoten geworden, der an nichts anderem Interesse hat als an seiner persönlichen Bereicherung. Mitte der 80er-Jahre soll sein Privatvermögen den damaligen Auslandsschulden von Zaire, wie das Land während seiner Herrschaft hieß, entsprochen haben: etwa vier Milliarden US-Dollar. Den westlichen Verbündeten genügte der konsequente Antikommunismus des Diktators, um ihn weiterhin zu unterstützen und auch hinzunehmen, dass große Teile der sogenannten Entwicklungshilfe umstandslos auf seine Konten flossen. Erst nach dem Ende des Kalten Krieges kühlte sich das Verhältnis zu den bisherigen Schutzmächten USA und Frankreich ab. Im Mai 1997 wurde Mobutu von Rebellen gestürzt. Friede herrscht in seiner Heimat dennoch bis heute nicht.

Der erste Präsident nach Mobutu, der vormalige Rebellenführer Laurent Désiré Kabila, wurde 2001 ermordet. Sein Sohn Joseph Kabila Kabanga übernahm das Amt und wurde inzwischen auch durch Wahlen als Staatsoberhaupt bestätigt. Obwohl ihm redliche Bemühungen beim Aufbau der zerstörten Infrastruktur des Kongo bescheinigt werden, sind die Aufgaben so gewaltig, dass sie selbst unter günstigsten Bedingungen wohl erst in Jahrzehnten bewältigt werden könnten. Und günstig sind die Bedingungen nicht: Ein Ende des Konflikts im Ostkongo ist nicht in Sicht. Die Menschenrechtslage ist weiterhin katastrophal. Am fürchterlichen Erbe von Mobutu Sese Seko werden im Kongo noch Generationen zu tragen haben. Warum ist ausgerechnet Afrika mit so vielen verbrecherischen Politikern geschlagen? Dafür gibt es mehrere Gründe. Der Kampf der Weltmächte um Einflusszonen während des Kalten Krieges ist einer davon. Präsidenten von Satellitenstaaten konnten sich sowohl auf umfangreiche Finanzhilfe als auch auf militärische Unterstützung verlassen, bekamen also die Instrumente in die Hand, die es ihnen ermöglichten, die eigene Macht nach innen zu stärken und die Opposition zu unterdrücken. Jedenfalls solange es nicht das Militär war, das opponierte – also putschte.

Idi Amin, Jean-Bedel Bokassa, Siad Barre, Charles Taylor, Mobutu Sese Seko, Robert Mugabe und viele andere: Die Liste grauenvoller Staatschefs ist lang. Nicht alle gehören zur ersten Politikergeneration nach der Unabhängigkeit. Die Strukturen der Despoten überlebten diese. Noch immer wachsen der Hydra neue Köpfe.

Aber das ist nicht alleine der Kolonialherrschaft und ausländischen Mächten anzulasten. Die Dinge liegen komplizierter. Noch bis weit in die 80er-Jahre hinein hielten viele Afrikaner, wie ich aus zahlreichen persönlichen Gesprächen weiß, jede Kritik des Auslands an der Verschwendungssucht ihrer Potentaten für eine unangemessene Einmischung, ja, sogar für diskriminierend. Wieso sollten westliche Politiker in Luxuskarossen herumfahren und im staatseigenen Flugzeug einschweben und dann ihre afrikanischen Kollegen zur Bescheidenheit mahnen dürfen? Was das denn anderes sei als Rassismus? Unterfüttert wurde diese Position damit, dass es in Afrika keine Tradition institutionalisierter Demokratie gab. Woher denn auch?

Widerstand gegen Fremdherrschaft ist eben nicht dasselbe wie ein Bekenntnis zu Demokratie – oder auch zu egalitärer Sozialpolitik. Es bedurfte mehrerer Generationenwechsel, anders ausgedrückt: einer steigenden Zahl junger Leute, die Kontakt zu Demokratiebewegungen andernorts haben und infolge des Internets jetzt auch Zugang zu globalen Diskussionen, bis sich demokratische Vorstellungen in großen Teilen Afrikas solide verankern konnten. Je stärker jedoch die Oligarchien und autoritären

Strukturen eines Landes sind, desto schwerer haben es Demokraten. Das gilt bekanntlich nicht nur für Afrika.

Vor dem Hintergrund der kongolesischen Geschichte ist es erstaunlich, dass überhaupt etwas funktioniert in dem Land. Und es funktioniert ja nicht nur – zumindest in der Hauptstadt hat sich die Sicherheitslage eindeutig verbessert. Der Anblick von Militär und Polizei ist nicht mehr automatisch Anlass zu Schrecken und Fluchtgedanken. Ich kann mich an eine Zeit erinnern, in der das anders war.

Bei meinem ersten Besuch in Kinshasa 1991 bekämpfte Mobutu gerade eine erstarkende Oppositionsbewegung. Unterdessen rebellierten und plünderten Teile des Militärs landesweit, nachdem sie monatelang vergeblich auf ihren Sold gewartet hatten. Unklar war, ob Mobutu dies duldete oder sogar unterstützte, um einen Grund für die Ausrufung des Notstands zu haben, oder ob die Streitkräfte tatsächlich gespalten waren und ein Bürgerkrieg unmittelbar bevorstand. Das Hotel Intercontinental galt damals als die einzige halbwegs sichere Unterkunft für Ausländer. Eines Morgens schwamm ich mutterseelenallein im Pool, der gemessenen Schrittes unentwegt von einem einzelnen Soldaten mit Maschinenpistole umrundet wurde. Wir würdigten einander keines Blickes, er schaute starr vor sich hin, ich schaute starr vor mich hin – und fragte mich die ganze Zeit, ob ich eigentlich gerade beschützt oder bedroht wurde. Lange blieb ich damals nicht im Wasser.

Verglichen mit damals ist die Situation heute entspannt. Zumindest die Hauptstadt hat die gegenwärtige Regierung unter Kontrolle. Das bedeutet noch keine Rechtssicherheit für die Bevölkerung und keinen Schutz vor Übergriffen staatlicher Kräfte. Aber es bedeutet, dass ich mich als Ausländerin ziemlich sicher fühle und das erledigen kann, was ich erledigen möchte.

Zumindest theoretisch. Das nächste Ziel, das ich wegen einiger Verabredungen bald erreichen möchte, ist Nigeria. Auf dem Landweg gäbe es da verschiedene Möglichkeiten, die jedoch alle ihre Tücken haben. Über den Fluss Kongo erreicht man binnen weniger Minuten auf einer Fähre das Nachbarland, die Republik Kongo. In einigen Landesteilen dort gibt es jedoch Sicherheitsprobleme, man sollte sie meiden. Eine direkte Weiterreise von der Republik Kongo nach Kamerun scheidet deshalb aus. Eine Alternative bestünde darin, den Weg über Gabun zu nehmen, aber öffentliche Verkehrsmittel an die Grenze sind in der Republik Kongo dem Vernehmen nach bestenfalls unzuverlässig. Oder sie fahren gar nicht. Da nutzt es dann auch nicht viel, dass der Grenzübergang zwischen Gabun und Kamerun offenbar unproblematisch ist. Und wenn ich direkt von Kinshasa nach Yaoundé, der Hauptstadt von Kamerun, fliege? Es klingt für mich wie der vernünftigste Weg, auch wenn in der Regenzeit die Straße von dort nach Nigeria wohl manchmal nicht befahrbar ist. Aber das ließe sich ja vor Ort klären. Mal sehen, was ich organisieren kann.

Nichts, gar nichts kann ich organisieren. In der Botschaft von Kamerun, wo ich allen Reiseberichten zufolge mühelos ein Visum bekommen sollte, verlangt ein abweisender, unhöflicher Angestellter den Nachweis einer Flugbuchung und einer Hotelreservierung. Außerdem weist er mich darauf hin, dass das Visum 140 Dollar koste – ein weit höherer Preis als irgendwo im Internet angegeben. Aber ich will mich ja nicht entmutigen lassen. Noch nicht.

Ein paar Stunden später bin ich dann entmutigt. Im ersten Reisebüro werden keine Kreditkarten akzeptiert, im nächsten sind – leider, leider – die Computer gerade »down«. Selber kann ich übers Netz nicht buchen, weil der Drucker meines Hotels kaputt ist und der Angestellte der Botschaft von Kamerun mich hat wissen lassen, dass er eine schriftliche Kopie meiner Reservierungen wünscht. An Bargeld komme ich auch nicht: Die Automaten von drei Banken, die ich ansteuere, funktionieren allesamt nicht. Dieses Problem hatte ich bisher noch nie. Schließlich habe ich es satt. Ich nehme mir ein Taxi zum internationalen Flughafen. Erfahrungsgemäß lassen sich ja an solchen Orten organisatorische Probleme leicht lösen, und sicherlich werde ich dort wenigstens mühelos ein Ticket kaufen können.

Was für ein Irrtum. Der Flughafen von Kinshasa sieht aus, als sei er dem Hirn eines schlechten Drehbuchschreibers für einen Film entsprungen, der das Leben nach der Apokalypse zeigt. Zusammengebrochene Wände. Lose Kabel. Überwiegend dunkel, an einigen Orten fahles Neonlicht. Sehr wenig Leute – verständlicherweise –, keine Reisebüros, keine Büros von Fluglinien, die für Passagiere geöffnet sind. Der Anflugbereich ist für alle Leute ohne Tickets gesperrt, aber nach längeren Verhandlungen zeigt jemand Herz und lässt mich regelwidrig hinein. Am einzigen besetzten Schalter steht ein unfassbar gut aussehender, unfassbar blasiert wirkender junger Mann, der mich fragt – ja, was wohl? Wo mein Ticket ist, selbstverständlich. Ticket? Habe ich nicht. Will ich kaufen. Wohin? Egal. Irgendwohin. Inzwischen will ich hier nur noch weg. Er schaut mich an, als sei ich komplett verrückt. Ich schaue ihn an, als sei er völlig stumpfsinnig. Dann sage ich, sehr langsam: »Die Reisebüros dieser Stadt scheinen nicht imstande zu sein, mir weiterzuhelfen. Also bin ich an den internationalen Flughafen gefahren, um dort ein Ticket zu kaufen. Das ist ja im Rest der Welt eigentlich kein so ungewöhnliches Ansinnen. Ich nehme, was immer Sie im Angebot haben.«

Der junge Mann wird vom Model zum Menschen. Er grinst. Dann sagt er: »Augenblick.« Dann telefoniert er. Mehrfach. Dann telefoniert er weiter. Dann sagt er: »Es ist erledigt. Sie fliegen nach Lomé. In einer Stunde.« Es dauert anschließend noch ungefähr 40 Minuten, bis es mir gelingt, mein Geld loszuwerden, die Flughafensteuer zu bezahlen, mein Gepäck aufzugeben – alles ist kompliziert, für nichts scheint es in einem Fall wie dem meinen eine Routine zu geben. Aber irgendwann ist alles erledigt. Mein Befreier überreicht mir eine Bordkarte und sagt amüsiert: »Übrigens … eigentlich verkaufen wir an diesem Flughafen keine Tickets.« Das habe ich mir inzwischen fast gedacht.

Der Polizist, der mein Handgepäck überprüft, will dafür übrigens ein »kleines Geschenk«. In bar. Ein Mensch, der am Schalter die ganze Zeit neben mir stand und mich mit dem Versuch nervte, Konversation machen zu wollen, will für seine Mühe im Bereich der zwischenmenschlichen Kommunikation auch ein »kleines Geschenk«. Ich finde: Ich hätte eines verdient. Für meine Langmut ihm gegenüber.

Passkontrolle. Die Beamtin hinter dem Schalter teilt mir mit, es sei nicht in Ordnung, dass ich mein Visum nicht in

Deutschland, sondern in Angola bekommen hätte. Sie will mich nicht ausreisen lassen. Natürlich weiß ich, worum es geht. Sie möchte ebenfalls ein »kleines Geschenk«. Ich habe aber gerade keines zur Hand und werde auch nie wieder eines zur Hand haben und bin jetzt gerade einfach nur stur und wütend und der ganzen Sache überdrüssig. »Dann lassen Sie mich halt nicht ausreisen«, sage ich und bemühe mich nicht einmal mehr um Freundlichkeit. Das ist natürlich unklug. Aber ich bin am Ende meiner Geduld. Außerdem habe ich immer noch Halsschmerzen.

Nach einiger Zeit kommt der Vorgesetzte der Beamtin und erklärt mir, das alles sei wirklich ganz und gar nicht in Ordnung. Ein Visum von der Botschaft in Angola! Eine Einreise auf dem Landweg! Man werde mich aber ausnahmsweise ausreisen lassen, weil man eben so nett sei. Ich müsse nur versprechen, mir für meinen nächsten Besuch im Kongo ein Visum in Deutschland zu besorgen. Meine Antwort: »Verspreche ich gerne. Aber es wird keinen nächsten Besuch geben.« Er sieht ehrlich verletzt aus. »Warum nicht?« – »Weil ich mich hier nicht willkommen fühle. Und weil ich es leid bin, dass alle Welt Geld von mir haben will.« – »Aber nein, Sie müssen wiederkommen. Verstehen Sie das nicht falsch. Man muss einfach nur die Regeln befolgen.« Ja, sicher.

Das Flugzeug, in dem ich sitze, ist nagelneu und gehört einer privaten Linie, die erst seit Kurzem verschiedene westafrikanische Ziele anfliegt und noch um Passagiere wirbt. Entsprechend gut ist der Service an Bord. Entspannung. Erst allmählich wird mir bewusst, dass ich nun also auf dem Weg nach Togo bin. Das hätte ich mir am Morgen noch nicht träumen lassen. Natürlich liegt die togolesische Hauptstadt Lomé viel zu weit westlich von meiner ursprünglichen Route. Meine spontane Entscheidung bedeutet auch, dass ich nun wohl nicht mehr nach Kamerun komme, was ich eigentlich fest vorgehabt hatte. Aber es ist wenig sinnvoll, darüber jetzt zu grübeln. Zumal ich spüre, dass ich tatsächlich eine Pause brauche. Außerdem hätte mir angesichts der Fülle möglicher Ziele weit Schlimmeres passieren können als ein Flug nach Togo. Immerhin müsste es von dort aus gute Verbindungen nach Lagos geben.

13. Lagos: Die Kinder sitzen jetzt am Tisch

Es hätte mir nicht nur weit Schlimmeres passieren können als ein Flug nach Togo – es hätte mir kaum etwas Besseres passieren können. Lomé ist ein idealer Ort für eine Rast. Der Schutzpatron der Reisenden zeigt sich gütig und führt mich in ein kleines, zentral gelegenes Hotel mit französischer Küche und einem Innenhof, der von Bäumen überschattet ist und an dessen Mauern leuchtende Bougainvilleas wuchern.

Die Idylle trügt, das weiß ich. Togo, ein afrikanischer Zwergstaat mit nur etwa sechs Millionen Einwohnern, hat große Probleme. Eine hohe Arbeitslosigkeit, Landflucht, einen Machtwechsel vom Vater zum Sohn nach jahrzehntelanger Diktatur, der von Unruhen, massivem Wahlbetrug und schweren Menschenrechtsverletzungen begleitet war. Nach wie vor leben Tausende von Flüchtlingen im Ausland. Auch das Ergebnis der letzten Wahlen im März 2010, bei denen der Amtsinhaber Faure Gnassingbé erneut den Sieg für sich beanspruchte, wird von Opposition und internationalen Beobachtern skeptisch betrachtet.

Aber als Ausländerin muss man von alledem nichts mitbekommen, wenn man das nicht will. Togo galt lange als attraktives Touristenziel, allerdings natürlich nicht in vergleichbarem Umfang wie Südafrika und Kenia, die auf diesem Gebiet die Riesen sind – geografisch wie im übertragenen Sinne. Der kleine westafrikanische Staat verfügt jedoch über schöne Strände, ein Hügelland, das für seine Schmetterlinge berühmt ist und in dem man gefahrlos wandern und zelten kann, außerdem über große, bunte Märkte, auf denen auch traditionelle Medizin und Fetische angeboten werden. So etwas mögen Touristen. Was sie hingegen gar nicht mögen, sind Unruhen. Auch Reiseveranstalter sind nachtragend, wenn nicht auszuschließen ist, dass sie ihre Gäste unvermittelt für teures Geld außer Landes bringen müssen.

»Wir waren doch jetzt schon so lange brav, nun könnten sie doch allmählich wieder kommen«, seufzte Ende der 90er Jahre der Geschäftsführer eines sehr leeren Hotels in der kenianischen Küstenstadt Mombasa – knapp zwei Jahre, nachdem Urlauber auf dem Weg zum Flughafen an brennenden Häusern vorbeigekommen waren und Leichen am Straßenrand hatten liegen sehen. Bis solche Bilder in den Köpfen verblassen: Das dauert lange. Auch in Togo ist der Tourismus infolge der politischen Wirren zurückgegangen.

Für eine einzelne Reisende wie mich bedeutet das einen ungewöhnlich herzlichen Empfang im Land. Wer von dem Wirtschaftszweig Tourismus auch nur indirekt profitiert, wünscht sich, dass die Konjunktur wieder anspringen möge. Und alle wissen, dass positive Berichte der wenigen Gäste, die überhaupt noch kommen, dafür das beste, vielleicht das einzige Mittel sind. Also sind Dienstleister freundlich und hilfsbereit, Preise verhandelbar und weder bei der Einreise noch bei der Ausreise werden misstrauische Fragen nach dem Woher und Wohin gestellt. Die togolesische Hauptstadt Lomé wird für mich zu einer der schönsten Stationen der ganzen Reise. Direkt am Meer gelegen, mit breiten Boulevards und schmalen Gassen, mit lebendigen, bunten Bars und Restaurants, mit einem riesigen Markt, auf dem ich tief bedaure, dass meine Form des Reisens es mir nicht erlaubt, Kleider, Schmuck oder Kunstgewerbe zu kaufen. Ich kann ja nichts transportieren.

Aber schauen kann ich. Zwei Tage lang bin ich einfach nur Touristin. Schlafen, essen, schlendern – zu einer anderen Gangart wäre ich in der drückenden Hitze ohnehin nicht imstande. Einmal traue ich mich sogar, eines der ungezählten Moped-Taxis zu benutzen, obwohl ich immer geglaubt habe, dass alle Formen des Zweirads in Afrika als Verkehrsmittel ausscheiden angesichts der Schlaglöcher, der Schotterpisten und der vielen rücksichtslosen Fahrer von Sammeltaxis, die auch mit Tempo um Kunden werben.

Mein Blick auf den Kontinent ist eben von Ostafrika geprägt. Wie ich in den nächsten Wochen feststellen werde, sind Mopeds, Fahrräder und Motorräder in Westafrika als Fortbewegungsmittel durchaus üblich. Aus den jeweils landestypischen Gepflogenheiten lassen sich sogar Rückschlüsse auf andere gesellschaftliche Bereiche ziehen. In Gegenden, in denen Frauen offiziell eine zurückgezogene Rolle zugewiesen wird – wie etwa im islamischen Nordnigeria –, da sitzen sie allenfalls auf dem Rücksitz und zwar mutig im Damensattel. Die Beine züchtig nebeneinandergestellt. Die Frage, ob im Zweifelsfall der Verkehrssicherheit oder der Konvention größere Bedeutung eingeräumt wird, ist somit beantwortet. In Regionen hingegen, in denen Frauen im öffentlichen Leben sichtbar sein dürfen, da lenken sie auch Mopeds. Das nächste Verkehrsmittel, das ich benutzen werde, ist allerdings ein Bus. Wenn ich nicht wie in Sambia im Vorfeld verabredete Termine verpassen will, dann muss ich mich allmählich auf den Weg nach Nigeria machen.

Der Weg erweist sich als breit und gerade. Endlich wieder einmal ein Luxusbus – ausnahmsweise sogar ohne Unterhaltungsprogramm, dafür mit bordeigener Toilette und Getränkeservice. Zwar brauchen wir für die 250 Kilometer nach Lagos mehr als einen halben Tag, aber das liegt vor allem daran, dass wir dreimal Grenzformalitäten erledigen müssen: Rein nach Benin, nach 120 Kilometern wieder raus aus dem Zwergstaat und Einreise nach Nigeria. Das dauert lange, verläuft aber reibungslos. Und die Strecke ist hübsch. Überwiegend führt sie an der Küste entlang, und sobald es dämmert, werden die Geschäfte und Straßenverkaufsstände in kleinen Ortschaften von Gaslampen erleuchtet, die ein gelb schimmerndes, trauliches Licht verbreiten.

In Lagos gibt es diese Gaslampen auch, aber »traulich« ist nicht das Wort, das mir zu dieser größten Stadt des bevölkerungsreichsten Staates in Afrika einfällt. Mindestens zehn, vielleicht inzwischen sogar 15 Millionen Einwohner leben hier, und schon bei meinem ersten Besuch 1993 hatte ich den Eindruck, dass sie 30 Millionen Autos fahren. Alle gleichzeitig, jeden Tag, vermutlich gerne zwei auf einmal. Wie immer sie das machen.

Billiges Benzin ist der einzige greifbare Nutzen, den die Bevölkerung aus dem Rohöl zieht, das in Nigeria gefördert wird – wenn es denn ein Nutzen ist. Dabei verfügt das Land nicht einmal über genug Kapazitäten in den Raffinerien, sodass Benzin ironischerweise importiert werden muss. Das heißt: Die Kapazitäten würden durchaus ausreichen, wenn die Raffinerien nicht gezielt von einflussreichen Leuten sabotiert würden, die am Import von Benzin kräftig verdienen.

Wann immer die Regierung die Preise für den Kraftstoff erhöhte, wurde diese Maßnahme von wütenden Protesten begleitet, und manchmal musste sie sogar vorübergehend zurückgenommen werden. Inzwischen kostet der Liter Super umgerechnet etwa 50 Cent. Viel weniger als andernorts, aber sehr viel mehr als früher. Die regelmäßig wiederkehrende Wut rührt vor allem daher, dass eine Erhöhung der Preise für Kraftstoff die Teuerung aller Produkte des täglichen Bedarfs nach sich zieht, die mit Lastwagen transportiert werden. Das ist gerade für diejenigen, die sich kein eigenes Auto leisten können – und ernsthaft gesprochen ist das natürlich die große Mehrheit der Bevölkerung –, eine schwere Belastung.

Aber die handfesten materiellen Argumente wurden und werden mit einer seltsamen ideologischen Begründung verknüpft: »Ich bin ganz und gar gegen eine Erhöhung der Benzinpreise«, sagte der nigerianische Geschäftsmann John Adeleke 1993 im obersten Stock eines Bürohochhauses in Lagos zu mir. »Die Bewegungsfreiheit ist das Letzte, was der Bevölkerung vom Reichtum des Ölbooms noch geblieben ist.« Umgerechnet nicht einmal fünf Pfennige kostete der Liter Benzin damals. Aus dem Fenster blickte man auf die sechsspurige Stadtautobahn. Seit einer halben Stunde hatte sich der Verkehr in Richtung Innenstadt keinen Meter vorwärts bewegt. So kann Bewegungsfreiheit aussehen?

Lagos gilt also schon lange als dramatische Herausforderung. 1993 war es nicht möglich gewesen, mehr als eine oder höchstens zwei Verabredungen am Tag zu treffen, weil die Anfahrten jeweils mehrere Stunden dauerten. Taxifahrer warnten eindringlich davor, ein Fenster zu öffnen, und verriegelten stets die Türen von innen, denn es passierte regelmäßig, dass Diebe die Insassen eines Fahrzeugs ausraubten. Das Risiko für diese Räuber war überschaubar. Da alle im Stau standen, konnte man sie allenfalls zu Fuß verfolgen. Bis sich die Opfer vom Schrecken erholt hatten, waren sie weg.

Nach diesen Erfahrungen habe ich mich jetzt innerlich gewappnet und bin darauf vorbereitet, Lagos grässlich zu finden. Wenn man eine so klare, vorgefasste Meinung hat wie ich, dann muss ein Ort entweder überraschend schön sein oder es dauert ziemlich lange, bis man merkt, dass die eigenen Vorstellungen nicht mehr mit der Wirklichkeit übereinstimmen. Überraschend schön ist Lagos nach wie vor nicht. Nirgends, wo man zufällig vorbeifährt. Gesichtslose Hochhäuser, stinkender Müll am Straßenrand, Hütten aus Pappe, Holz und Wellblech. Auch hier, gerade in dieser Stadt, zu der es schon sehr früh eine Eisenbahnverbindung gab. In die deshalb schon seit Ende des 19. Jahrhunderts die Menschen von weither kamen und sich ansiedelten in der Hoffnung auf schnelles Geld.

Der Verkehr ist noch immer eine Heimsuchung. Aber irgendwann fällt mir dann doch auf, dass er heute eigentlich nicht mehr schlimmer ist als in Nairobi – und sehr viel weniger schlimm als in Luanda. Dass ich inzwischen im Auto ein Fenster öffnen darf. Noch wichtiger: Ich kann mich auf belebten Plätzen und Straßen zu Fuß bewegen, ohne dass alle Leute, mit denen ich rede, mich davor schrill warnen oder dass ich den Eindruck habe, Begleiter zu gefährden, weil sie mich todesmutig vor Gangstern schützen müssen. Sogar meinen Lesevorrat kann ich ganz entspannt im Antiquariat am Wegesrand unter freiem Himmel auffüllen, stöbernd, suchend, lesend. Dringend nötig nach so vielen Ländern, in denen es fast keine englischsprachigen Bücher gab.

Ja: Die Slums von Lagos sind Brutstätten für Seuchen. Selbst in den besseren Wohnvierteln gibt es keinen Zugang zu sauberem Wasser. Die Stromversorgung ist ein schlechter Witz. Dennoch habe ich das Gefühl, dass diese Stadt, die für mich stets der Inbegriff des Molochs gewesen ist, heute besser funktioniert als früher. Noch immer schlecht – aber eben doch besser.

Der Rechtsanwalt Adeola Ijandipe bestätigt meinen Eindruck: »Es ist ein langsamer Prozess, aber die öffentlichen Dienstleistungen kommen in Gang. Gebäude wie Krankenhäuser und

176

Schulen werden halbwegs instand gehalten, Straßen werden repariert.« Es gebe eindeutige Hinweise auf Verbesserungen, auch wenn diese sich für eine Besucherin aus Europa vermutlich seltsam anhörten: »In öffentlichen Schulen sitzen die Kinder inzwischen an Tischen.« Nicht einmal die habe es früher gegeben.

Der 43-Jährige erklärt, dass die 2007 gewählte, neue Regierung des Bundesstaates Lagos – einer von 36 Bundesstaaten, in die Nigeria aufgeteilt ist – die Verwendung von Steuergeldern schärfer kontrolliere, es versickere nicht mehr so viel in dunklen Kanälen. Außerdem sei vor einigen Jahren ein dezentrales System der Selbstverwaltung eingeführt worden: »In jeder Straße gibt es ein Komitee mit einem Vorsitzenden. Zwei oder drei Straßen schließen sich dann zu einer übergeordneten Instanz zusammen, der CDA. Ursprünglich war das alles nur dazu gedacht, die Sicherheitslage in den einzelnen Wohnbezirken zu verbessern. Aber inzwischen kümmern sich die CDAs auch um die Stromversorgung und um die Kanalisation.« So hätten sie in einigen Bezirken schon gemeinsam Generatoren für ihren Zuständigkeitsbereich angeschafft und damit den Anliegern die Möglichkeit gegeben, sich vom unzuverlässigen öffentlichen Stromnetz unabhängig zu machen.

Diese Struktur belegt ein weiteres Mal meine These, dass sich die afrikanische Mittelschicht – zumindest im für sie überschaubaren Umfeld – um die Verbesserung ihrer eigenen Lebensverhältnisse kümmert. Adeola Ijandipe zuckt die Achseln: »Es läuft.« Das genügt ihm. Aber er möchte nicht missverstanden werden. Die Anerkennung, die er dem neuen System zollt, bedeutet nicht, dass er zugleich meint, seine eigene Situation habe sich in den letzten Jahren verbessert. Im Gegenteil. »Das meiste von dem, was wir als Kinder für selbstverständlich gehalten haben, kann ich meinen eigenen Kindern nicht geben«, sagt er. Sein Vater, ebenfalls Jurist, habe es geschafft, ihn und seine acht Geschwister auf Privatschulen zu schicken. Er selbst könne sich das nicht leisten, obwohl er nur drei Kinder habe. Die müssten öffentliche Schulen besuchen. »Die Inflation frisst alle Honorare auf. Es ist einfach nie genug Geld da. Meine Eltern konnten uns ein schöneres Leben bieten.« Adeola Ijandipe lacht. »Mittelschicht? Du bist entweder arm oder reich.« Keine Frage: Er hält sich für arm.

Für unser Gespräch will ich ihn gerne zum Mittagessen einladen. Ihm fallen als Treffpunkt nur Schnellimbisse verschiedener Ketten ein. Nach Monaten im Bus und ungezählten Rastplätzen, an denen es immer Hühnchen und Pommes frites gab, möchte ich das nicht auch noch in einer Großstadt essen müssen. Wie wäre es mit einer Kneipe? Einer Gaststätte? Einem hübschen Restaurant? Irgendeinem Ort, an dem er Freunde trifft? Nach langem Zögern nennt Adeola Ijandipe ein chinesisches Lokal. Als die Rechnung kommt, verstehe ich seine Zurückhaltung. Zwei Hauptgerichte, eine Flasche Wasser und zwei Bier kosten umgerechnet fast 50 Euro. Zum Vergleich: Ein Universitätsdozent verdient hier im Monat umgerechnet etwa 600 Euro. Was der Rechtsanwalt mit Scheidungsfällen, Vertragsstreitigkeiten und dem Eintreiben von Schulden erwirtschaftet, verrät er nicht. Aber er sagt, dass er normalerweise nicht auswärts essen gehe. Dafür habe er kein Geld übrig. Deshalb kenne er auch keine guten Adressen.

Lagos gehört zu den teuersten Städten der Welt, ähnlich wie das angolanische Luanda und zumindest teilweise aus denselben Gründen: große soziale Gegensätze, die durch die Einnahmen aus den Ölexporten vertieft werden. Oben an der Spitze der Pyramide steht eine kleine Schicht von Leuten, die bereit und imstande ist, fast jeden Preis für Luxus oder sogar kleine Annehmlichkeiten zu bezahlen. Das macht diese Güter für alle anderen unerschwinglich.

Adeola Ijandipe sagt, dass er Lagos trotz allem und ungeachtet der Probleme des Alltags liebe: »Es hört sich vielleicht komisch an, aber diese Stadt ist immer in Bewegung. Das hält einen jung.«

Seit Dezember 1991 ist Lagos als Hauptstadt von Abuja abgelöst worden, eine am Reißbrett entworfene Stadt in der Mitte Nigerias. Die unwirtlichen Lebensbedingungen in Lagos haben die Umsetzung des entsprechenden Regierungsbeschlusses von 1976 befördert, obwohl der wichtigste Grund ein anderer war: Gesucht wurde ein Platz, den alle Ethnien und Religionsgemeinschaften gleichermaßen akzeptieren konnten. Niemand sollte durch den neuen Standort bevorzugt werden, niemand sich benachteiligt fühlen.

Es gibt gerade in Nigeria gute Gründe für einen solchen Balanceakt. Das Land ist von scharfen Gegensätzen geprägt, große Volksgruppen belauern einander misstrauisch und wachen sorgfältig darüber, dass angestammte Rechte unangetastet bleiben. Im internen Machtkampf wird keine Handbreit Boden preisgegeben. Die Konflikte reichen weit zurück. Nigeria ist ein typisches Beispiel für einen Staat, dessen heutige Grenzen entstanden, weil die Kolonialmächte bei der Aufteilung des Kontinents keinerlei Rücksicht auf sprachliche, gesellschaftliche, religiöse und kulturelle Zusammenhänge genommen hatten. Sondern nur daran interessiert waren, sich von der europäischen Konkurrenz abzugrenzen.

Im islamischen, feudalistisch organisierten Norden Nigerias stützten sich die Briten auf traditionelle Autoritäten, folgten also dem Prinzip der indirekten Herrschaft und beschränkten auch die Aktivitäten christlicher Missionare. Der Süden hingegen wurde christianisiert, und das Prinzip der indirekten Herrschaft hat dort nicht gegriffen, jedenfalls nicht flächendeckend. Die vorhandenen politischen Strukturen eigneten sich dafür nicht überall. Mancherorts waren die Hierarchien zu flach für die Wünsche der Kolonialisten.

Das dominierende Volk des Südens, die Yoruba, waren bereits lange vor Ankunft der Kolonialherren eine beherrschende Wirtschaftsmacht in diesem Teil Afrikas gewesen und behielten auch nach der Unabhängigkeit 1960 eine kommerzielle Vormachtstellung, nicht zuletzt wegen der Nähe ihrer Siedlungsgebiete zum Meer. Der Norden hatte dennoch über Jahrzehnte hinweg in politischer Hinsicht den stärksten Einfluss auf die Entwicklung des Gesamtstaates. Aus Angst vor Unterdrückung durch die Yoruba gingen viele Minderheiten des Südens ein Zweckbündnis mit dem nördlichen Hausa-Fulani-Volk ein. Die große Mehrheit der Bevölkerung des Nordens hat allerdings aus der politischen Vorzugsstellung keinen Nutzen gezogen. Die Infrastruktur dort ist nach wie vor schlechter als im Süden. An dem informellen Proporzsystem ändert das nichts. Wenn der Präsident aus dem Norden stammt, dann muss sein Stellvertreter aus dem Süden stammen – oder umgekehrt. Bis heute. Wie tief die Gräben zwischen den verschiedenen Bevölkerungsgruppen waren, zeigte sich im Biafra-Krieg. Die Ethnie der Igbo, die – wie sich zeigte: berechtigte – Furcht vor einer Marginalisierung im Zentralstaat hatte, kämpfte Ende der 60er-Jahre für einen eigenen Staat im Nigerdelta. Und verlor. Erwartungsgemäß. Nigerias Regierung wurde sowohl von Großbritannien und den USA als auch von der Sowjetunion mit Waffen unterstützt. Eine ungewöhnliche Allianz zu einem Zeitpunkt, an dem der Kontinent gerade zwischen Ost und West in Einflusszonen aufgeteilt wurde. Man sieht: Eine Veränderung bestehender Strukturen und Machtverhältnisse, die schwer einschätzbar und vielleicht noch schwerer kontrollierbar war, wünschte damals niemand. Gelitten hat unter dem Krieg, wie immer in derartigen Fällen, vor allem die Zivilbevölkerung. Bilder von hungernden Kindern in Biafra wurden zu einem festen Bestandteil der Ikonografie des Elends in Afrika.

Die Ölvorkommen im Nigerdelta und die Verteilung der Erlöse aus dem Exportprodukt spielten bei dem Konflikt in den 60er-Jahren eine untergeordnete Rolle. Inzwischen ist das anders, auch in der weiteren Umgebung. Das liegt vor allem daran, dass durch die Erdölförderung die Umwelt schwer geschädigt wurde, die im Nigerdelta lebenden Völker aber nur in geringem Umfang von den Erlösen aus dem Exportprodukt profitieren. Das Geld wird auf das ganze Land nach einem festen Schlüssel verteilt – jedenfalls das, was übrig bleibt, nachdem die Konzerne ihre Gewinne abgeschöpft haben und die Privatschatullen der Nigerianer gefüllt sind, die durch das Ölgeschäft eine Möglichkeit der direkten Bereicherung haben.

Die Ogoni sind das Volk, das in diesem Zusammenhang eine traurige Prominenz erlangte. Deren Lebensgrundlage im Südosten Nigerias wird durch die Ölförderung zerstört. Der prominente Schriftsteller und Bürgerrechtler Ken Saro-Wiwa war die lauteste Stimme, die gegen den »ökologischen Krieg« der Ölgesellschaften protestierte – und er hat dafür mit seinem Leben bezahlt. Am 10. November 1995 wurde er gemeinsam mit acht Mitstreitern nach einem Schauprozess hingerichtet.

Befriedet wurde die Region dadurch nicht, im Gegenteil. Die Entführung von Ausländern, Attentate und Kämpfe zwischen paramilitärischen Banden sind an der Tagesordnung. Ich würde derzeit nicht wagen, das Nildelta zu bereisen. Viele ausländische Fachkräfte bewegen sich nur mit Hubschraubern von einem Ort zum anderen. Gefährdet sind sie trotzdem.

Nigeria, das inzwischen mindestens 140 Millionen Einwohner hat – immerhin etwa halb so viele wie die gesamten USA –, war stets von inneren Widersprüchen beherrscht. Kaum irgendwo sonst auf dem Kontinent gab es schon so früh eine vielfältige, interessante Zeitungslandschaft. Schriftsteller wie Chinua Achebe und Nobelpreisträger Wole Soyinka genießen Weltruhm. Um die Demokratisierung von Staat und Gesellschaft wurde bereits seit den späten 6oer-Jahren ernsthaft gekämpft. Einerseits. Andererseits waren ausgerechnet hier mehrfach besonders brutale Militärdiktatoren an der Macht. Die Menschenrechtslage hat sich zwar seit dem Amtsantritt einer Zivilregierung 1999 verbessert, ist aber nach wie vor unerfreulich. Korruption und Vetternwirtschaft erreichten schon früh ein Ausmaß, das sprichwörtlich wurde. Die Frustration und Wut von Teilen der Bevölkerung entzündeten sich immer wieder an ganz unterschiedlichen Themen. In Teilen Nigerias ist die Situation unberechenbar.

Es gibt also viele gute Gründe, wenigstens die Hauptstadt auf halbwegs neutralen Grund zu verlegen, wenn einem an der staatlichen Einheit gelegen ist. Das allerdings bedeutet nicht, dass Abuja eine Insel der Ruhe wäre, unbeeinflusst von den Problemen in anderen Landesteilen. Bombenanschläge haben in den Monaten nach meiner Reise mehrere Todesopfer gefordert.

Es gibt Städte, in denen man spürt, dass ein Anschlag jederzeit passieren kann, auch wenn an der Oberfläche das Leben ruhig und friedlich zu verlaufen scheint. Aber die Atmosphäre in Abuja wirkt auf mich nicht bedrohlich, im Gegenteil. Als ich 1993 zum ersten Mal hier war, konnte ich mir nicht vorstellen, dass diese gesichtslose Anhäufung von Verwaltungsgebäuden jemals zu einer lebendigen Stadt werden würde. Menschenleer waren die Straßen, es gab kaum Märkte und kleine Geschäfte, nichts, woran das Auge hängen blieb. Wie ein versehentlich zu groß geratenes Architekturmodell sah das Ganze aus. Heute wird die Skyline natürlich noch immer von modernen Hochhäusern beherrscht – wie sollte es anders sein an einem Ort, der in den 8oern aus dem Boden gestampft wurde? Aber dazwischen gibt es viel Grün, viele Menschen sind unterwegs und – wie überall in Nigeria – dem Augenschein zufolge noch mehr Autos. Jedes Jahr wächst Abuja um angeblich 20 bis 30 Prozent. Die Einwohnerzahl liegt inzwischen offiziell bei 1,5 Millionen.

Bis weit ins Umland hinein haben sich Siedlungen gefressen. »Vor 20 Jahren war hier alles Busch«, sagt der Fahrer, als wir ungefähr 40 Kilometer von der Hauptstadt entfernt sind. Inzwischen liegen Einfamilienhäuser rechts und links der vierspurigen Autobahn, die gerade auf acht Spuren erweitert wird, weil es hier jeden Morgen und jeden Abend zur Hauptverkehrszeit zu stundenlangen Staus kommt. Wer ist für die Bauarbeiten verantwortlich? Erraten. Chinesen.

Dem Fahrer gehört ein Taxi, und ich bin – ein seltener Komfort – sein einziger Fahrgast. Meine nächste Gastgeberin, eine Universitätsdozentin in der etwa 150 Kilometer entfernten, nordnigerianischen Stadt Minna, hat für mich einen günstigen Preis mit ihm ausgehandelt. Als wir das Einzugsgebiet von Abuja endgültig hinter uns gelassen haben, zerschneidet die Autobahn immer wieder Dörfer, durch die wir fahren. Eine etwa 1,50 Meter hohe Mauer auf dem Mittelstreifen soll die Leute daran hindern, über die Fahrbahn zu laufen. Das Bild ist vertraut. Mit demselben Mittel ist das auch in Kenia auf der Schnellstraße von Nairobi nach Limuru versucht worden – vergeblich, hier wie dort. Unregelmäßige, grobe Löcher wurden in die Mauer geschlagen, und natürlich überqueren die Dorfbewohner an diesen Stellen die Autobahn. So leicht kann man niemanden am Plausch mit den Nachbarn oder am Besuch bei der Großmutter hindern.

Auch in anderer Hinsicht hält sich die Bereitschaft, Verbote zu befolgen, offenbar in Grenzen. Wo keine Mauer steht, ist der Mittelstreifen eine kilometerlange, stinkende Mülldeponie. Alle paar hundert Meter ragt dazwischen ein Schild empor, auf dem die Entsorgung von Abfall untersagt wird. Lustig auch ein kleines, gerade unbesetztes Häuschen für einen Streifenpolizisten: »Nigerian Police« steht darauf – und unmittelbar darunter der Rest eines Werbeplakats: »Gestärkt durch echte Nährstoffe«. Wenn's hilft.

Kurz vor zwölf Uhr mittags bittet der Fahrer höflich darum, eine Pause fürs Gebet machen zu dürfen. Er biegt auf einen Parkplatz vor einer kleinen Moschee ein, stellt den Wagen im Schatten ab und ist nach zehn Minuten zurück. Einige Kinder in der Nähe werfen mir einen kurzen, desinteressierten Blick zu und spielen weiter. Keine Frage, sie sind an wartende Fremde gewöhnt.

Die täglich fünf Gebete, die mit Blick gen Mekka verrichtet werden müssen, gehören zu den religiösen Pflichten von Muslimen. Man sieht der Gegend an, dass wir inzwischen in Nordnigeria sind, wo die große Mehrheit der Bevölkerung islamischen Glaubens ist: Wenige Kirchen, viele Moscheen. Seit dem Jahr 2000 wurde in zahlreichen nördlichen Bundesstaaten die Scharia eingeführt, als Zusatzartikel zum weiterhin geltenden weltlichen Zivil-und Strafrecht. Mit diesem Trick wird ein Verfassungsbruch vermieden, denn Nigeria ist ein säkularer Staat. Andere Konflikte sind nicht so leicht zu umgehen: Offiziell gilt die Scharia nur für Muslime, aber sie hat auch Auswirkungen auf den christlichen Teil der Bevölkerung. In vielen Fällen wird diese Trennung unterlaufen. Auseinandersetzungen zwischen der christlichen Minderheit und der muslimischen Mehrheit – bei denen allerdings oft die scheinbar religiösen Konflikte nur ein Vorwand für soziale und politische Streitpunkte sind – haben in den letzten Jahren in manchen Gebieten mehrere Tausend Todesopfer gefordert. In der Nähe der Stadt Jos, ein paar hundert Kilometer weiter östlich, wurden erst vor einigen Tagen fast 500 Dorfbewohner massakriert.

14. Die Ehefrau meines Mannes: »Ich mag sie einfach nicht.«

Das Haus meiner Gastgeberin in Minna lässt solche Ereignisse wie Nachrichten aus einer anderen Welt erscheinen. Es liegt in einer ruhigen Seitenstraße, in Deutschland würde man sagen: in einem bürgerlichen Wohnviertel. Die Architekturdozentin Maryam Yelwa ist noch in der Uni. Ihre beiden auffallend gut erzogenen Kinder, die 11-jährige Tochter und der 7-jährige Sohn, heißen mich sehr freundlich willkommen, bringen mir unaufgefordert sofort Wasser und etwas zu essen, dann erklären sie mir die Benutzung des Fernsehers. Das werden sie in den nächsten Tagen bereuen. Wenn es geht, dann nutze ich jede Chance, internationale Nachrichten zu sehen. Die Kinder bevorzugen den Comic-Kanal.

Das Wohnzimmer ist auf eine Weise eingerichtet, die typisch ist für solche Räume in vielen Ländern Afrikas. In einer Ecke steht ein Tisch mit sechs Stühlen, dem man ansieht, dass er allenfalls als Ablage dient. Meinem Eindruck nach sind die Esszimmermöbel ein Erbe der Kolonialzeit: Sie gehören einfach dazu in einer Familie, die einen gewissen Wohlstand erreicht hat, aber sie werden kaum je benutzt. Zu den Mahlzeiten gruppiert man sich im Allgemeinen um die Couchgarnitur, was auch deshalb praktischer ist, weil häufig unangemeldeter Besuch kommt und man nie genau weiß, wie viele Esser am Ende da sein werden.

Überflüssiger Luxus ist in diesem Haus nicht zu finden, und es ist zu sehen, dass die Familie rechnen muss. Der Linoleumboden ist rissig und an manchen Stellen kaputt, das Sofa etwas verschlissen. Aber es gibt vieles, was nötig ist, um das Leben angenehm zu machen: außer dem Fernseher auch einen Kühlschrank, eine Tiefkühltruhe, einen Deckenventilator.

Ich glaube, in einer Oase angekommen zu sein. Nach etwa 20 Minuten verwandelt sich die Oase in eine Fata Morgana. Dann fällt nämlich der Strom aus – und damit der Ventilator, der bisher für angenehme Kühlung sorgte. Fast nirgendwo auf meiner bisherigen Reise herrschte bisher eine so drückende Hitze wie hier in Minna. Innerhalb weniger Augenblicke bin ich in Schweiß gebadet und sehne mich nach nichts mehr als nach einer kalten Dusche. Aber fließendes Wasser gibt es hier im Haus schon seit Wochen nicht. Im Bad steht ein großes Fass, aus dem man Wasser mit einem Krug schöpfen kann. Für die Körperpflege, für die Toilette, auch für das Waschen der Kleidung.

»Wasser ist eines der größten Probleme«, erklärt mir Maryam Yelwa, als sie wenig später nach Hause kommt. Die Leitungen sind veraltet – mehr als 30 Jahre alt –, sie werden nicht überall gut gewartet und reichen ohnehin für das Wachstum der Stadt nicht mehr aus. Viele Leute, die in Abuja arbeiten, bringen nämlich sogar hier, im weit entfernten Minna, ihre Familien unter. Das ist immer noch billiger als eine Unterkunft in der Hauptstadt. »In Abuja würde unser Haus das Zehnfache an Miete kosten«, sagt Maryam. »Aber auch hier sind die Preise in den letzten Jahren explodiert.« Umgerechnet etwa 1500 Euro bezahlt die geschiedene, allein erziehende Mutter jährlich für das Vierzimmerhaus. Sie findet das teuer, da sie im Monat umgerechnet nur 500 Euro verdient. »In einem anderen Stadtviertel könnte ich ein viel billigeres Haus bekommen, aber es ist mir wichtig, dass die Kinder in einer guten Gegend aufwachsen.«

Wenn bloß die Probleme mit dem Wasser nicht wären. Bei Sonnenuntergang gehen die Kinder zusammen mit dem Sohn des Nachtwächters zum Nachbarn. Der hat ein Bohrloch und ist großzügig. Acht Kanister haben die Kinder dabei. Aber sie kehren unverrichteter Dinge zurück. Da den ganzen Nachmittag über der Strom ausgefallen ist, funktionierte die Pumpe nicht – also hat heute auch der Nachbar kein Wasser. Jetzt muss Brauchwasser von einem der Händler gekauft werden, die mit Handkarren unterwegs sind. Ein Kanister kostet 50 Naira, etwa 25 Cent.

Der Tagesbedarf der Familie liegt bei zehn Kanistern für Toilette, Waschen, Spülen. Wenn Wäsche gewaschen wird, braucht man mehr. »Die Nachbarn haben mir viel Geld gespart«, sagt Maryam. »Ich habe ihnen angeboten, für das Wasser zu bezahlen, aber die Nachbarin wollte das nicht. Sie meinte: wozu denn, wir haben es doch.« Wenn sie es denn haben.

Trinkwasser in durchsichtigen Plastiktütchen mit einem halben Liter Fassungsvermögen muss sowieso immer anderswo gekauft werden, und gerade wird es knapp im Haus. Am nächsten Tag fahren wir im VW-Kombi der Familie ungefähr sechs Kilometer weit durch die Stadt zu einer Verkaufsstelle, die angeblich besonders gutes und günstiges Wasser anbietet. Was damit genau gemeint ist, verstehe ich nicht. Wir kaufen 10 Säcke à 20 Tütchen, den Sack zu 600 Naira. Rund drei Euro also. Genau die gleichen kann man in näherer Umgebung bekommen und sogar billiger, wenn man die Betriebskosten für das Auto mitberechnet. Aber es ist ja komischerweise überall auf der Welt so, dass einige Massenprodukte von manchen Bevölkerungsgruppen nur an bestimmten Orten gekauft werden, weil angeblich die Qualität da besser ist. Als ich ungefähr sechs Jahre alt war, sind meine Eltern immer zu einer relativ weit entfernten Aral-Tankstelle gefahren. Nur ungern und im Notfall tankten sie woanders. Ich hatte längst selber den Führerschein, als ich immer noch davon überzeugt war, Aral-Benzin sei für den Motor »irgendwie« schonend. Ohne dass ich dafür einen konkreten Grund hätte angeben können.

Ein ähnlicher Mechanismus scheint hier in Minna bei der Verkaufsstelle für Trinkwasser zu greifen. Wir reihen uns in eine lange Warteschlange ein, vor und schnell auch hinter uns stehen viele teure Autos. Geländewagen, Mercedes, BMW. »Ein Auto ist ein Statussymbol«, erklärt Maryam und erzählt, dass vor zwei Jahren etwa 30 ihrer Kollegen für brandneue Wagen einen angeblich besonders günstigen Kredit aufgenommen hatten, den ein neu gegründeter Wissenschaftler-Verein anbot. »Jetzt wird ihnen jeden Monat fast die Hälfte ihres Gehalts für die Abzahlung des Kredits abgezogen – und der Verein ist pleite.« Ihr bedeute so etwas wenig. Sie sei mit ihrem alten Auto sehr zufrieden.

Millionen Menschen in Afrika leben ohne Zugang zu flie-
ßendem Trinkwasser, es ist sogar die Mehrheit. Aber hier an der
Verkaufsstelle sehe ich zum ersten Mal, wie auch die Mittel- und
Oberschicht mit diesem Problem zu kämpfen hat. Der Slogan
»Wasser ist wertvoller als Öl« wird in Minna konkret.

Auf dem Rückweg fahren wir an einem Bohrloch vorbei,
dessen Besitzer vor allem an junge Männer sein Brauchwasser
verkauft. Die füllen es in Kanister ab und bringen es mit Handkarren in die verschiedenen Viertel der hügeligen Stadt. »Im Alter
von 30 sehen diese Wasserverkäufer aus wie 60 und können sich
kaum noch bewegen, weil ihr Rücken kaputt ist«, meint Maryam.

Für den Gang über die Straße zum Nachbarn hatte sich
ihre 11-jährige Tochter Kadija einen blauen Schleier übergewor-
fen, der bis zur Hüfte reicht. Im Wohnzimmer trägt sie ein Top
mit Spaghetti-Trägern. Der Schleier werde von der Gesellschaft
erwartet, erklärt die Mutter, die selbst ein elegant geschlungenes
Kopftuch trägt, wann immer sie das Haus verlässt. Sie ermutige
ihre Tochter, nur mit bedecktem Kopf auf die Straße zu gehen.
Ihre Schwester, die in Abuja lebt, trägt kein Kopftuch. Das bedrückt Maryam. »Der Koran erwartet von uns, dass wir unseren
Kopf bedecken.«

Die 40-jährige Universitätsdozentin ist eine religiöse Frau.
Sie schickt ihre Kinder fünfmal in der Woche nachmittags für
zwei Stunden in die Koranschule. »Es geht da ausschließlich um
religiöse, nicht um politische Themen.« Maryam Yelwa entspricht
nicht dem Bild, das sich viele in Europa von einer gläubigen Muslima machen. Kämpferisch ist sie, und sie will beruflich erfolgreich sein. »Ich bin keine Feministin, aber ich werde sehr, sehr
wütend, wenn Frauen diskriminiert werden.« Privatleben sei eine
Sache. Aber warum, bitte schön, sollten Frauen im Berufsleben
nicht dieselben Chancen haben wie Männer?

Ihre eigene Mutter hat Maryam vorgelebt, dass hochge-
steckte Ziele erreichbar sind. »Sie war die erste Ingenieurin des
Nordens.« Sie zeigt mir ein etwas vergilbtes Zeitungsporträt
über die Mutter, die vor einigen Jahren gestorben ist. Der Vater
ist Vorsitzender einer Finanzkommission, die im Auftrag der
Regierung für mehr Transparenz in der staatlichen Ausgabenpo-

litik sorgen soll. »Es sind große Schuhe, in die ich treten muss«, sagt Maryam.

Der Vater stammt aus königlicher Familie. Das ist keine folkloristische Phrase. Die alten Adelsfamilien spielen in weiten Teilen Nigerias noch immer eine große Rolle. Zwar verfügen die Repräsentanten des feudalistischen Systems nicht mehr über politische Macht, sie genießen aber weiterhin hohes gesellschaftliches Ansehen und werden bei Konflikten – übrigens auch bei religiösen Konflikten – oft um Vermittlung gebeten. Mancherorts werden sie sogar von staatlichen Stellen alimentiert.

Einige Kritiker des Systems sehen darin einen Beweis dafür, dass die traditionellen Autoritäten von den modernen Machthabern gekauft sind und sich als Marionetten missbrauchen lassen, andere halten die alten Herrschaftsstrukturen ohnehin für überholt und für unvereinbar mit der Demokratie. Aber Vermittlungserfolge, die Adlige immer wieder erreichen, deuten darauf hin, dass diese Kritiker in der Minderheit sind. »Die Regierung macht sich den Respekt zunutze, den die traditionellen Institutionen noch immer genießen, und ruiniert genau damit deren Ruf«, wird mir einige Tage später Naziru Yusuf, ein Abteilungsleiter im regionalen Umweltministerium in der Stadt Kano, erklären. »Aber wenn man die traditionellen Autoritäten versucht auf Linie zu bringen, dann haben wir niemanden mehr, der Spannungen im Notfall entschärfen kann.«

Meine Gastgeberin in Minna ist also eine Prinzessin. »In der Wohnung einer Prinzessin hättest du größeren Luxus erwartet, als du ihn hier siehst – oder?« lacht sie spöttisch. Offen gesagt: Ja. »Ich laufe nicht jedes Mal zu Daddy, wenn ich ein Problem habe. Meine Eltern haben uns nie verwöhnt, und sie haben uns zur Selbstständigkeit erzogen.« Der Stolz in ihrer Stimme ist unüberhörbar.

Maryam Yelwa zieht ihre beiden Kinder alleine groß, ihr ehemaliger Mann ist keine Hilfe. »Ich habe das Sorgerecht bekommen, und er zahlt keinen Unterhalt für die Kinder.« Trotzdem liegt ihr daran, dass der Kontakt nicht abreißt: »Dem islamischen Gesetz zufolge gehören die Kinder dem Vater. Später, wenn eines heiratet, dann muss der Vater zustimmen – egal, ob er sich um seine Verantwortung gedrückt hat oder nicht. Es wäre furchtbar, vor allem für den Sohn, wenn man sagen würde: ›Oh, wir kennen nur die Familie der Mutter, nicht die des Vaters.‹« Deshalb sei ein uneheliches Kind in dieser Gesellschaft auch nach wie vor »eine absolute Katastrophe«. Das soziale Stigma sei unüberwindlich.

Die Universitätsdozentin würde gerne noch einmal heiraten, sie kann sich auch gut vorstellen, eine Zweitfrau zu sein. »Ich halte Polygamie für eine gute Idee. Niemals würde ich die Geliebte eines verheirateten Mannes sein wollen.« Das vertrage sich nicht mit ihrer Würde. »Der Koran erlaubt es Männern, bis zu vier Frauen zu heiraten.« Wissenschaftler nennen das übrigens Polygynie. Eine wirklich polygame Gesellschaft müsste auch Polyandrie erlauben: Frauen müssten mehrere Ehemänner heiraten dürfen. Da in diesem Falle jedoch der wissenschaftliche, korrekte Begriff in der Öffentlichkeit weitgehend unbekannt ist, bleibe ich in diesem Text bei dem – unpräzisen – Begriff der Polygamie.

Maryam sind die Nachteile und Fallstricke einer polygamen Familie nicht fremd. Ihr Vater hat selbst mehrfach eine zweite Frau geheiratet. »Das erste Mal muss irgendwann in den 70ern gewesen sein, aber die Ehe hielt nicht, und sie ließen sich scheiden.« Als der Vater zum zweiten Mal eine zweite Frau heiratete – Mitte der 80er –, war die Tochter 16 Jahre alt. Was hat sie empfunden? »Ich habe sie kaum gekannt. Meine Mutter lebte mit uns Geschwistern in der Provinz, mein Vater arbeitete in Lagos. Und wenn wir ihn besuchten, war sie nicht da.« Auch diese Ehe endete mit einer Scheidung. Die Hochzeit mit der dritten Zweitfrau fand 1988 statt. Mag Maryam sie? Sie zuckt die Achseln: »Ich verabscheue sie nicht.« Nach einem kurzen Zögern: »Ein polygames Familienkonzept ist immer schwierig. Es gibt viele Intrigen.«

Und trotzdem würde sie gerne eine Zweitfrau sein? Diese meinungsstarke, durchsetzungsfähige, erfolgreiche Universitätsdozentin? Ich kann es nicht glauben. Zu weit ist diese Vorstellung von meinem Weltbild entfernt. Ja, Polygamie erscheine vielen vielleicht als altmodisch, räumt Maryam ein. Aber in Europa und den USA seien viele Männer eben verlogen und hätten heimliche Affären. »Polygamie ist ehrlicher.« Mag sein. Aber in Europa und den USA haben auch Frauen außereheliche Affären und lügen. Ist

Polygamie nicht zumindest im Hinblick auf die Beziehungen zwischen den Geschlechtern ungerecht? »Frauen können sich beherrschen«, glaubt meine Gesprächspartnerin. »Für sie ist es kein Problem, Jahrzehnte mit demselben Mann zusammen zu sein. Männer sind in dieser Hinsicht schwächer und wandern eben herum.«

Maryam Yelwa weiß, dass sich bei jemandem mit meiner Prägung, meinen Überzeugungen, meiner Herkunft und meiner Biografie alles gegen eine solche Einschätzung wehrt. Männer dürfen, Frauen nicht? Männer müssen umworben werden, Frauen müssen teilen? Schneller kann man Widerspruch bei mir kaum hervorrufen. Da Maryam großen Spaß an Auseinandersetzungen und an der Provokation hat, setzt sie noch eins drauf: Sie nimmt mich zu einer entfernten Verwandten mit, die – frisch geschieden und auf Einkünfte angewiesen – gerade versucht, sich in Minna selbstständig zu machen. Sie handelt mit Aphrodisiaka.

Das Haus, in dem die 35-jährige Aisha Haruna wohnt, liegt im Schatten des Gefängnisses, und das ist wörtlich zu verstehen. Die Händlerin bewohnt als Übergangslösung einen Raum in einem einfachen Lehmhaus des Armenviertels neben der Haftanstalt und pendelt zwischen Minna und ihrer Heimatprovinz Sokoto, die etwa 600 Kilometer nordwestlich liegt, hin und her. Erst mal sehen, ob es hier Abnehmerinnen für ihre Produkte gibt. Die karge Einrichtung zeugt davon, dass die endgültige Entscheidung zur Umsiedlung noch nicht gefallen ist. Im Zimmer stehen nur einige Koffer und ein Bett, auf dem Maryam und ich Platz nehmen. Aisha Haruna sitzt vor uns auf einem schwarz-gelb gemusterten Teppich, der auf dem gestampften Lehmboden liegt, und präsentiert ihre Produkte.

Die Auswahl ist reichhaltig, die Atmosphäre sachlich. Kräuter, schwarze Kugeln, streng riechende Tinkturen in alten Plastikflaschen, edle Duftwässerchen, farbige Pulver. Die Sinne sollen betört, Erektionsstörungen behoben und die Libido gesteigert werden. Manche der Mittel sind für Frauen gedacht, andere für Männer. Es gibt Pülverchen, die dem Essen beigemischt werden – ob das mit oder ohne Wissen des Konsumenten geschieht, wird nicht erörtert.

Globalisierung auch hier. Einige Produkte stammen aus Indien, andere aus der arabischen Welt. Das teuerste Angebot: Eine weiße Moschusflasche, importiert aus Saudi-Arabien, für umgerechnet 7,20 Euro. Aber es gibt für zwölf Euro auch ein günstiges Gesamtpaket, das von fast allem etwas enthält und dem eine Tonkassette mit genauen Instruktionen beiliegt, eine gesprochene Gebrauchsanweisung also. Ich vermute, dass man demnächst auf CDs wird umsteigen müssen.

Hier in Minna werde das Geschäft mit Aphrodisiaka ziemlich verschämt betrieben, erklärt Maryam später, als wir nach Hause fahren. Deshalb ließe sich die Nachfrage nur schwer abschätzen. In Sokoto, wo auch sie selbst aufgewachsen ist, würden derartige Produkte entspannt und offen auf den Märkten verkauft. Anderes wird zu Hause hergestellt.»Meine Mutter hat auch einiges aus Kräutern zusammengerührt. Ich habe als Kind zugeschaut, und als ich älter wurde, hat sie mir dann schrittweise erklärt, wozu es dient.«

Mir kommt es so vor, als sei alles – von der polygamen Gesellschaftsordnung bis hin zu den Wässerchen und Pülverchen – darauf ausgerichtet, den Mann zu verwöhnen und zu umsorgen. Wer verwöhnt und umsorgt die Frau? Einerseits sträuben sich mir die Haare, wenn eine so kluge und selbstbewusste Frau wie Maryam es für selbstverständlich hält, im Wortsinne die zweite Geige zu spielen. Andererseits kann ich verstehen, wenn eine 40-jährige Mutter von zwei Kindern keine Lust hat, den Rest ihres Lebens alleine zu verbringen. Sie ist attraktiv – stattlich ist das Wort, das mir zu ihrer Erscheinung einfällt. Aber wie groß wären ihre Chancen, einen unverheirateten Mann in ihrem Alter zu finden? Vielleicht wäre sie als Zweitfrau tatsächlich glücklicher als alleine. Aber hätte nicht auch die erste Frau ein Wort dabei mitzureden? Könnte Maryam verstehen, wenn die sich gegen eine solche Entwicklung zur Wehr setzte? Nein, das kann und will sie nicht verstehen – sie reagiert auf die Frage sogar zornig: »Jede Frau, die in dieser Kultur hier erzogen worden ist, hatte wirklich genug Zeit, sich an den Gedanken zu gewöhnen.«

Asmin Ibrahim sieht das anders. Sie gehört zu den Frauen, die sich nach Ansicht von Maryam an den Gedanken hätten gewöhnen müssen, und in der Tat betont sie, in religiöser Hinsicht sei die Polygamie selbstverständlich – winzige Pause – »akzeptabel«. Sie möchte in dieser Hinsicht keinesfalls falsch verstanden werden. Bei einem weiteren Gespräch am folgenden Tag bekräftigt sie noch einmal ausdrücklich, dass ihr nichts ferner liege, als grundsätzliche Kritik an der Regelung üben zu wollen. Aber das ändert nichts daran, dass sie unglücklich ist. Vor zwei Jahren hat ihr Mann eine zweite Frau geheiratet. »Ich fühle mich nicht wohl. 22 Jahre lang war ich die einzige Ehefrau«, sagt die 47-Jährige.

Die Universitätsdozentin für Geografie hielt sich einige Zeit in Hongkong auf, um zu promovieren. »Als ich weg war, hat seine Familie auf ihn Druck ausgeübt, sich eine weitere Frau zu suchen. Mit dem klassischen Argument: Ein Mann kann seine Bedürfnisse nicht kontrollieren, deshalb ist es besser, wenn er heiratet, statt dass er sich herumtreibt.« Eine Zeitlang habe sich ihr Mann gewehrt, und dann habe er nachgegeben.

»Mein Sohn rief mich an und sagte: Er wird heiraten.« Was Mutter und Sohn bei diesem Gespräch empfunden haben mögen, wird gerade durch die knappe Sachlichkeit deutlich, mit der die Szene geschildert wird. Bloß keine Gefühle durchschimmern lassen, sonst könnten die Dämme brechen. Drei Kinder hat das Ehepaar, die jüngste ist 17, der älteste 22 Jahre alt. »Unsere Kinder sind gut erzogen. Sie sind zu der zweiten Frau nicht unhöflich. Sie ziehen sich lediglich zurück.«

Das hat Asmin Ibrahim auch versucht. Als sie nach Abschluss ihrer Promotion aus Hongkong zurückkehrte, zog sie zunächst bei ihren Eltern ein. Inzwischen hat sie wieder eine eigene Wohnung und sich mit der neuen Situation arrangiert – so gut es ihr möglich ist. Ihr Mann lebt mit der zweiten Frau in einer anderen Stadt und besucht sie alle drei Wochen für ein paar Tage. »Ich fühle mich, als ob ich Brosamen bekomme. Manchmal mache ich eine Szene, manchmal macht sie eine Szene. Und er ist dann unglücklich.« Fühlt er sich schuldig? »Nein.«

Asmin Ibrahim, die mir in sehr aufrechter Haltung in einem gut geschnittenen Kostüm gegenübersitzt, ist eine anziehende, gepflegte Frau mit auffallend großen, runden Augen. Sie lächelt oft und herzlich. Aber eine tiefe Traurigkeit, sogar Bitterkeit, liegt hinter jedem Lächeln. Ihre Lage empfindet sie als ausweglos: »Eine Scheidung kommt nicht infrage. In meiner Generation lässt man sich nicht einfach scheiden. Ich muss auch an das Wohlergehen meiner Kinder denken. Außerdem hätte ich es sehr schwer, einen neuen Mann zu finden, und eine alleinstehende Frau wird nicht so respektiert wie eine verheiratete.« Lange Pause. Dann sagt sie heftig: »Es ist nicht fair, was er tut.«

Dass Maryam Yelwa mit einer Rolle als Zweitfrau zufrieden wäre, überrascht Asmin Ibrahim nicht. »Natürlich akzeptiert sie das. Wenn du nicht verheiratet bist, dann möchtest du eben irgendwo hingehören. Und sobald du älter bist als 35, hast du keine Chance mehr, einen Junggesellen zu finden. Es bleibt ihr gar nichts anderes übrig, als sich zu bescheiden.«

Asmin Ibrahim kann die zweite Frau ihres Mannes nicht leiden. »Ich mag sie einfach nicht.« Sie lacht freudlos. »Selbstverständlich bin ich eifersüchtig.« Als wir gerade dabei sind, unser Gespräch zu beenden, ruft ihr Mann an. Er möchte sie abholen. Ich solle doch noch bleiben, um ihn kennenzulernen, meint die erste Frau. Wäre ihr das nicht peinlich, nachdem sie mir gerade so viel erzählt hat? »Nein, das wäre nicht peinlich. Er ist ein sehr netter Mann.« Stimmt. Ist er.

Wir haben uns in einem ruhigen Raum der Bayero-Universität von Kano unterhalten, der zweitgrößten Stadt Nigerias. Am Vortag hatte ich die etwa 400 Kilometer von Minna dorthin zurückgelegt. Der größte Teil der Strecke war gut befahrbar, aber etwa 60 Kilometer mussten wir auf einer Schotterstraße in schlecht gewartetem Zustand zurücklegen – und dabei alle drei Kilometer eine Polizeikontrolle passieren. Das sei aus Sicherheitsgründen notwendig, sagte der Fahrer, der an jedem Schlagbaum einen kleinen Geldschein aus dem Fenster warf. Er sprach von Banditen, aber ich bezweifle, dass die Polizisten wirklich dort standen, um Kriminelle abzuschrecken. In der Region ist es in den letzten Jahren immer wieder zu politischen und religiösen Unruhen gekommen. Ich denke, dass die Massaker in der Umgebung der Stadt Jos derzeit auch andernorts für Nervosität sorgen.

Kano ist eine Stadt mit langer feudaler Tradition, einem alten Emirpalast und einer riesigen, modernen Moschee. In Kano wohnen auch die 29-jährige Halima Idris und ihre sechs Jahre jüngere Schwester Hadiza. Die Bankkauffrau und die Dolmet-scherin leben noch bei ihren Eltern, einem wohlhabenden Ehe-paar, in einem edel eingerichteten Haus mit großem Garten. »Es wäre sozial nicht akzeptabel, wenn wir als unverheiratete Frauen eigene Wohnungen hätten«, sagt Halima.

Beide sind gehorsame Töchter, die sich den Normen ihrer Gesellschaft anpassen. Sie treffen sich mit männlichen Freunden im Restaurant oder gehen gemeinsam ins Kino, aber sie bringen sie nicht mit nach Hause: »Unsere Eltern wissen von unseren Freunden, aber sie kennen sie nicht persönlich«, erklärt Hadiza. »Wenn du jemanden erst mal mit nach Hause bringst, dann ist das schon ziemlich formal. Dann wird eine baldige Verlobung erwar-tet.« Allerdings gibt es offenbar in diesem Zusammenhang auch Grauzonen: »Also, der Mutter kann man einen Freund notfalls auch mal informell vorstellen. Und mein Vater ist cool. Er gibt uns zu verstehen, wann er nicht zu Hause sein wird.«

Ich bedaure sehr, dass ich keine Gelegenheit habe, die Eltern der Schwestern zu treffen. Gerne hätte ich von ihnen er-fahren, ob es sie nicht beunruhigt, über den Umgang ihrer Töch-ter nicht so viel zu wissen. Die meisten deutschen Eltern, die ich kenne, wünschen dringend, die Freunde und Freundinnen ihrer Kinder kennenzulernen – notfalls um den Preis, irgendwann den Überblick darüber zu verlieren, wer eigentlich gerade bei ihnen ein und aus geht. Elterliche Kontrolle hat sehr unterschiedliche Gesichter.

Ganz neu sind mir diese nigerianischen Normen allerdings nicht: Auch im überwiegend christlichen Kenia gilt es in konser-vativen Familien als ungehörig, den Eltern die Freundin oder den Freund vorzustellen, solange keine Hochzeit geplant ist. Stanley und ich haben meinen späteren Schwiegereltern einiges zugemu-tet, als wir unverheiratet zusammen nach Kenia reisten. Und ich erinnere mich gut, wie ich als junge Mutter mit meinem – damals noch ledigen – Schwager Mukuni in Nairobi unterwegs war, und wir erbittert darüber stritten, welcher Weg der richtige sei, um den Lebenspartner oder die Lebenspartnerin zu finden. Fast zeit-gleich schrien wir einander an: »Ich würde meiner Tochter nie erlauben, unverheiratet mit einem Mann zusammenzuleben!« – »Ich würde meiner Tochter nie erlauben, einen Mann zu heiraten, mit dem sie nicht vorher zusammengelebt hat!« Für zufällige Beobachter muss die Szene rasend komisch gewesen sein. Auch deshalb, weil Ältere schon damals gewusst haben dürften, dass die Einflussmöglichkeiten von Eltern erwachsener Kinder begrenzt sind.

Immerhin: Die Eltern von Halima und Hadiza Idris scheinen mit ihren Töchtern Glück zu haben. Rebellion gegen das herrschende Regelwerk ist ihnen offenbar kein Anliegen, und auch ihre Lebensplanung folgt konventionellen Mustern. Beide wünschen sich einen Ehemann und Kinder, auch wenn sie von vielen Männern keine besonders hohe Meinung zu haben scheinen: »Viele Männer verstehen den Islam falsch. Sie sehen uns irgendwie als Sklavinnen und glauben, dass eine Frau den Mann nicht kritisieren darf. Aber so ist das im Islam nicht gemeint«, sagt Halima, und ihre Schwester nickt.

Könnten sich die beiden denn vorstellen, die Zweitfrau eines Mannes zu sein? Schon allein die Frage löst bei beiden schallendes, fast höhnisches Gelächter aus: »Ich würde definitiv sagen: Nein!«, stößt Halima hervor, und ihre Schwester sekundiert: »Ich auch, ich auch, ich auch, ich auch!« Soweit ich das beurteilen kann, sind die jungen Frauen noch nicht auf derlei Anfragen angewiesen.

Der 59-jährige Muhammed Liman Abukabar, seit 30 Jahren Universitätsdozent für Stadtplanung, ist mit zwei Frauen verheiratet und hat 13 Kinder im Alter zwischen zwei und 30 Jahren. Beide Ehefrauen sind hochgebildet – die eine ist ebenfalls Dozentin, die andere Bibliothekarin –, und angeblich verstehen sich alle gut und respektieren einander. »Mein Vater hatte vier Ehefrauen. Als Heranwachsender habe ich mir geschworen, dass ich niemals polygam leben würde. Ich hatte Angst vor Streit und Rivalitäten. Aber als ich dann verheiratet war, da hatte ich Freundinnen und ging gerne alleine aus. Bis ich mich fragte: Warum tue ich das? Wenn ich nicht zufrieden bin – warum heirate ich nicht noch einmal?« Die erste Ehefrau sei mit seiner Entscheidung zunächst nicht einverstanden gewesen: »Ich habe erkannt, dass sie fürchtete, Zuwendung und Ansehen zu verlieren, und ich habe ihr versprochen: Du wirst gar nichts verlieren.« Jetzt leben alle gemeinsam in demselben Haus und finden das wunderbar. Sagt Muhammed Liman Abukabar.

Über Männer, die nicht einmal eine Familie anständig ernähren können und sich dann noch eine zweite zulegen, haben Halima und Hadiza verächtlich gespottet. Aber Familien können auch für Männer, die nicht polygam leben, zu groß sein. Beispielsweise für den 34-jährigen Yusuf Dayabur. Er hat eine Frau und zwei Kinder, die beide noch nicht einmal vier Jahre alt sind. Doch, er gehöre zur Mittelschicht, sagt er: »Also zu den Leuten, die haben, was sie brauchen – die aber gleichzeitig finanziell immer mehr in Anspruch genommen werden.« Die Lage für seinesgleichen habe sich in den letzten Jahren verschlechtert: »Unsere Gesellschaft basiert darauf, dass sich auch entfernte Familienmitglieder gegenseitig unterstützen. Wenn jemand also ›reich‹ ist oder dafür gehalten wird, dann verlassen sich alle auf ihn.« In den 80ern habe der Staat noch gewisse Sozialleistungen geboten, im Gesundheitswesen beispielsweise oder in öffentlichen Schulen. Aber in den letzten Jahren sei in dieser Hinsicht vieles gekürzt worden, und das bedeute eine schwere Last für die Mittelschicht. »Es hat sehr weitreichende Auswirkungen. In einigen Landesteilen funktioniert das Konzept der Großfamilie überhaupt nicht mehr. Es ist einfach zusammengebrochen.«

Der Mikrobiologe arbeitet seit 2003 bei einer lokalen Hilfsorganisation, die eine Partnerschaft mit einer britischen Organisation eingegangen ist und im Bereich Aidsprävention und Familienplanung tätig ist. Er hat ein eigenes Haus, das hier umgerechnet ungefähr 15 000 Euro wert ist. Wer entscheidet eigentlich, wann man für eigene Bedürfnisse sein Geld ausgeben darf und wann man für Mitglieder der Großfamilie sorgen muss? »Das bestimmt jeder selbst, in Übereinstimmung mit unserer Kultur. In meiner Kultur wird von mir erwartet, dass ich ein Haus baue. Aber ich habe mir das auch selbst gewünscht.« Das passt also zusammen. Würde Yusuf Dayabur mal mit seiner Frau nach Paris fliegen, einfach so zum Vergnügen? »Da würde ich mich schuldig fühlen. Mein Gewissen würde das nicht erlauben.

Ich hatte eine gute Ausbildung. Ich muss mich fragen, ob alle anderen in meiner Familie dasselbe Glück haben. Und ob meine Eltern in komfortablen Verhältnissen leben und alles haben, was sie brauchen.«

Hätte Yusuf Dayabur nur für seine Frau, die beiden Kinder und sich selbst zu sorgen, dann könnte man ihn wohl einen Mann nennen, der es zu bescheidenem Wohlstand gebracht hat. Wer zumindest einen Teil seines Gehalts von einer internationalen Organisation bezieht, verdient mehr Geld als Angestellte im öffentlichen Dienst, auch die Fortbildungsmöglichkeiten sind im Allgemeinen besser. Die Folge: Viele besonders qualifizierte Kräfte wandern in diesen Sektor ab und stehen kommunalen und staatlichen Stellen, in denen sie ebenfalls dringend gebraucht würden, nicht mehr zur Verfügung. Eine unerfreuliche Begleiterscheinung der ausländischen Hilfe, allerdings wohl unvermeidlich. Es sei denn, man möchte zwar einerseits die Freiheit des Marktes preisen, andererseits jedoch festlegen, dass diese Freiheit für Ortskräfte nicht gilt.

Mir wird bewusst, wie sehr sich das Afrika, das ich bisher kannte und in dem ich mich bewegt habe, von dem unterscheidet, das ich in den letzten Wochen und Monaten kennengelernt habe. Als europäische Journalistin in Afrika, auch als Ehefrau eines in Europa ausgebildeten Kenianers gehörten internationale Organisationen stets zu meinem Alltag. Eine Reporterin in Krisengebieten kann sich des Eindrucks kaum erwehren, dass alles, was noch irgendwie funktioniert, von Ausländern organisiert wird. In umkämpften Regionen gehören die überwältigende Mehrzahl aller Fahrzeuge auf der Straße internationalen Organisationen. Auch die Verteilung von Lebensmitteln, medizinische Hilfe, Unterkünfte werden im Regelfall vom Ausland organisiert.

Und selbst in einer Stadt wie Nairobi, einem logistischen Verkehrsknotenpunkt für die gesamte Region, sind internationale Organisationen sogar in Friedenszeiten allgegenwärtig. Irgendeinen – wenigstens kleinen – Vertrag mit ausländischen Auftraggebern haben dort viele, die über eine hohe berufliche Qualifikation verfügen. Im mosambikanischen Pemba, im sambischen Kitwe und auch im nigerianischen Kano ist das anders. Wie groß der Anteil an finanzieller Hilfe des Auslands für einen Staatshaushalt – und somit für die Gehälter der Angestellten des öffentlichen Dienstes – auch immer sein mag: In der Wahrnehmung der Bevölkerung spielt das keine große Rolle. Sie haben dasselbe Gefühl, das Leute in anderen Staaten überall auf der Welt haben: dass nämlich sie und ihre jeweilige Regierung selbst für ihre Lebensbedingungen verantwortlich sind. Mitarbeiter internationaler Organisationen sehen das im Allgemeinen etwas differenzierter. So auch Yusuf Dayabur, der übrigens im Großen und Ganzen mit seinen Arbeitsbedingungen zufrieden ist. Der aber zugleich findet, dass die ausländische Hilfe in mancherlei Hinsicht mehr Schaden als Nutzen stiftet: »Wir bekommen zu viel ausländische Hilfe, jedenfalls in den Bereichen, in denen wir sie überhaupt bekommen. Eigentlich ist vorgesehen, dass lokale Kräfte ausgebildet werden und dass sie dann irgendwann die Aufgaben der Ausländer übernehmen.« Aber das sei eine Illusion: »Lassen Sie mich ein Beispiel nennen. Gegenwärtig finanzieren die USA die Medikamente für HIV-Positive, mit denen der Ausbruch von Aids verhindert werden soll, zu 100 Prozent. Jetzt fühlt sich unsere Regierung nicht mehr verantwortlich. Falls sich die USA, die ja auch einen Zeitrahmen haben, irgendwann aus dem Programm zurückziehen, dann ist jeder sauer. Und danach bricht alles zusammen.«

Nach Ansicht von Yusuf Dayabur wäre es sinnvoller gewesen, die Verhandlungen »Zug um Zug« zu führen: »Nach dem Motto: Wenn ihr 50 000 Patienten übernehmt, dann übernehmen auch wir 50 000 Patienten. Vermutlich wären wir nach einigen Anlaufschwierigkeiten bei derselben Zahl von Empfängern der Medikamente gelandet wie jetzt. Aber was passiert mit diesen Empfängern, wenn die internationalen Geber nicht mehr zahlen? Die sollten die Verantwortung nicht vollständig tragen, auch nicht zu 90 Prozent.« Das verhindere jede seriöse Planung für die Zukunft.

Von zahlreichen entnervten Repräsentanten der sogenannten Gebernationen – Diplomaten, Militärs, Mitarbeiter von Hilfsorganisationen – habe ich über Jahrzehnte hinweg gehört, dass »die Afrikaner« immer nur die Hand aufhielten und der Ansicht seien, das Ausland müsse für ihr Wohlergehen sorgen. Reden diese Repräsentanten mit den richtigen Leuten?

Der Geograf Saleh Momale teilt seit einigen Jahren seine Zeit auf. Zwischen seiner Professur an der Universität von Kano, die er mit wirklicher Leidenschaft ausübt, und seinen Tätigkeiten für nichtstaatliche Organisationen. Von mehreren dieser Organisationen wird er heftig umworben – aus leicht nachvollziehbaren Gründen. Der 40-jährige, schlanke und hochgewachsene Mann ist einer der wenigen Fulani, der aus einer Viehzüchterfamilie stammt, als Kind die Herde seiner Familie gehütet hat und es an die Spitze der Bildungselite seines Landes geschafft hat.

Die Lebensbedingungen nomadischer Fulani sind in den letzten Jahrzehnten beständig schwieriger geworden. »Futterknappheit, schrumpfende Weideflächen infolge der Ausdehnung von Wüsten und außerdem hohes Bevölkerungswachstum«: So fasst Saleh Momale die Probleme seines Volkes zusammen. »Als Kind konnte ich aus einer Kuh fünf oder sechs Liter Milch herausholen. Heute gibt mir die beste Kuh gerade mal drei Liter.« Ideale Voraussetzungen für eine Hilfsorganisation.

Wer mit dem Thema nicht unmittelbar befasst ist, spricht kaum je von den Fulani. Eigentlich ist immer nur die Rede von den Hausa-Fulani, die im Gespräch zu einem einzigen Wort zusammenschrumpfen: Hausafulani. Die meisten Angehörigen der beiden Völker lassen sich ja inzwischen auch kaum noch voneinander unterscheiden. Gäbe es nicht die überwiegend patrilineare Dominanz, die bedeutet, dass die Kinder über den Vater definiert werden, dann wäre überhaupt keine Unterscheidung mehr möglich. Hausa und Fulani sind nämlich zwei Völker, die seit Jahrhunderten untereinander geheiratet haben, mittlerweile eine gemeinsame Sprache sprechen und untrennbar miteinander verwoben zu sein scheinen.

Jedenfalls in den Augen des Rests der Welt, auch in den Augen des übrigen Nigeria. Aber – natürlich – nicht aus dem Blickwinkel derer, die ganz nah dran sind und sich nur einer der beiden Ethnien zugehörig fühlen. Die Hausa haben schon früh Städte gegründet, eine feudalistische Gesellschaftsstruktur entwickelt und Handel getrieben. Ein Teil der Fulani integrierte sich und etablierte sich sogar als Oberschicht. Manche aber blieben Nomaden. Und über die wird heute so geredet, wie Städter weltweit gerne über Bauern reden: abfällig. »Wir gelten als primitiv«, sagt Saleh Momale. »Die meisten Fulani, die noch Nomaden sind, machen sich darüber allerdings lustig und tun so, als seien sie wirklich blöd. Ich auch. Wenn ich meine Kühe grase, meinen Stock halte und jemand ruft mir zu ›Hallo, blöder Fulani‹ – dann bin ich der blödeste Fulani, den Sie je gesehen haben.« Ich schaue Saleh Momale nachdenklich an. Mir scheint ein solches Verhalten nicht auf die Fulani beschränkt zu sein.

Sich dumm zu stellen, gar nichts zu begreifen und so zu tun, als könne man nicht bis drei zählen – das ist eine in ganz Afrika weitverbreitete Reaktion auf Aggression. Übrigens auch auf berechtigte Aggression. Ich habe Jahre gebraucht, um zu verstehen, dass eine Reklamation an der Hotelrezeption, bei einer Behörde oder im Reisebüro nicht die geringste Aussicht auf Erfolg hat, wenn ich nicht durch eine nette Konversation im Vorfeld meiner Beschwerde deutlich gemacht habe, dass ich mein Gegenüber als Person respektiere, was auch immer ich danach als Klage vorzubringen habe.

Ich vermute, dass dieses Verhalten eine Folge der Kolonialzeit ist, anders ausgedrückt: dass Angehörige fremder Besatzernationen auf dem Kontinent allzu oft und in allzu vielen Situationen deutlich gemacht haben, dass sie ihre Gegenüber für Idioten hielten. Irgendwann entwickeln die Angegriffenen eben eine Gegenstrategie. Und wenn sie zu schwach sind für eine Revolution, dann leisten sie passiven Widerstand.

Übrigens kann man aus diesem Prinzip durchaus Nutzen ziehen, wenn man es einmal verstanden hat. 1996 haben ein Kollege und ich versucht, Tickets für einen hoffnungslos ausgebuchten Flug von der ruandischen Hauptstadt Kigali nach Nairobi zu ergattern. Wir waren ungefähr drei Stunden vor Abflug am Schalter, unterhielten uns mit der netten Frau an der Abfertigung, machten unsere Verzweiflung deutlich, lachten und scherzten. Das Übliche eben. Sie versprach uns gar nichts. Aber als ein indischer Geschäftsmann sie später anfauchte, weil die Abfertigung seiner Ansicht nach zu schleppend voranging, da sagte sie mit bezauberndem Lächeln, sie bedaure unendlich, aber sie könne seinen Namen auf der Passagierliste einfach nicht finden. Und überreichte uns zwei Bordkarten.

Man muss ein solches Verhalten nicht toll finden. Weder ihres noch unseres. Aber wenn man sich in einer fremden Umgebung zurechtfinden will, dann hilft es, wenigstens zu wissen, welche Regeln dort gelten. Saleh Momale kennt die Regeln in vielen unterschiedlichen gesellschaftlichen Gruppen, und er spielt damit. Sein Lieblingsgericht? Er nennt ein Getränk: »Sauermilch. Aber nicht die, die sie in der Stadt machen.« Dann fügt er noch hinzu, was er am zweitliebsten mag: Cola. Was immer die Zukunft für Nigeria bringen mag – der Vieh züchtende Professor wird sich zurechtfinden.

15. Glaube, Aberglaube und magenkranke Schlangen

Endlich in Ghana. Seit vielen Jahren hatte ich hierher reisen wollen, aber bislang hat sich niemals eine Gelegenheit ergeben – obwohl Kollegen mir immer wieder von der entspannten, schönen Hauptstadt Accra vorgeschwärmt hatten. Direkt am Meer gelegen, mit wunderbaren, kleinen Restaurants, Bars und attraktiven Geschäften, in denen unter anderem die leuchtenden, farbenfrohen Stoffe angeboten werden, für die Westafrika berühmt ist. Diese Gespräche mit begeisterten Kollegen liegen allerdings lange zurück. Ja, es gibt gute Restaurants und hübsche Märkte, aber Accra gehört zu den afrikanischen Städten mit besonders hoher Bevölkerungsdichte und rasantem Wachstum – und entsprechenden Folgen. Wohnungsnot, Verkehrschaos.

Das Land ist seit Anfang der 90er-Jahre eine stabile Demokratie. Eines der weltweit sehr seltenen Beispiele für einen Militärdiktator, der durch einen Putsch an die Macht kam und selbst den Übergang zur Demokratie gestaltete. Jerry Rawlings gewann danach noch zweimal Wahlen, herrschte also als demokratisch legitimierter Präsident weiter und zog sich aufs Altenteil zurück, als er aus verfassungsrechtlichen Gründen im Jahr 2000 nicht für eine weitere Amtszeit kandidieren durfte. Ghana hat eine freie Presse und eine gute Menschenrechtsbilanz. In vielerlei Hinsicht gilt der westafrikanische Staat also als beispielgebend für andere Länder des Kontinents.

Ich stelle fest, dass ich es ungemein erholsam finde, endlich einmal wieder in einem Land zu sein, in dem Gewalt und Unterdrückung nicht zum politischen Alltag gehören. Zur Entspannung trägt auch die herrlich problemlose Anreise bei – mit dem Flugzeug aus Kano. Schließlich bin ich ja bereits in umgekehrter Richtung vom togolesischen Lomé aus mit dem Bus nach Nigeria gefahren, und Lomé liegt nur knapp 200 Kilometer östlich von Accra. So entzückt bin ich von Busreisen inzwischen nicht mehr, dass ich weitere Entfernungen gleich doppelt auf der Straße zurücklegen müsste. Also habe ich mir den Luxus der Bequemlichkeit geleistet, und noch in einer anderen Hinsicht ist der Empfang in Ghana komfortabel: Meine fürsorgliche, sambische Gastgeberin Chileshe Mwiko hat mich bereits angekündigt und ihre ghanaischen Freunde nachdrücklich aufgefordert, sich um mich zu kümmern.

Richard Oduro kommt dieser Aufforderung nach. Sogar an einem Sonntag. Er lässt Ehefrau und die beiden zwei und fünf Jahre alten Kinder zu Hause und sucht mich – unhörbar, wirklich unhörbar seufzend – in meinem Hotel auf. Um mich willkommen zu heißen, sich mit mir zu unterhalten, sich zu erkundigen, wie er mir weiterhelfen kann und um die nächsten Tage zu planen. Der hilfsbereite 39-Jährige kann sogar in dem kargen, schmucklosen Restaurant einer billigen Unterkunft sofort eine gemütliche Atmosphäre schaffen. Wir plaudern, als ob wir uns schon jahrelang kennten. Ich erzähle von Chileshe und Kitwe, er erzählt aus seinem Leben.

Beide Eltern waren Polizisten. Beide gehörten in ihren Familien zur ersten Generation, die vom Land in die Stadt drängte: »Nur dort waren die Schulen gut.« Die Eltern wünschten sich eine bessere Zukunft für ihre Kinder, und der Wunsch ging in Erfüllung: Richard Oduro schaffte es auf die Universität, seit fünf Jahren ist er als Entwicklungsplaner in der Stadtverwaltung von Accra beschäftigt. Etwa 300 Euro verdient er dort monatlich, aber mit Beraterverträgen für internationale Firmen und Organisationen kommt er nach eigener Schätzung insgesamt auf etwa das Fünffache dieses Betrages.

»Ja, wir gehören zur Mittelschicht«, sagt er über sich und seine Frau, die als Grundschullehrerin arbeitet. Seine Definition dieses Teiles der Bevölkerung: »Leute, die jede Situation selbst bewältigen können, von massiven Gesundheitsproblemen und den damit verbundenen Kosten vielleicht abgesehen. Sie können das auch deshalb, weil sie Freunde haben und sich immer jemand findet, der im Notfall bei einer Kreditaufnahme behilflich ist.«

Aber die Zugehörigkeit zur Mittelschicht sei keine lebenslange soziale Standortbestimmung: »Manche schaffen es in die Oberschicht, zum Beispiel durch Korruption, andere verlieren ihren Job und stürzen ab.« Vor allem für Kinder der Landbevölkerung werde es außerdem immer schwieriger, in die Mittelschicht aufzusteigen: »Der Peripherie fehlt noch immer die grundlegende Infrastruktur, um aus eigener Kraft eine Verbesserung der Situation zu erreichen.« Ohne eine gute Schulbildung gebe es jedoch kaum Chancen, voranzukommen. Mittelschicht über das Kriterium der Durchlässigkeit nach oben und unten zu definieren: Das scheint mir im Hinblick auf Verallgemeinerbarkeit eine der brauchbarsten Analysen zu sein, die ich während dieser Reise gehört habe.

Für sich selbst und seine Familie kann sich Richard Oduro kein anderes Leben als das in der Stadt vorstellen, nicht einmal vorübergehend. Nach dem Abschluss seines Studiums im Fachbereich Entwicklungsplanung hat er, wie in Ghana für Universitätsabsolventen üblich, ein soziales Jahr abgeleistet. In der Verwaltung. »Wenn ich in eine ländliche Gegend geschickt worden wäre, dann hätte ich den Job abgelehnt. Ich bin einfach an gute Straßen gewöhnt, an Strom, an solide Häuser – eben an eine funktionierende Infrastruktur.«

Als Kind hat Richard natürlich gelegentlich die Großeltern auf dem Land besucht: »Ich habe das als Strafe empfunden. Du hast kein bequemes Bett, kein Licht, du schläfst fürchterlich schlecht – was kannst du dagegen schon machen? Die Großeltern haben uns auch mitgenommen aufs Feld. Da läufst du dann kilometerweit, manchmal sogar noch mit schweren Lasten auf dem Kopf.« Wie lange musste der arme Junge diese Qualen denn erdulden? »Ich blieb nie länger als zwei Tage.« Irgendetwas in meinem Gesicht muss meinen Mangel an Mitgefühl verraten, denn Richard fügt – ein bisschen gekränkt – schnell hinzu: »Das kam mir vor wie zwei Jahre.« Vielleicht haben die Leute recht, die sagen, es gebe bis heute kein Konzept für eine afrikanische Stadt.

Aber es gibt inzwischen ganz sicher eine afrikanische Stadtbevölkerung.

Was sich auch bei anderen Themen zeigt. Richard Oduro antwortet auf die Frage nach seiner Lieblingsspeise: »Eine leichte Gemüsesuppe.« Ich traue meinen Ohren nicht. Gibt es wirklich irgendjemanden auf der Welt, der am allerliebsten eine »leichte Gemüsesuppe« zu sich nimmt? Bei Richard scheint es sich um einen Prozess der Selbstüberredung zu handeln: »Ich versuche einfach, mehr Gemüse zu essen als früher. Zu viele Kohlenhydrate sind gefährlich. Mein Arzt hat mir geraten, viel Gewicht zu verlieren.« Offenbar verfügt der 39-Jährige über ein bewundernswertes Maß an Disziplin. Früher sei er fett gewesen, erzählt er. Davon kann heute keine Rede mehr sein. Rundlich – das ja. Aber mehr nicht. Seine Körpermaße liegen im Normbereich. Die Zivilisationskrankheiten in afrikanischen Städten scheinen sich dem internationalen Normbereich ebenfalls anzunähern.

Wer sich als Stadtmensch definiert, will damit allerdings nicht automatisch allen Traditionen eine Absage erteilen. Richard Oduro trägt an diesem Sonntag einen ghanaischen Smock, also ein lockeres, langes Hemd mit schmückender Stickerei. So gewandet geht er oft auch ins Büro, vor allem freitags. Seit einigen Jahren gibt es nämlich eine Richtlinie der Regierung, die vorschreibt, dass Angestellte des öffentlichen Dienstes an diesem Wochentag einheimische Kleidung tragen. »Damit wollen wir unsere Kultur betonen und außerdem die Textilindustrie fördern«, erklärt der Verwaltungsfachmann.

Ärgerlicherweise lassen sich durch einen schlichten Erlass nicht alle kapitalistischen Gesetze außer Kraft setzen. »Das Problem ist, dass die Chinesen all unsere Entwürfe kopieren und zu Dumpingpreisen auf den Markt werfen«, sagt Richard Oduro. »Abscheuliche Qualität, aber billig.« Die abscheuliche Qualität wird gekauft. 1975 arbeiteten 25 000 Menschen in Textilfabriken in Ghana. Heute sind es 4000.

Ghana führt natürlich nicht nur Güter ein, sondern verfügt auch über Exportprodukte, vor allem über Rohstoffe: Gold, Edelholz, Kakao, Kaffee, Tee, in jüngster Zeit wird außerdem Öl vor der Küste im Golf von Guinea gefördert. Das westafrikanische

Land ist ein klassisches Beispiel für einen fatalen Wirtschafts-kreislauf, der in zahlreichen afrikanischen Staaten zu beobachten ist. Vieles von dem, was in unverarbeiteter Form verkauft wird, kehrt später – teurer – als Industrieprodukt zurück. Zum Früh-stück bekomme ich in meinem Hotel Nescafé serviert.

Nach diesem Frühstück fahre ich am nächsten Morgen mit dem Taxi eine Strecke von etwa acht Kilometern zu einem riesi-gen Einkaufszentrum, an dem ich mich mit Richard Oduro tref-fen will. Da Stoßzeit ist, brauche ich dafür ungefähr eine Stunde, Richard muss von seinem Zuhause aus mit etwa eineinhalb Stun-den rechnen. Manche Pendler sind noch länger unterwegs: »Das Einzugsgebiet von Accra ist riesig und der Verkehr entsprechend«, hatte mich Richard schon am Vortag gewarnt. »Jeden Tag strömen Hunderttausende aus den Außenbezirken in die Innenstadt.«

Unterwegs habe ich viel Zeit zum Schauen. Wir kommen an einem Straßenhändler vorbei, der selbst gemalte Bilder ver-kauft – darunter ein lebensgroßes Ganzkörperporträt von Barack Obama. In Acryl. Unweit davon steht Ehefrau Michelle, ebenfalls in Lebensgröße. Wie mag die restliche Einrichtung eines Hauses aussehen, in dem solche Bilder hängen? Man möchte gar nicht da-rüber nachdenken.

In allen Ländern, durch die ich bisher während dieser Reise gekommen bin, ist der US-Präsident allgegenwärtig. Nicht als Politiker, sondern als Star – und vor allem: als »einer von uns«. Der gefeierte Sohn des Kontinents. Es gibt Obama-Bars, Obama-Hamburger, Obama-Süßigkeiten.

Der Mann ist Bürger der USA? Was soll's. Merkwürdige Ironie: Glühende afrikanische Bewunderer des US-Präsidenten stimmen mit der rechtsgerichteten Tea-Party-Bewegung der Ver-einigten Staaten darin überein, dass Obama gar kein »richtiger Amerikaner« sei. Sein Vater war Kenianer. Das genügt, für die einen wie für die anderen, um ihn als Afrikaner einzuordnen. Auch Verehrung kann ein Fluch sein.

Ich habe Gelegenheit gehabt, die kenianische Großmut-ter von Barack Obama kennenzulernen. In ihrem Wohnzimmer hängt kein Bild vom Enkel in Lebensgröße, sondern ein Schnapp-schuss, der ihn als sehr jungen Mann zeigt, schüchtern lächelnd neben Mama Sarah, wie sie genannt wird. In einer Reihe mit Fotos von anderen Familienmitgliedern, schön gerahmt an der Wand. Die Anrede»Mama«ist für eine erwachsene Frau in Kenia übrigens nicht plump vertraulich, sondern allgemein üblich. So kann man auch in der Bank oder im Supermarkt angesprochen werden.

Nicht alle, die jetzt im Wohnzimmer friedlich nebeneinander hängen, dürften glücklich gewesen sein, als das Bild von Barack Obama seinen Platz im Haus der Großmutter fand. Denn er war ja damals, als er zum ersten Mal in die Heimat seines verstorbenen Vaters reiste, nicht etwa Senator und schon gar nicht der künftige Präsident der USA, sondern einfach ein junger Mann aus einem weit entfernten Land, der seine Wurzeln suchte. Unbekannte neue Familienmitglieder, die von Gottweißwoher kommen, werden bekanntlich nicht immer und nicht von allen begeistert empfangen, und auch in der kenianischen Familie von Barack Obama runzelten seinerzeit manche Leute die Stirn. Aber Mama Sarah wäre nicht die, die sie ist, hätte sie nicht die Arme ganz weit ausgebreitet. Eigentlich ist sie ja nur die Stiefgroßmutter des US-Präsidenten, aber ein solcher Hinweis ist formalistisch. Sie hat Barack senior, der von seiner leiblichen Mutter im Alter von neun Jahren verlassen worden war, aufgezogen und geliebt. Dessen altmodisches Foto im Wohnzimmer ist übrigens größer als das des berühmten Enkels.

»Barack war sehr intelligent, sehr witzig und sehr, sehr arrogant«, sagt meine Freundin Joyce. Sie kannte ihn gut. Der Verwandte, mit dem der Vater des US-Präsidenten nach seiner Rückkehr aus den Vereinigten Staaten in Nairobi zusammenwohnte, lebte bei Joyce und Mike um die Ecke und war ihr bester Freund. Die Freundschaft wurde später auf mich übertragen: Obed Obama gehörte zu denen, die immer dabei waren, wenn wir am Wochenende grillten oder tanzen gingen. Ich habe lange gebraucht, um mich daran zu gewöhnen, dass Obama inzwischen der Name eines berühmten Mannes ist, und noch länger, um nicht jedes Mal hochzuschrecken und zu denken, die Rede sei von Obed, wenn dieser Name fällt.

Mama Sarah hatte ich jedoch nie getroffen, und natürlich

war ich neugierig. »Celebrity stalking?« spottete Joyce gutmütig und nahm mich mit, als sie die alte Dame das nächste Mal besuchte. Der Bauernhof der Obamas liegt an einer holprigen, ungeteerten Straße in einer wenig fruchtbaren Gegend, einige Kilometer entfernt vom Viktoriasee. Für Leute ohne Auto: sehr weit entfernt vom See. Das Grundstück ist inzwischen von einem schmiedeeisernen Zaun umgeben. Polizisten kontrollieren Ausweise und Zugang. Aber das Haus selbst sieht noch genauso aus, wie viele Bauernhäuser in Kenia eben aussehen. Mit Wellblechdach, Zementfußboden, rosa Schondecken über den Polstermöbeln. Und einigen Annehmlichkeiten, die sich zwar nicht alle leisten können – aber doch viele, auch wenn sie keinen US-Präsidenten in der Familie haben: Strom, Fernseher, Wasser aus einem eigenen Brunnen.

»Ich mag es, dass sie ihr die gewohnte Umgebung gelassen und sie nicht in einen Palast verpflanzt haben«, sagte Joyce. Mama Sarah mag das offenbar auch. Während unseres Besuchs liefen Truthähne, Hühner und Kühe auf dem Grundstück herum, und wenn eines der Tiere den Gemüsebeeten zu nahe kam, dann entging ihr das niemals. Ungeduldig rief sie eine Anweisung nach draußen und beobachtete genau, ob das Tier auch wirklich verscheucht wurde.

»Seid vor neun da, ab zehn kommen immer die fremden Besucher«, hatte Mama Sarah gesagt, und wir hatten uns das auch fest vorgenommen. Aber irgendwie war es dann doch halb elf Uhr vormittags, als wir endlich das Auto parkten. Sie hatte auf uns gewartet, sie hielt Ausschau. Sie freute sich. Es war anrührend, wie glücklich sie darüber war, Joyce zu sehen – eine Vertraute aus alter Zeit, die lange nicht mehr hier gewesen war. Mit der man offen reden konnte, die ihretwegen kam, nicht wegen des berühmten Enkels. Die interessante Neuigkeiten von anderen alten Bekannten zu erzählen wusste. Der man von eigenen Kümmernissen berichten durfte.

Etwas unterhalb des Hauses liegt eine neu gebaute, gepflasterte Terrasse, auf der ein Kreis von weißen Plastikstühlen steht. Drei Chinesen warteten dort. Auf ein Erinnerungsfoto mit Mama

Sarah und darauf, dass sie sagen konnten, sie hätten die Großmutter des US-Präsidenten getroffen. Irgendwann ging sie hin,
ein wenig mühsam, sie stellte sich in die Mitte, sie lächelte für die
Kameras.

Doch, es sei anstrengend, ständig fremde Leute zu begrü
ßen, sagte die alte Bäuerin. Manchmal kämen bis zu 100 Gäste an
einem einzigen Tag. Das glaubte ich sofort, da manche Reiseveranstalter im Internet inzwischen mit einem Besuch bei ihr als festem Programmpunkt werben. Wie hält sie das aus, mit ihren
88 Jahren? Ich hätte mich wahrscheinlich nach nur einer Woche
unter der Bettdecke verkrochen. Mama Sarah wurde sehr ernst:
»Ich glaube, dass Gott mir diese Aufgabe zugeteilt hat. Mit Menschen zu reden.«

Sie hat lebenslang das getan, was sie für ihre Pflicht hielt.
Immer wieder hat sie Waisen bei sich aufgenommen, auch weit
entfernte Verwandte, und das Schulgeld mit dem Verkauf von
Obst und Fisch verdient. Als wir wegfuhren, schämte ich mich. Ja,
ich habe mich in der Tat nur deshalb für Mama Sarah interessiert,
weil sie eine nahe Verwandte des US-Präsidenten ist. Getroffen
habe ich eine selbstlose Frau, die ihr ganzes Leben damit verbracht
hat, sich um andere zu kümmern und für sie zu sorgen. Ich bin
dankbar, dass sie mich empfangen hat.

Gehört sie zur Mittelschicht? Bestimmt nicht. Im Hinblick
auf ihre »Kontakte« steht sie ganz oben auf der Leiter. Ihre Lebensbedingungen entsprechen hingegen – weitgehend – noch immer
denen vieler anderer kenianischen Kleinbäuerinnen. Wäre ihr
Enkel nicht zum Präsidenten der USA gewählt worden: Niemand
hätte sich je für sie interessiert. Es sei denn, sie wäre zum Opfer
einer Naturkatastrophe geworden. Dann hätte sie 20 Sekunden in
eine Kamera weinen dürfen.

Wer weit weg lebt und kein dramatisches Leben führt, ist
für die Öffentlichkeit nicht interessant. Dagegen lässt sich ja
wenig einwenden. Niemand kann alle Schicksale, die es gibt, in
das eigene Weltbild einbauen. Aber es wäre schön, wenn man der
Unkenntnis, die damit zwangsläufig verbunden ist, wenigstens
insofern Tribut zollte, als dass man sich mit Pauschalurteilen über
Leute, die man nicht kennt, ein wenig zurückhält. Ich möchte so

gerne Mama Sarah jemandem vorstellen, der regelmäßig erklärt, Afrikaner müssten endlich Verantwortung für sich selbst und andere auf ihrem Kontinent übernehmen. Falls Mama Sarah keine Zeit hat, könnte vielleicht meine Schwiegermutter einspringen. Oder die Mutter von Joyce. Oder – ja, durchaus: Richard Oduro.

Ihm erzähle ich nicht, dass ich unterwegs lebensgroße Bilder von Barack und Michelle Obama gesehen habe, als wir uns endlich am Einkaufszentrum treffen. Ich rede auch nicht über meine Erinnerungen an den Besuch bei Mama Sarah. Es käme mir angeberisch vor. Wer jemanden kennt, der oder die dem US-Präsidenten nahesteht, ist damit ebenfalls geadelt. Diesen Talmi-Orden möchte ich mir nicht an die Brust heften. Schon gar nicht gegenüber Richard Oduro, der meinem Eindruck nach so viel Verantwortung übernimmt, wie ihm das überhaupt nur möglich ist.

»Das Wichtigste, das Allerwichtigste für Accra ist das funktionierende System der Müllbeseitigung«, hatte Richard am Vortag in meinem Hotel gesagt und energisch mit der Hand auf den Tisch geschlagen. Wollte man die Intensität seiner Stimme auf dem Papier wiedergeben, man müsste den ganzen Satz in riesigen Großbuchstaben drucken. Zunächst verstehe ich den Grund für sein Engagement nicht so recht: Zum Zeitpunkt meines Aufenthaltes ist zumindest das Zentrum der ghanaischen Hauptstadt im Hinblick auf Sauberkeit ein Paradies, nicht nur gemessen am Rest des Kontinents, sondern auch gemessen an Berlin.

Überall in der Innenstadt stehen riesige Plakatwände: »Haltet die Stadt sauber!« Auf den Plakaten ist ein Polizist zu sehen, der einen Mann verwarnt – und das ist keine leere Drohung. Umgerechnet mehr als 20 Euro Strafe würden fällig, wenn jemand illegal seinen Müll entsorgte, erzählt Richard. 2007 habe eine große Aufklärungskampagne begonnen: in den Schulen, im Radio, im Fernsehen. Überall in der Innenstadt von Accra hängen gelbgrüne Container für Plastikmüll, daneben blaue Behälter für andere Abfälle. Recycling-Firmen kaufen das Plastik auf. Theoretisch eine Einkommensquelle für die Verwaltung, mit der sich das System der Müllbeseitigung finanzieren ließe . »Allerdings leeren immer wieder Privatleute die Container und verkaufen den Plastikabfall auf eigene Rechnung«, sagt Richard. Für die Sauberkeit der Stadt ist es jedoch egal, wer die verwertbaren Teile zu den Recyclingstellen bringt. Tatsächlich sehe ich nirgendwo Müll, nicht einmal unmittelbar neben einem Markt. Beeindruckend. Als ich das zu Richard Oduro sage, lächelt er stolz. Kürzlich sei eine Delegation aus Nigeria hier gewesen, die sich habe erklären lassen, wie man das hinbekommt mit der Abfallbeseitigung. Doch, das habe ihm gut gefallen.

Manches ändert sich schnell. Und so falsch die Behauptung ist, dass es mit Afrika seit Jahrzehnten immerzu nur abwärts geht, so falsch ist leider auch die Annahme, der Weg sei schon so gut wie zurückgelegt, wenn erst einmal ein Schritt in die richtige Richtung getan ist. Während ich diese Zeilen schreibe, berichten internationale Medien über stinkende Müllberge und verseuchtes Wasser in Accra. Was ist schiefgegangen? Genannt werden die üblichen Verdächtigen: Korruption, Schlamperei, Betrug. Die Regierung behauptet, ihre Gegner seien schuld und verübten Sabotageakte.

Ich möchte mir gar nicht ausmalen, was Richard Oduro zu alldem sagt. In mir keimt der Verdacht, dass ihm möglicherweise bereits Böses schwante, als er so engagiert über das System der Abfallentsorgung sprach, und ich mich innerlich noch ein bisschen darüber lustig machte, dass hier jemand sein Leben der Mülltrennung geweiht zu haben schien. Er hat schließlich recht: Ohne eine Verbesserung der öffentlichen Dienstleistungen im sanitären und hygienischen Bereich lassen sich Krankheiten und somit Elend nicht bekämpfen. Und nach Verwaltungsfachleuten, die sich ihrer Aufgabe mit Begeisterung und Leidenschaft widmen, wird ja gefahndet. Nicht nur in Accra.

An dem Einsatz, mit dem sich Richard seiner Arbeit widmet, besteht für mich kein Zweifel. Ich begleite ihn in sein Büro, um dort Kollegen zu treffen, von denen er glaubt, dass sie interessante Gesprächspartner für mich sein könnten. In dem Raum sitzen zwei Universitätsabsolventen, die gerade ihr soziales Jahr ableisten. Die Stimmung ist gelöst – und konzentriert. Hier wird hart gearbeitet. Richard nimmt sich Zeit für die Praktikanten, erklärt, hört zu. Es ist zu spüren: Sie mögen ihn. Eine Atmosphäre, wie sie in diesem Büro herrscht, lässt sich nicht künstlich für einige Stunden herstellen, um die ausländische Besucherin zu beeindrucken. Diese Art von Vertrauen muss über einen längeren Zeitraum gewachsen sein.

Irgendwann stößt Richard, der gerade am Computer seine Mails liest, einen ungeduldigen, entnervten Laut aus. Auf meinen fragenden Blick hin erklärt er: »Oh, ich bin mal wieder der Erbe eines Millionenvermögens und soll nur eben meine Kontonummer zurückschicken, damit das Geld überwiesen werden kann.« Ach, auch afrikanische Adressaten kommen in den Genuss dieser sagenhaften Reichtumsversprechen? Ich kann gar nicht mehr zählen, wie oft ich derartige Mails schon gelöscht habe, die meistens aus Nigeria kommen und deren Absender auf diesem Weg an vertrauliche Daten gelangen wollen, um damit Schindluder zu treiben.

Ja, in Nigeria habe diese Art des Internetbetruges angefangen, bestätigt Richard, aber inzwischen sei sie auch in Ghana weit verbreitet. »Sakawa« sei das ursprünglich genannt worden, aber inzwischen umfasse dieser Begriff weit mehr. Es gehe nicht mehr allein darum, Leichtgläubigen das Geld aus der Tasche zu ziehen. Vielmehr verbündeten sich junge Männer mit kriminellen Fetisch-Priestern, praktizierten teuflische Rituale und würden auf diese Weise steinreich. Erst kürzlich sei berichtet worden, wie ein Priester einige Kunden für eine Woche in Pythons verwandelt habe. Als Schlangen hätten sie dann Geld erbrochen und seien deshalb, natürlich, seit ihrer Rückverwandlung in Menschen jetzt sehr vermögend.

Niemals und nirgendwo während meiner gesamten Reise habe ich jemanden so entgeistert angestarrt wie diesen sympathischen Verwaltungsfachmann, von dem ich bisher geglaubt habe, er interessiere sich fast ausschließlich für Mülltrennung. Was für ein Witz ist das? Wo liegt die Pointe? Denn glauben kann er an diesen Blödsinn doch unmöglich. »Das ist keine Frage des Glaubens. Es ist einfach wahr«, sagt Richard gelassen. Einer der Praktikanten, der 27-jährige Erik Kwakye, schaut auf und stimmt ihm zu.

Was für ein Spiel spielen sie in diesem Büro? Machen sie sich über mich lustig? Und warum? Nein, nein, sie machten sich nicht lustig, beteuert Richard: »Wir fragen jetzt einfach alle, die zufällig hier hereinkommen, was sie von solchen Geschichten halten. Sie werden alle dasselbe sagen.« Stimmt. Unfassbar, aber wahr. Die 37-jährige Hassana Haruma, die eigentlich nur einer benötigten Unterschrift wegen das Büro betrat, bestätigt, dass ihrer Überzeugung nach Fetisch-Priester regelmäßig Menschen in Tiere verwandeln: »Oh ja, sie tun es. Der Teufel steckt hinter alldem.« Ein anderes Ritual bestünde darin, Leute in Särgen und auf Friedhöfen schlafen zu lassen. »Wenn sie es überleben, werden sie reich.« Ihre 25-jährige Kollegin Edna Nminibapiel, die wenig später in den Raum kommt, fühlt sich bei dem Thema erkennbar unbehaglich. Sie schlägt die Augen nieder und spricht im Flüsterton: »Doch, solche Geschichten wie die mit den Pythons passieren. Wir leben in ständiger Furcht. Man weiß ja nicht mal, mit wem man ausgeht und wen man vielleicht heiratet. Wenn jemand ein tolles Auto fährt, dann praktiziert er vielleicht Sakawa.«

Haben meine Gesprächspartner allesamt den Verstand verloren? Ich verstehe sie nicht. Sie wiederum verstehen meinen Unglauben nicht: Es gebe doch Fotobeweise von vielen derartigen Ereignissen. Außerdem kennen fast alle irgendjemanden, dessen bester Freund oder dessen beste Freundin einen Cousin hat, dessen bester Freund bei einem solchen Ritual dabei war. So verbreiten sich Großstadtlegenden.

Die derzeit beliebteste: Drei Freunde reisten zu einem Fetisch-Priester ins benachbarte Togo, um sich in Geier verwandeln zu lassen und auf diese Weise reich zu werden. Einer jedoch bekam kalte Füße und fuhr nach Hause zurück. Als er später seine nun wohlhabenden Freunde wiedertraf, bereute er seinen Entschluss, suchte den Priester alleine auf und ließ sich verzaubern. Aber der Mann hatte Pech: Kurz vor der verabredeten Rückverwandlung wurde der Priester von einem Lastwagen überfahren und starb. Deshalb muss der Glücksritter nun auf ewig ein Geier bleiben. Gelegentlich wird er in seinem alten Wohnviertel gesichtet.

Das ist natürlich ein außerordentlich bedauerliches Zusammentreffen unglücklicher Umstände. Bei vielen Ritualen scheint mir allerdings das Risiko doch deutlich niedriger zu sein. Wenn es derart leicht ist, reich zu werden – warum sitzen dann alle noch hier in ihren Büros? Warum verbringen sie nicht einfach eine Nacht auf dem Friedhof und genießen danach ihren neuen Wohlstand? Richard Oduro schaut mich kühl an und macht deutlich, dass er meine Ironie für unangebracht hält:»Weil es Sünde ist. Ich bin Christ. So dringend will ich nicht reich werden, dass ich dafür mein Seelenheil opfere.« Mit seinem täglichen Leben habe Sakawa nichts zu tun, es sei auch kein Thema, das ihn normalerweise beschäftige.

Mir wird empfohlen, mich mit Moses Ansah zu verabreden. Der 33-jährige Statistiker lebe in einem Stadtviertel, in dem besonders häufig Sakawa praktiziert werde. Er wisse viel darüber und könne mir einiges erklären.

Moses Ansah und ich gehen in ein kleines Dachrestaurant unweit der Stadtverwaltung und bestellen ein Soda. Ja, sagt Moses Ansah, Freunde hätten bereits versucht, ihn für Sakawa anzuwerben.»Aber ich bin Christ. Ich halte es für unmoralisch, auf derartige Weise an Geld zu kommen.« Es gebe diese Fälle jedoch ganz sicher, in denen Priester junge Männer in Tiere verwandelt hätten. »Es ist auch vorgekommen, dass Schlangen mit menschlichem Kopf ihre menschlichen Körper nicht mehr zurückgewinnen konnten.« Man könne Kalender in umliegenden Geschäften kaufen, in denen Fotos dieses Ereignisses abgebildet seien.

Fotos! Ich fasse es nicht. Das führen Leute mir gegenüber als Beweis ins Feld, die täglich am Computer arbeiten, die eigene Bilder ins Netz stellen, die wahrhaftig wissen müssten, wie leicht es ist, Fotomontagen herzustellen.

Moses Ansah ist von meinen Argumenten nicht beeindruckt. Was ich denn sonst für eine Erklärung dafür hätte, dass junge Männer ganz plötzlich reich würden und mit riesigen Autos durch die Gegend führen? Obwohl sie offensichtlich keiner geregelten Arbeit nachgingen? Da fallen mir einige Erklärungen ein. Falls ich mit kriminellen Delikten reich geworden wäre, dann würde ich der Polizei sehr gerne erzählen, ich hätte mich in einen Geier verwandeln lassen, wenn Aussicht darauf bestünde, dass sie das glaubt. Und falls jemand aus einer kriminellen Bande aussteigen wollte und er deshalb umgebracht und verscharrt worden wäre, dann wäre ich als Mörderin überaus glücklich, wenn ermittelnde Beamte sich mit der Information zufriedengäben, der Verschollene kreise nun als Geier über der Stadt. Ich halte es übrigens auch nicht für einen Zufall, dass der Priester in der Geier-Geschichte nicht in Ghana, sondern im benachbarten Ausland gelebt hat. Das macht nämlich die Überprüfung schwieriger.

Nach allem, was ich in den letzten Stunden erlebt habe, kann ich mir nicht vorstellen, dass Moses Ansah irgendetwas von dem, was ich sage, für bedenkenswert hält. Aber ich werde ein weiteres Mal überrascht. Der Statistiker wird plötzlich ziemlich schweigsam. Als wir aufbrechen, dreht er sich auf der Treppe zu mir um: »Vielleicht haben Sie einen Punkt. Vielleicht sollte man all diese Dinge auch mal unter einem anderen Gesichtspunkt untersuchen.«

Ich weiß nicht, was mich mehr verunsichert: die offenbar weitverbreitete Bereitschaft, an etwas zu glauben, was in meinen Augen sofort als barer Unfug zu erkennen ist. Oder die Bereitschaft, die eigene, doch offenbar fest gefügte Überzeugung in Zweifel zu ziehen.

»Was willst du?«, fragt mein früherer Ehemann Stanley, mit dem ich abends am Telefon darüber spreche, weil ich irgendwohin muss mit meiner Ratlosigkeit. Ich habe keine Ahnung, wie ich mit diesem Thema umgehen soll. Verschweigen möchte ich es nicht: Aberglaube spielt schließlich tatsächlich in weiten Teilen Afrikas eine große Rolle. Andererseits aber will ich auch keine Vorurteile über die angebliche Naivität »der Afrikaner« schüren. »Was willst du?«, wiederholt Stanley. »Nüchtern betrachtet sind solche Überzeugungen doch gar nicht so ungewöhnlich. Alle Weltreligionen erwarten von ihren Gläubigen, dass sie bereit sind, die Naturgesetze nicht für unumstößlich zu halten.« Millionen Menschen sähen es als ihre christliche Pflicht an, die Bibel wörtlich zu nehmen. »Hast du dir mal die bildlichen Erzählungen auf Kirchenfenstern in Europa auf ihren Realitätsgehalt hin angeschaut?« Ja, habe ich. Aber ich tue mich trotzdem schwer mit der Gleichsetzung.

Numo Blafo III. hätte unserem Telefonat vermutlich gerne zugehört. Es hätte ihm gefallen. Der 41-jährige Vater von sechs Kindern im Alter zwischen 14 und einem Jahr ist ausgebildeter

Journalist und im Rahmen seiner bürgerlichen Existenz für die Öffentlichkeitsarbeit in der Stadtverwaltung von Accra zuständig. Die meisten Leute, die ihm zufällig begegnen, bemerken allerdings sofort, dass er auch noch andere Lebensinhalte hat. Denn er läuft grundsätzlich barfuß herum, auch im Straßenverkehr, sein Kopf ist immer von einer Kappe bedeckt, am Handgelenk trägt er ein Armband aus Elfenbein – ein Familienerbstück. »So, wie ich aussehe, werde ich als traditioneller Priester erkannt«, sagt er. Den Begriff »Fetisch-Priester« weist er zurück. Der sei diskriminierend. Es gehe nicht um Fetische, sondern um die traditionelle Religion seiner Heimat.

Wir treffen uns um zehn Uhr vormittags in einer Bar am Meer, in der wir die einzigen Gäste sind. Die Kulisse für unser Gespräch ist zauberhaft: Wellen schlagen sanft an die Felsen, die Sonne scheint, Fischerboote schaukeln im Wasser. Numo Blafo III. trinkt einen Wodka-Alkopop, ich hätte gern einen Kaffee. Aber dafür ist es zu früh, oder vielleicht gibt es so etwas überhaupt nicht in diesem Lokal. Wäre ich nicht in Begleitung eines traditionellen Priesters, also einer Respektsperson, dann dürfte ich hier gar nicht sitzen. Eigentlich öffnet die Bar nämlich erst am Nachmittag.

Wie vorsichtig muss ich mich dem Thema Aberglauben nähern, um darüber in ein Gespräch kommen zu können? Gar nicht vorsichtig. Numo Blafo III. ist sehr direkt: »Die Python-Verwandlung? Ich glaube kein Wort davon. Die Leute, die das verbreitet haben, wurden gerade festgenommen, weil die Erzählung eine Form der unlauteren Werbung für diesen sogenannten Priester war, der daran angeblich beteiligt war.« Und der traurige, ewige Geier? »Ja, die Geschichte kenne ich auch. Allerdings mussten in der Version, die ich gehört habe, alle drei Männer für immer Vögel bleiben. Angeblich ist das in dem Stadtteil Abbosey Okai passiert, in dem auch ich jahrelang gewohnt habe. Die Leute dort waren ganz aufgeregt. Ich habe sie aufgefordert, mir Namen und Adressen der Männer zu nennen. Das konnten sie natürlich nicht.« Er lacht. »Menschen sind eben abergläubisch. Vor allem dann, wenn sie etwas hören oder sehen, was sie sich nicht erklären können.«

216

Dass ausgerechnet ein traditioneller Priester der sachlichste, abgeklärteste Gesprächspartner sein würde, den ich seit Tagen getroffen habe – das habe ich nicht erwartet. Aber ich hatte mir ja auch nicht vorstellen können, dass er hauptberuflich für die kommunale Öffentlichkeitsarbeit zuständig ist. Wie wird so jemand Priester?

Die knappe Antwort: Er gehört zu einer »auserwählten Familie«, in die seit langer Zeit immer wieder Priester hineingeboren werden. Gelegentlich findet sich in einer Generation allerdings kein Berufener, so waren denn weder der Vater noch der Großvater von Numo Blafo III. jemals Priester. »Und der Stuhl war vor meiner Ernennung 20 Jahre unbesetzt.«

Die etwas ausführlichere Antwort wirft aus meiner Sicht mehr Fragen auf als sie klärt: Bis vor sechs Jahren arbeitete Numo Blafo abends als Discjockey und betrieb tagsüber ein kleines Geschäft mit Elektrowaren. »Dann begannen die Probleme. In meinen Laden wurde eingebrochen, infolgedessen machte ich hohe Schulden.« Die er nicht zurückzahlen konnte. Er flüchtete vor seinen Gläubigern zum Großvater in einen anderen Stadtteil. »Ein Onkel riet uns, ein großes Fest vorzubereiten. Drei Priesterinnen aus einer anderen Familie kamen, sie waren besessen und redeten in Lauten, die ich nicht verstand. Plötzlich packten sie mich und riefen: ›Du bist der Priester, auf den wir gewartet haben!‹ Ich war verwirrt und wusste überhaupt nicht, was los war. Sie schlachteten einen Hammel und gossen sein Blut über mich. Dafür war ich nun wirklich nicht zu dem Fest gegangen.«

Numo Blafo sagt, er habe sich schwer damit getan, seine Berufung anzunehmen: »Ich hatte nie das Gefühl, übernatürliche Kräfte zu besitzen.« Aber die Ältesten hätten ihn überzeugt, dass er sich vor dieser Aufgabe nicht drücken dürfe. Inzwischen sei er auch von seinen eigenen übernatürlichen Kräften überzeugt: »Ich kann mit den Gottheiten kommunizieren. Sie antworten mir.« Und was ist aus den Schulden geworden? »Oh, das hatte sich erledigt. Einen Priester können sie nicht verfolgen.« Praktisch.

Es gibt übrigens keine Gemeinde, keine Kirche und Numo Blafo III. predigt auch nicht. »Nach außen hin tun alle Leute so, als ob sie nichts mit mir als Priester zu tun haben wollten und ausschließlich gläubige Christen oder Muslime seien.« Aber heimlich kämen Hilfesuchende zu ihm, und er bete für sie oder vollziehe Rituale in seinem Schrein, der neben seinem Wohnhaus steht, aber für die Öffentlichkeit nicht zugänglich ist. »Ich kann keine Wunder vollbringen, nicht die Toten erwecken und auch Lahme nicht gehen lassen. Ich habe nicht die Macht, alle Wünsche zu erfüllen.« Manche aber schon, wie er erzählt: »Eine Frau ist zu mir gekommen, die ein 8-jähriges Kind hatte, aber seit dieser Geburt nie mehr schwanger geworden war. Sie wollte dringend ein Baby. Ich habe nichts Ungewöhnliches getan, nur für sie gebetet. Weniger als ein Jahr später hat die Frau ein Kind zur Welt gebracht.« Ein anderes Mal habe ihn ein Vater mit seinem kranken Sohn aufgesucht, den die Ärzte im Krankenhaus schon aufgegeben hätten: »Ich habe einige Blätter in einer Holzschale mit Wasser vermischt und dem Jungen etwas von dem Wasser gegeben. Er wurde wieder gesund.« Numo Blafo legt Wert auf die Feststellung, dass er für seine Dienste nichts berechnet. Er nimmt lediglich Spenden an.

Übrigens ist nicht jeder Zauber gut. »Ich hatte Probleme mit einigen Ältesten in meiner Familie. Einer hat versucht, mich mit spirituellen Mitteln zu töten. Ich bekam einen Ausschlag, nahm das aber zunächst nicht weiter ernst und besorgte mir etwas in der Apotheke. Es wurde aber nicht besser. Deshalb suchte ich einen Priester in Togo auf, der mir sagte, ich sei angegriffen worden. Zuerst wollte ich das nicht glauben, aber ein anderer Priester hat es bestätigt. Sie haben dann den Heilungsprozess eingeleitet, das Ganze dauerte fast einen Monat. Als ich später meinen Feind wieder traf, konnte er mir nicht ins Gesicht schauen.«

Glaubt Numo Blafo das eigentlich alles wirklich, was er mir da erzählt? Ist aus dem einst hoch verschuldeten Discjockey, der keine übernatürlichen Fähigkeiten bei sich vermutet hatte, tatsächlich ein von der eigenen Kraft überzeugter Priester geworden – möglicherweise bestärkt durch die Überzeugung, in eine besondere Familie hineingeboren worden zu sein? Oder hält er alles, was er tut, in Wahrheit für Humbug? Es fällt mir sehr schwer, das einzuschätzen.

Fest steht jedenfalls: Überzeugend und engagiert wirkt er vor allem da, wo er bitter über die Verachtung spricht, mit der Europäer stets auf traditionelle Religionen in Afrika herabgeschaut hätten: Als »böse« und »dämonisch« seien sie von den Missionaren bezeichnet worden. »Priester zu werden war für mich ein Gefühl, als sei ich heimgekehrt zu meinem traditionellen Glauben«, sagt der ehemalige Christ. »Das Priestertum ist für mich auch Teil unseres kulturellen Erbes. Wissen Sie: Wir haben tatsächlich auch schon gebetet, bevor das Christentum nach Afrika kam. Und ich glaube an einen einzigen allmächtigen Gott. Die traditionellen Gottheiten lassen sich mit den Heiligen im Katholizismus vergleichen.«

Die Ehefrau von Numo Blafo ist Christin. Wie findet sie es denn, dass sie auf einmal mit einem traditionellen Priester verheiratet ist? »Sie liebt mich. Was auch immer ich tue, ich bin immer noch derselbe Mensch wie früher.« Nach einer kurzen Pause fügt er, etwas verlegen lachend, hinzu: »Manchmal ist es ihr peinlich. Dann fragt sie mich, ob ich nicht damit aufhören kann.« Aber das kann er wohl nicht. Das könnte er selbst dann nicht, wenn er es wollte. Ich frage mich, was wohl die Ältesten in der Familie zu einem solchen Schritt sagen würden, was die Gläubigen – und was die Gläubiger. Numo Blafo III. kommt mir vor wie ein Mann, der auf seltsame Weise gefangen ist, gefangen in den Anforderungen von Vergangenheit und Gegenwart. Gleichzeitig und gleichermaßen.

16. Suleiman Sow und die Solarstation für Handys

Am Busbahnhof in Accra, von dem aus ich in den Norden Ghanas und dann weiter nach Burkina Faso reisen möchte, kann man nicht nur selber abfahren, sondern auch Gegenstände auf große Fahrt schicken. Eine Tafel neben dem Fahrkartenschalter nennt die Tarife: Der Transport eines Gasherdes in die Stadt Tamale kostet umgerechnet knapp vier Euro, ein Satz Lkw-Reifen etwa fünf Euro, eine Tiefkühltruhe das Doppelte, für einen Ballen Gebrauchtkleider werden rund zwei Euro berechnet.

Wer diese Tabelle liest, braucht keine Abhandlung mehr darüber, wie unterschiedlich breit gefächert das Warenangebot in der Hauptstadt und in der Provinz ist – und auch nicht darüber, dass der Binnenhandel im Hinblick auf viele Produkte nach wie vor die Domäne von Kleinhändlern ist. Immerhin hat Tamale, etwa 430 Kilometer nördlich von Accra gelegen, fast eine halbe Million Einwohner. Wenn es sich dennoch lohnt, Alltagsprodukte einzeln dorthin zu schicken, dann kann es um die Versorgung von Tamale nicht gut bestellt sein. Richard Oduro hat schon seine Gründe, warum er die Hauptstadt nicht verlassen will.

Die persönliche Erfahrung bestätigt die Erkenntnis. Der Taxifahrer, den ich in Tamale bitte, mich zu einer Buchhandlung zu fahren – am liebsten zu einer, die gebrauchte Bücher anbietet –, reagiert spontan: »So etwas bekommen Sie nur in der Hauptstadt.« Er irrt. Am Rande des großen Marktes in der Innenstadt gibt es eine wunderbare Buchhandlung, deren breites Sortiment gerade an gebrauchten Büchern davon zeugt, wie viele Durchreisende, vermutlich überwiegend Rucksacktouristen, hier eine

Zwischenstation einlegen. Der Taxifahrer ist aufrichtig verblüfft, als wir nach langer Irrfahrt und ungezählten Fragen endlich fündig werden. Er hatte sich einfach nicht vorstellen können, dass es hier etwas zu kaufen gibt, was nicht zum täglichen Bedarf der Bevölkerungsmehrheit gehört.

Von der Fahrt nach Tamale habe ich übrigens nicht viel mitbekommen, weil der Bus drei Stunden später als geplant abfuhr und wir deshalb den größten Teil der Strecke in der Dunkelheit zurücklegten. In Erinnerung geblieben ist mir nur eine kurze Rast an einem Nachtmarkt, auf dem Händlerinnen frisches, warmes Fladenbrot verkauften und der von ungezählten, gelblich-warm schimmernden Kerosinlampen erleuchtet war. Die Szene wirkte auf mich, als wären wir unvermittelt in einen Märchenfilm versetzt worden. Ein surreales Bild. Behaglich, sanft. Erinnerungen an alte Bilderbücher und Postkarten wurden wach. Vom Nachtmarkt abgesehen gab es unterwegs nicht so viel Schönes zu besichtigen, glaube ich. Die dünn besiedelte Grassavanne bis zur Grenze nach Burkina Faso, die ich am nächsten Tag zu Gesicht bekomme, ist jedenfalls nicht eindrucksvoll genug, als dass ich mich daran nicht schnell hätte sattsehen können.

Burkina Faso – zu deutsch: das Land der Aufrechten – hieß früher Obervolta und behielt diesen Namen zunächst auch nach der Unabhängigkeit von Frankreich 1960 bei. Erst 1984 ließ der damalige Präsident Thomas Sankara den Namen ändern, um auch auf diese Weise den endgültigen Abschied von der Kolonialzeit zu dokumentieren.

Thomas Sankara gehört zu den ganz wenigen afrikanischen Staatschefs der postkolonialen Zeit, die noch Jahrzehnte nach dem Ende ihrer Amtszeit von ihren Anhängern schmerzlich vermisst werden und zur Symbolfigur für die Möglichkeit eines anderen, besseren Weges geworden sind, den Afrika nehmen könnte. Möglich, dass er nicht lange genug regiert hat, um Hoffnungen enttäuschen zu können.

Der charismatische, linksgerichtete Offizier war im August 1983 im Alter von 33 Jahren infolge eines Putsches seines Weggefährten Blaise Compaoré an die Macht gekommen. Nur gut vier Jahre später, am 15. Oktober 1987, wurde Thomas Sankara bei einem neuerlichen Putsch ermordet – auch dieser war von Blaise Compaoré organisiert worden. Der ist seither Präsident von Burkina Faso und rechtfertigte den Aufstand gegen den einstigen Freund mit der bemerkenswerten Begründung, er habe den Sankarismus vor Sankara schützen müssen. Immer häufiger habe der nämlich einsame, schwer nachvollziehbare Entscheidungen getroffen. Das erinnert nun allerdings an die Verbitterung eines Steigbügelhalters, der plötzlich feststellen muss, dass der Reiter alleine im Sattel sitzt.

Thomas Sankara hatte sofort nach seinem Amtsantritt mit einem ungemein ehrgeizigen Reformprogramm begonnen. Sozialprogramme, Wohnungsbauprogramme, Reihenimpfungen gegen todbringende Krankheiten. Verstaatlichung von Bodenschätzen, Begrenzung des Einflusses von Internationalem Währungsfonds und Weltbank. Kampf gegen Korruption und für die Gleichberechtigung der Frau. Außerdem war Sankara einer der ersten afrikanischen Umweltschützer: Mehr als zehn Millionen Bäume und Sträucher ließ er pflanzen, um die Ausbreitung der Wüste aufzuhalten, an die Burkina Faso jedes Jahr wertvolle Nutzfläche verliert. Sein Nachfolger sah diese Initiative offenbar nicht als Bestandteil des »Sankarismus« an, jedenfalls versandete – im Wortsinne – das Projekt bald nach der Ermordung des Urhebers. Wie auch viele andere Initiativen, die Compaoré doch angeblich hatte schützen wollen. Ein weiteres, betrübliches Kapitel der afrikanischen Geschichte.

Immerhin: Der Grenzübertritt von Ghana nach Burkina Faso ist unkompliziert – sieht man davon ab, dass die Geldwechsler einen Kurs anbieten, den ich für eine moderne Form der Wegelagerei halte. Aber ich brauche CFA-Franc, das Zahlungsmittel der westafrikanischen Wirtschafts- und Währungsunion, um eine Fahrkarte in die Hauptstadt Ouagadougou kaufen zu können. Der Name dieser Stadt hat im Mai 2009 europaweit die Schlagzeilen beherrscht. Nicht weil sich dort Spektakuläres ereignet hatte, sondern weil der damalige deutsche Finanzminister Peer Steinbrück in einer Diskussion über Steueroasen den Hinweis für geboten hielt, die Schweiz sei nicht Ouagadougou. Es gelang ihm damit, Schweizer und Burkinabe gleichzeitig zu verärgern, obwohl die Aussage, nüchtern betrachtet, selbstverständlich zutrifft. Ebenso wie die Aussage zutrifft, dass Peer Steinbrück sich teutonisch verhält, weil er eben ein Teutone ist.

CFA-Franc stehen zum Euro in einem festen Wechselkurs, aber ich will meine restlichen ghanaischen Cedi loswerden. Zu der an der Grenze angebotenen Rate könnte ich sie allerdings ebenso gut gleich verschenken, das behaupte ich jedenfalls. Ich bettle, ich diskutiere, ich schimpfe, ich flehe. Irgendwann haben wir uns so weit von dem ursprünglich als unumstößlich deklarierten Kurs entfernt, dass ich theatralisch seufzend mein Geld tausche und glaube, ungemein geschickt verhandelt zu haben. Das ändert sich erst, als mein Geschäftspartner nach abgeschlossener Transaktion freundlich zu mir sagt, bei dieser Rate wäre auch noch ein kostenloser Zubringerdienst zum nächsten, einige Kilometer entfernten Busbahnhof mit seinem Motorrad drin. Er grinst. Ich grinse – etwas schief – auch. Man kann nicht immer gewinnen.

Er muss mich nicht einmal bis zum Bahnhof fahren. Unmittelbar hinter der Grenze steht ein Überlandbus, dessen Passagiere in Accra eingestiegen sind und in Bamako, der Hauptstadt von Mali, aussteigen wollen. Die also fast 2000 Kilometer miteinander reisen, tagelang. Und die trotzdem fröhlich und gut gelaunt sind, noch Platz haben und mich gerne bis Ouagadougou mitnehmen.

Der Schaffner nimmt mich besonders gerne mit. Leider kann er nur das Fahrgeld kassieren, einen Fahrschein oder sonst eine Quittung hat er seltsamerweise nicht dabei. Macht nichts. Ich genieße, dass die Mitreisenden sich untereinander und mit mir unterhalten, mir Mangos anbieten und sich offenbar über die Abwechslung freuen. Das Klischee, die Leute in Westafrika seien offener und gesprächsbereiter als in Ostafrika, scheint sich hier ausnahmsweise einmal zu bestätigen. In diesem Bus habe ich auch die Sorge nicht, dass man nie wieder seine Ruhe haben wird, wenn man einmal ein Gespräch begonnen hat. Schließlich liegt die Hauptstadt nur knapp 170 Kilometer von der Grenze entfernt. Auf der gut ausgebauten Straße wird das in etwa zwei Stunden zu schaffen sein. Theoretisch.

Aber wir verlieren Benzin. Anhalten, aussteigen, darauf

warten, dass der Fahrer den Schaden behebt. Heiß ist es hier und schwül. Wieder einsteigen, es geht voran. Ein wenig voran. Etwa zehn Kilometer. Dann verlieren wir erneut Benzin, alles wiederholt sich. Insgesamt vier Mal. Fünf Stunden wird der Kriechgang nach Ouagadougou am Ende gedauert haben.

Wenn wir zwischendurch einmal fahren, dann kommen wir an einfachen Lehmhütten vorbei, deren Wände kunstvoll mit filigran gezeichneten Mustern geschmückt sind, meistens blau oder schwarz-weiß. Hübsch. Leider ist es das einzig Erfreuliche auf der Strecke. Die platte, eintönige Landschaft sieht sogar jetzt in der Regenzeit wenig fruchtbar aus, obwohl die Bäume grün sind. Aber sie wirken seltsam fehl am Platz – so, als seien sie von weiter in diese Gegend gebracht worden, in der graue und braune Farbtöne das Bild beherrschen. Farben der Dürre.

Dürreperioden sind nicht das Einzige, was den Bauern zu schaffen macht. Immer wieder gibt es Reste in sich zusammengefallener Mauern neben neuen Gebäuden, manchmal ist auch ein kleineres Haus oder ein Kiosk mitten in eine Ruine hineingebaut worden: Folgen der letzten großen Überschwemmungskatastrophe von 2009, die nach tagelangen schweren Regenfällen etwa 150 000 Menschen obdachlos werden ließ. Anders als fast überall sonst in Afrika sind unterwegs nirgendwo komfortable oder gar luxuriöse Einfamilienhäuser zwischen den Hütten zu sehen, es gibt keine Supermärkte, keinerlei Hinweise auf Wohlstand. Wenn ich die Statistiken nicht kennte, denen zufolge Burkina Faso eines der ärmsten Länder der Welt ist – hier genügte auch der Augenschein.

Auf dem Weg von Nairobi in die kenianische Küstenstadt Mombasa haben meine Tochter und ich zum Zeitvertreib einmal gezählt, wie viele verschiedene Obst-und Gemüsesorten am Straßenrand angeboten wurden. Wenn ich mich recht erinnere, dann kamen wir auf 24. In Burkina Faso habe ich Zwiebeln gesehen. Und gelegentlich Mangos. Sonst scheint es wenig zu geben, außer deprimierenden Zahlen: 80 Prozent der Bevölkerung sind Analphabeten, ebenso viele sind Bauern. 90 Prozent dieser Bauern erwirtschaften nur so viel Mais oder Hirse, dass der Ertrag gerade für den Eigenbedarf der Familie reicht. Reine Subsistenzwirtschaft also.

Immerhin: Es gibt durchaus Anstrengungen, das lokale Obst- und Gemüseangebot zu erweitern, und in einigen Regionen sollen die Bemühungen auch recht erfolgreich gewesen sein. Außerdem werden einige Produkte für den Export angebaut, vor allem Baumwolle. In diesem Zusammenhang sind es weniger die Gesetze der Natur als vielmehr die Gesetze der Weltwirtschaft, die Bauern in eine fast ausweglose Lage bringen. Die USA und – weniger bekannt – die Baumwollproduzenten der Europäischen Union, also Spanien und Griechenland, subventionieren ihre nationalen Erzeuger mit hohen Beträgen. So viel zu den Themen freier Welthandel, Wettbewerbsgleichheit und der Forderung nach Öffnung der Märkte.

Diese Doppelzüngigkeit kann man mit gutem Grund verwerflich finden, im Ergebnis noch schlimmer ist jedoch etwas anderes: Baumwolle wird weltweit in Dollar gehandelt. Der CFA-Franc orientiert sich hingegen am Euro, dessen Wert im Vergleich zum Dollar in den letzten Jahren dramatisch gestiegen ist. Das bedeutet: Ein Bauer in Burkina Faso muss heute ungleich mehr Baumwolle verkaufen als früher, um in seiner Landeswährung denselben Betrag zu erwirtschaften. Wo soll diese Produktivitätssteigerung herkommen?

»Es ist fraglich, ob Baumwolle wirklich das beste Exportgut ist«, sagt Sadou Sidibe. »Der Handel damit schafft nur Abhängigkeiten. Bereits jetzt gibt es in großen Gebieten nur noch Gen-Baumwolle. Auf den Böden, auf denen das angebaut wird, kann man nichts anderes mehr pflanzen. Ich weiß gar nicht, ob in der Exportorientierung überhaupt die Lösung unserer Probleme liegen kann. Meiner Ansicht nach gibt es in unserem Land keine Ressource, die sich für Export in großem Stil eignet.«

Der 52-jährige Staatssekretär plädiert stattdessen dafür, die »familiäre Landwirtschaft zu stärken und Anreize für die Vermischung von Feldanbau und Viehzucht zu bieten. Damit überhaupt erst einmal die Grundlage geschaffen wird, dass die Leute sich anständig ernähren können.« Bauern, die für den Export produzierten, müssten einen ziemlich großen Teil ihres Bargelds dafür ausgeben, Lebensmittel zu kaufen. Das sei ein Teufelskreis. Fast der gesamte Reis, der im Land verzehrt werde, komme aus

Asien oder den USA. Auch Milch werde in großen Mengen importiert.

Manche ausländischen Fachkräfte beurteilen die Lage anders. Sie meinen: Da es wenig andere Arbeitsmöglichkeiten außerhalb der Landwirtschaft gebe, könnten Einnahmen nur durch eine Intensivierung dieses Sektors erzielt werden. Dafür jedoch sei Bewässerung nötig – und ohne Bargeld hätten Kleinbauern keine Möglichkeit, derartige Anlagen instand zu halten. Sidibe reagiert ungeduldig auf dieses Argument: »Es ist im Augenblick eine Ideologie, einem liberalen Marktverständnis anzuhängen, dass also der Markt die Nachfrage regelt und dann entsprechend angebaut wird. Das funktioniert hier aber nicht.« Der Staat müsse sich stärker engagieren.

Wie immer man zu diesem Streit der Positionen steht – niemand kann Sadou Sidibe absprechen, dass er die Verhältnisse kennt, über die er spricht. Ebenso wie Saleh Momale ist er Fulani und unter ähnlichen Bedingungen aufgewachsen wie der Universitätsdozent im Norden Nigerias. Aber anders als dieser romantisiert er seine Herkunft nicht. Sidibes Vater war nicht nur Viehzüchter, sondern auch Beamter im Gesundheitswesen, hatte also eine herausragende Stellung im Dorf: »Er hat sich aber nicht verhalten wie ein Mitglied der Elite«, sagt Sidibe. »Ich bin der einzige von 13 Geschwistern, der eine weiterführende Schule besucht hat. Mein Vater ist ebenfalls zur Schule gegangen, weil er der Sohn des Dorfvorstehers war, und es war kolonialpolitisches Prinzip, dass wenigstens diese Kinder lesen und schreiben lernen. Mein Vater hat den Schulbesuch als Zwangsmaßnahme empfunden.« So legte er keinen Wert auf die formale Bildung seiner Kinder.

Der Junge kam nur deshalb auf ein Internat in der Provinz, weil er in der Grundschule ein ungewöhnlich guter Schüler war. Er fand es großartig: »Allein die Dusche und die Toilette! Ein kleiner Druck, und es floss Wasser. Das repräsentierte für mich den Fortschritt. Außerdem hat es mir eindeutig besser gefallen, in die Schule zu gehen, als Tiere zu hüten.« Er habe damals im Internat in einer vollkommen französischen Welt gelebt: »Es gab französisches Essen und Lehrer aus Frankreich oder aus den französischen Überseegebieten.«

Ich schaue mich um. Wir sitzen im gut besuchten Restaurant des französischen Kulturzentrums von Ouagadougou und essen Quiche Lorraine. Auch mein kleines Hotel wirkt auf mich wie eine geglückte Symbiose aus afrikanischen und französischen Annehmlichkeiten: Leuchtende Bougainvilleen wuchern üppig in dem gepflegten Garten, es gibt französisches Essen und französischen Weißwein und sogar einen kleinen Pool. An dessen Schmalseite ist an einer Mauer ein Bild zu sehen, im naiven Stil gemalt, auf dem Frauen in der Wüste aus einem Brunnen schöpfen. Sehr passend neben einem Swimmingpool. Wie steht die Bevölkerung hier eigentlich zur ehemaligen Kolonialmacht?

Sadou Sidibe zögert. Das lässt sich offenbar nicht mit einem Satz beantworten. »Einerseits sorgt schon allein die Sprache für eine enge Bindung. Es gibt noch immer viele französische Berater auf Regierungsebene, und es würde als große Ehre betrachtet, wenn der französische Präsident hier einmal auftauchen würde. Andererseits hat das Einfrieren der französischen Renten für hiesige Kriegsveteranen eine enorme Verbitterung erzeugt. Für französische Veteranen des Zweiten Weltkriegs und der Kriege in Algerien und Indochina sind die Renten gestiegen, für Veteranen aus Burkina Faso nicht. Sie blieben gleich. Das wird hier als Undankbarkeit betrachtet.« Sadou Sidibe schweigt ein weiteres Mal und scheint seine Gedanken zu sammeln. Dann sagt er: »In gewissen intellektuellen Kreisen gibt es eine stark ablehnende Haltung gegenüber Frankreich, weil man glaubt, dass Paris hinter der Ermordung von Sankara steckt.«

Klingt kompliziert. »Das Vergangene ist nie tot, es ist nicht einmal vergangen.« Dieser Satz des US-Schriftstellers William Faulkner gilt offenbar auch in Regionen, an die er nie gedacht haben dürfte.

Mein Gesprächspartner hat es weit gebracht. Nach der Schule ging er zunächst auf die Universität in Ouagadougou. »Ich war sehr aufgeregt. Die Hauptstadt! Vorher war ich nur ein einziges Mal dort gewesen, zu Besuch bei Verwandten.« Offenbar gewöhnte er sich schnell ein – als Anführer eines Uni-Streiks wurde er wenig später der Universität verwiesen. Es folgte der Besuch einer Fachhochschule für Verwaltung. Heute ist Sidibe nicht nur

Staatssekretär, sondern auch Vorsitzender der unabhängigen nationalen Wahlkommission. Ein wichtiger Posten, da der Prozess der formalen Demokratisierung des Landes mit entsprechenden Verfassungsänderungen bislang den schweren Schönheitsfehler aufwies, dass die Wahlen demokratischen Kriterien nicht genügten. Erst die letzten Wahlen im November 2010 wurden von ausländischen Beobachtern als einigermaßen glaubwürdig und transparent bezeichnet. Immerhin.

Ist die Biografie von Sadou Sidibe nicht ein schlagender Beweis dafür, dass Aufstieg möglich ist, dass es eine neue Mittelschicht gibt, dass die verschiedenen Schichten der Gesellschaft durchlässig geworden sind? Er selber ist skeptisch. Mit Ehefrau und Kindern wohnt er in einem Vorort etwas außerhalb der Hauptstadt, in einem klassischen Wohnviertel für den gehobenen öffentlichen Dienst, das vor rund zwei Jahrzehnten für junge Familien gebaut worden ist. »Die Eigentümer der Häuser dort haben es ›geschafft‹. Sie haben ein Auto, einen Fernseher, einen Computer – also alles, was so dazugehört zur Mittelschicht. Aber ihre mittlerweile erwachsenen Kinder finden keine Jobs. Sie sitzen den ganzen Tag zu Hause herum. Wo sollten sie auch Arbeit bekommen? Und wie sieht ihre Zukunft aus?«

Keine optimistische Analyse. Ohnehin gibt es ja – wenn man allein die Datenlage betrachtet – wenig Anlass zur Zuversicht. Und trotzdem, trotzdem: Irgendetwas funktioniert in diesem Land. Ich muss zugeben, dass ich nicht herausbekommen habe, was genau es ist.

Eigentlich ist es gerade hier überhaupt nicht zu verstehen, dass ich nicht in einer dunklen Ecke überfallen werde, da ich doch so aussehe, als ob ich etwas Geld in der Tasche habe. Aber nicht nur bleibe ich unbehelligt, sondern Ouagadougou ist die einzige Großstadt auf der ganzen Reise, in der es niemand absurd findet, wenn ich nachts alleine ein paar Schritte zu Fuß laufe. Nicht einmal der Nachtwächter in meinem Hotel stößt Warnungen aus. Und eigentlich wird er doch unter anderem dafür bezahlt.

Auf den Straßen wird kaum gebettelt, nur sehr selten werden mir offensichtlich überhöhte Preise genannt, wenn ich etwas kaufen oder eine Dienstleistung in Anspruch nehmen will. Sind

die Burkinabe einfach freundliche Menschen? Oder sorgen Maßnahmen unterhalb der hohen Ebene der Präsidentschaftswahlen
für eine beruhigende Wirkung, also beispielsweise die Einrichtung eines Ministeriums für Menschenrechte? Ich weiß es nicht.
Ich weiß nur: In keinem anderen Land habe ich mich so sicher
gefühlt wie in Burkina Faso.

Warum bloß wirkt das Land so ruhig und gelassen? »Ich
habe keine Ahnung«, sagt Suleiman Sow und lacht. Der 43-Jäh-
rige lacht viel. Ich habe den Eindruck, dass abstrakte Fragen ihn
sehr viel weniger interessieren als konkrete Antworten. Konkrete
Antworten versucht er zu finden: »Man kann immer – immer! –
etwas tun im eigenen Land. Vor allem dann, wenn man eine gute
Ausbildung hat.«

Die hat er genossen. Suleiman Sow stammt aus der Provinzhauptstadt Fada N'Gourma, etwa 200 Kilometer östlich von
Ouagadougou gelegen. Der Vater arbeitete dort als Tierarzt im öffentlichen Dienst: »Für die Eltern war immer selbstverständlich,
dass ich aufs Gymnasium gehen würde. Mein Vater war schließlich auch dort.« Alle acht Geschwister – auch die Töchter, bis auf
eine – haben Abitur gemacht. Ist der Vater stolz auf den Erfolg des
Sohnes? »Sehr.« Suleiman Sow lacht.

Mit dem 43-Jährigen unterhalte ich mich auf Deutsch –
eine willkommene Abwechslung. Er spricht es fließend und fast
akzentfrei, schließlich hat er Elektrotechnik in Ulm studiert und
danach einige Jahre bei Siemens in Karlsruhe gearbeitet. »Ich habe
das Studium von vornherein mit der Absicht begonnen, später zu
Hause etwas im Bereich der Solarenergie zu machen.« Das ist ihm
gelungen. Aber er musste dafür große Hürden überwinden.

Die Firmengründung in Burkina Faso kostete ihn umgerechnet etwa 200 Euro, damals noch etwa 400 Mark. »Für den
Papierkram.« Hatte er Kapital? »Nein.« Er lacht. Vor der Heim-
reise im Juni 1998 – mit deutscher Frau und kleiner Tochter –
hatte er einen Antrag auf deutsche Fördermittel gestellt, es ging
um insgesamt 18 000 Mark. Mündlich war, wie er sagt, die Zu-
sage gegeben worden – aber zwei Wochen vor dem Rückflug erfolgte die schriftliche Absage. »Das war ein Schock.« Von einem
Freund lieh er sich 7000 Mark, die reichten jedoch vorne und

hinten nicht. »Wir sind mit ungefähr 400 Mark in Ouagadougou gelandet. Im August konnten wir unsere Miete nicht bezahlen, umgerechnet 160 Mark.«

Hat er je erwogen, in Deutschland zu bleiben? »Nein. Ich habe eine enge Bindung an meine Familie, und ich habe deshalb in Deutschland sehr gelitten. Ich hatte einfach großes Heimweh.« Völlig unbeeinflusst ist er von dem Europa-Aufenthalt allerdings nicht geblieben. »Mein Lieblingsgericht ist mittlerweile Pizza. Die habe ich zum ersten Mal in Deutschland gegessen.«

Inzwischen kann Suleiman Sow auch über Summen wie 160 Mark lachen, die noch vor wenigen Jahren existenzbedrohend zu sein schienen. Am Anfang hat er vor allem Computer repariert, allerdings auch damals schon einige Anlagen im Solarbereich. »Zunächst war da gar nichts. Null Nachfrage. Dieser Bereich ist jedoch beständig gewachsen.« Inzwischen beschäftigt der Firmeninhaber neun Angestellte. Sein Betrieb installiert mittlerweile solare Großanlagen. Aber nicht nur.

Suleiman Sow hat nämlich darüber nachgedacht, was seinen Landsleuten wirklich nützen könnte. Und er hatte eine Idee: eine solarbetriebene Ladestation für Handys und Lampen. Wer auf dem Land telefonieren oder abends Licht haben will, muss also nicht mehr ans Stromnetz angeschlossen sein. Sondern nur den Weg an einen Ort finden, an dem Geräte aufgeladen werden. An einen Außenposten der Moderne. Einen Kiosk.

Die solarbetriebenen Stationen werden an die Kioskbesitzer nicht verkauft, sondern vermietet. »Wenn wir die Stationen verkauft hätten, dann hätten wir nicht viele Abnehmer gefunden. Es gibt in der Provinz kaum jemanden, der 1200 Euro hinblättern kann. Also vermieten wir die Station. Der Betreiber zahlt eine monatliche Gebühr, den Rest der Einnahmen kann er behalten. Er verdient damit oftmals mehr, als wir bekommen. Wir schaffen so auch einen Arbeitsplatz.« Internationale Experten sehen das ähnlich. 2009 wurde die Idee mit dem von der UNO unterstützten Seeds-Preis für nachhaltige Entwicklung geehrt.

30 solarbetriebene Ladestationen betreibt die Firma von Suleiman Sow inzwischen landesweit. Im Hinblick auf das eigene Überleben wäre das kaum genug, um allen Mitarbeitern auch nur

ein Zeitungsabonnement zu finanzieren. Aber die Firma ist ja daneben in lukrativeren Geschäftszweigen unterwegs. Der Mieter einer Ladestation zahlt umgerechnet 68,50 Euro im Monat, durchschnittlich hat er ungefähr 25 Kunden am Tag. Die müssen nur Centbeträge für das Aufladen ihrer Handys oder Lampen entrichten. Die Energiereserve reicht für zwei Tage – wenn also der Laderegler oder das Solarmodul kaputtgehen, dann kann der Betreiber eine gewisse Zeit überbrücken. Innerhalb dieses Zeitraums sollte dann eigentlich ein Firmenangestellter vor Ort sein. Der Betrieb von Sow ist nämlich laut Vertrag für die Wartung zuständig.

»Ein Weltbank-Experte hat mir erklärt, dass ihren Kriterien zufolge eine einzige Station eine neunköpfige Familie aus der Armut holt«, erzählt Suleiman Sow. Plötzlich ist er todernst. »Ja, als er das sagte, da war ich sehr stolz.« Er richtet den Blick auf einen weit entfernten Punkt, irgendwo im Nichts. Ich habe den Eindruck, dass er versucht, Tränen zu unterdrücken. Das verstehe ich. Ich versuche das nämlich auch.

17. Traum in Mali: Ein Märchenprinz oder die Befreiung der Frau

In Burkina Faso wäre ich gerne länger geblieben. Es ist manchmal gar nicht leicht zu sagen, weshalb einem ein bestimmter Ort besonders gut gefällt oder warum man in ein bestimmtes Land gerne zurückkehren würde. Gewiss hat es immer damit zu tun, dass Menschen einem dort freundlich begegnet sind – aber ich habe während meiner Reise an vielen anderen Orten mindestens ebenso viel Freundlichkeit erfahren wie in Burkina Faso.

Und sonst? Die Gegend dort ist karg, braun oder grau, erdig, flach. Das war so auf dem Weg aus Ghana, und daran ändert sich auch auf dem rund 700 Kilometer langen Weg in die malische Hauptstadt Bamako nichts. Auf dem trockenen Land weiden Ziegen, Schafe, einige magere Kühe. Viele Esel. Wer hier die Landwirtschaft intensivieren möchte, dem kann man nur Kraft und Ausdauer wünschen. Besichtigen wollen diese Gegend sehr wenige Leute. Im Aufbau einer Tourismusindustrie liegt die Zukunft des Binnenlandes nicht. Ich habe unterwegs schönere Landschaften und interessantere Städte gesehen.

Trotzdem ist also ausgerechnet dieser westafrikanische Staat eine der Stationen meiner Erkundungsfahrt durch Afrika, von denen ich mich ungern verabschiede. Warum? Wahrscheinlich unter anderem deshalb, weil sich meine Reise dem Ende zuneigt. Ich empfinde es als großes Glück, dass ich einen Beruf habe, der mir eine Recherche wie die der letzten Monate erlaubt. Aber nun ist eben alles bald vorbei. Da kommt Wehmut auf.

Das alleine ist es jedoch nicht. Ich glaube, mir hat Ouaga-dougou vor allem deshalb so gut gefallen, und es hat mich außer-dem überrascht, weil es eine – ja, eine bescheidene Stadt ist. Keine glitzernden Geschäftspaläste neben Straßenkiosken, keine Kara-wanen von Luxuskarossen neben Wasserträgern mit schweren Schubkarren, keine Slums neben prächtigen Villen hinter Fes-tungsmauern.

Ganz bestimmt gibt es auch hier wohlhabende Leute und jeden Komfort, den diese Leute schätzen. Aber er wird nicht so provozierend zur Schau gestellt wie in anderen afrikanischen Städten. Vielleicht wirkt Ouagadougou deshalb so friedlich, viel-leicht warnt mich deshalb niemand davor, nachts alleine die Straße entlang zu laufen.

Bamako ist anders. Interessanter, auch gefährlicher. Hier gibt es ein lebendiges Nachtleben und eine unüberschaubar große Zahl von Bars. Etwa 90 Prozent der Bevölkerung bekennt sich zum Islam, aber Mali ist ein laizistischer Staat. Kein Barbetreiber muss sich fürchten oder Bestechungsgelder zahlen, nur weil er Alkohol verkauft. Der wunderbar breite Fluss Niger, der durch Bamako fließt, vermittelt das trügerische Gefühl, es gebe Wasser im Überfluss. Eine Labsal nach den langen Fahrten durch trockene Steppen. Die Stadt ist bunt, laut, modern – und mancherorts erstaunlich teuer. In einer Boutique für Second-Hand-Mode hän-gen Kleider für umgerechnet 350 Euro. In meinem angenehmen, aber keineswegs luxuriösen Hotel kassiert der Kellner knapp vier Euro für eine Tasse Kaffee. Eine Preisgestaltung, die von dramati-schen sozialen Gegensätzen zeugt, denn Mali ist einer der ärms-ten Staaten der Welt. Aus mehreren Gründen.

Zwei Drittel des Landes bestehen aus Wüste und Halb-wüste, und die Versteppung raubt jedes Jahr weitere, vormals nutzbare Flächen. Das Bevölkerungswachstum lag 2009 bei 3,6 Prozent – ein Platz im afrikanischen Spitzenfeld, und das, ob-wohl der Kontinent in dieser Hinsicht ohnehin die am schnells-ten wachsende Region der Erde ist. 40 Prozent der Bevölkerung in Afrika sind jünger als 15 Jahre, weltweit sind es durchschnittlich nur 27 Prozent. Das bedeutet: 40 Prozent der afrikanischen Bevöl-kerung müssen ernährt, gekleidet und ausgebildet werden, ohne selbst etwas erwirtschaften zu können. In Ländern, die mit geringer Produktivität, mageren Ernten und widrigen Naturbedingungen zu kämpfen haben, ist ein Entkommen aus der Armutsfalle somit fast unmöglich. Gäbe es allerdings genug bezahlte Arbeitsplätze, die ein Leben in Würde ermöglichten: Die Geburtenraten wären auf Jahrzehnte hinaus kein Thema mehr. Denn noch immer ist der Kontinent ziemlich leer, jedenfalls verglichen mit einigen anderen Weltregionen.

In Mali kommt zu den oben geschilderten Problemen hinzu, dass die Erträge der beiden wichtigsten Exportgüter – nämlich Baumwolle und Gold – vollständig vom jeweiligen Weltmarktpreis abhängen. Produzenten und Politik sind den Schwankungen ohnmächtig ausgeliefert. Die Regierung will eine Verbreiterung der Produktpalette erreichen, damit die Wirtschaft nicht ins Bodenlose fällt, wenn der Preis für ein einziges Erzeugnis abstürzt. Aber eine solche Umstellung braucht Zeit. Und man muss sie auch wirklich wollen.

»Alle Aktivitäten konzentrieren sich auf die Stadt«, sagt Ousmane Niang. »In Wahrheit passiert nichts, gar nichts in den ländlichen Gebieten. Deshalb wandern ja auch so viele Leute aus den Dörfern ab und kommen hierher. Das ließe sich ändern, wenn die Priorität tatsächlich auf die Entwicklung des ländlichen Raumes gelegt würde. Aber es wird nur geredet, der politische Wille fehlt.« Der 35-jährige Geograf wirkt weder wütend noch abgeklärt, als er diese Sätze sagt. Sondern verzweifelt.

Ousmane Niang stammt aus dem benachbarten Senegal und beschäftigt sich seit Jahren im Auftrag internationaler Organisationen mit dem Thema Dezentralisierung. Gegenwärtig arbeitet er in Dakar bei der Rosa-Luxemburg-Stiftung und ist mit der Koordination von Projekten in ganz Westafrika befasst. Hier in Bamako hat er sich mit dem 46-jährigen Oumar Camara getroffen, einem Vater von vier Kindern, der bei der örtlichen Handelskammer für Umweltschutz und für die Verbesserung der städtischen Infrastruktur zuständig ist. Die beiden sind sich in vielem einig, vor allem im Hinblick auf die Probleme Afrikas und deren mögliche Lösung.

In der Dezentralisierung, also der größtmöglichen Autonomie für die kleinstmögliche Einheit, sehen sie einen Wert an sich: »Wenn wir es ernst meinen damit, dass der Staatsbürger sein Schicksal selbst in die Hand nehmen soll, dann funktioniert das nur über den Prozess der Dezentralisierung. Also darüber, dass er in einem für ihn überschaubaren Bereich eigene Entscheidungen treffen kann«, meint Oumar Camara. »In der Dezentralisierung besteht, allen Schwächen zum Trotz, die größte Chance zur Verbesserung der Situation.« Ousmane Niang stimmt zu: »Es ist die einzige Möglichkeit, auch die Leute in den politischen Prozess einzubinden, die kein abstraktes Verständnis von Politik haben.« Das gelte zumindest für einen großen Teil der Landbevölkerung. »Wir können die Lage nicht diskutieren, ohne die konkreten Bedingungen zu berücksichtigen, und die bedeuten vor allem: Armut. Die Leute haben schlicht andere Prioritäten als Tagespolitik.«

Wieder einmal höre ich in dieser Bar – in der wir uns eigentlich nur für einen Drink verabredet hatten, dann aber stundenlang streiten –, was ich seit vielen Jahren höre: Dezentralisierung wird als einzig möglicher Weg betrachtet, um das Ziel realer Demokratie und Selbstbestimmung zu erreichen. Das Mantra der Entwicklungsplanung. Auch ich habe daran lange geglaubt. Inzwischen bin ich nicht mehr so sicher.

Der dezentrale Ansatz kann kurzfristige, greifbare Erfolge erzielen. Es gibt Entscheidungsträger, die das mögen oder sogar darauf angewiesen sind. Politiker, die sich ihren Wählern erklären müssen und Vertreter internationaler Organisationen, die ihren Spendern zur Rechenschaft verpflichtet sind. Aber wenn das Geld für ein lokales Projekt ausgeht oder wenn eine Region als Hochburg der Opposition gilt und deshalb bestraft werden soll? Dann wird eine kleine Kurskorrektur nicht so viel nationalen Protest hervorrufen und auch nicht so viel internationale Aufmerksamkeit erwecken wie der Abschied von einem landesweit propagierten, teuren Reformprogramm. Für die Entscheidungsträger ist das erfreulich. Man könnte auch sagen: Von den Erfolgen dezentraler Programme können sie profitieren – für die Misserfolge werden sie nur in sehr beschränktem Umfang haftbar gemacht.

Meine Gesprächspartner sehen das anders. Das sei eine abgehobene, theoretische Position. Sie finden, wir sollten über Konkretes sprechen. Zum Beispiel: In verschiedenen Vierteln der Hauptstadt Bamako seien die Bürger inzwischen selbst für ihre Wasserversorgung verantwortlich. Die dafür notwendigen hydraulischen Pumpen seien von einer britischen Organisation zur Verfügung gestellt worden. Und jetzt läuft's? »Na ja. Die Bürger haben noch nicht die notwendige Kompetenz«, sagt Oumar Camara. Er spricht über Bohrlöcher und Wassersuche, über Technik, auch über Geld. »Die Leute haben ja bisher auch nicht das Gefühl eigener Verantwortlichkeit«, meint Ousmane Niang. Das sei aber doch das Wichtigste. »Da man die Bevölkerung nie nach ihrer Meinung gefragt hat, steht sie dem Ganzen noch gleichgültig gegenüber.« Oumar Camara: »Wenn die Bevölkerung kein Interesse entwickelt und nicht mitspielt, dann nützt das alles sowieso nichts.« Man habe allen erklärt: Die Engländer bringen uns Wasser. Aber nur dann, wenn die Anwohner 20 Prozent der laufenden Betreiberkosten selber tragen. »Weil die Armut so groß ist, haben sie es einfach nicht geschafft, die Gebühren zu zahlen«, sagt Camara.

Ich kann mir nicht helfen – ich fange an zu lachen. Das klingt so fürchterlich vertraut. Wann immer etwas nicht funktioniert, ist das allgemeine Elend schuld. Für die Einzelnen geht es in diesem Fall um Centbeträge. Ousmane Niang möchte eigentlich nicht lachen. Das merkt man. Und dann lacht er doch: »Schon wahr, manche Leute haben geglaubt, dass sie das Wasser auch bekommen, wenn sie nicht dafür bezahlen.« Aber viele seien tatsächlich zu arm, um die Gebühren aufbringen zu können.

Alle Probleme Afrikas lösen wir an diesem Abend erstaunlicherweise nicht, obwohl wir uns redlich mühen. Aber mir fällt wieder einmal auf, was ich schon in einigen anderen Ländern während dieser Reise gedacht habe: Die Angst ist weg. Die beiden Männer reden mit mir, einer ausländischen, ihnen unbekannten Journalistin, unbefangen und offen. Auch über politisch sensible Themen. Kein scheuer Blick zum Nachbartisch, um herauszufinden, ob fremde Ohren lauschen. Keine Bitte, diese oder jene Äußerung lieber nicht aufzuschreiben. Das war zu Beginn der 90er-Jahre ganz anders. Die damals berechtigte Sorge, man könne in Schwierigkeiten geraten, wenn man mit kritischen Äußerungen unliebsam auffällt, scheint geschwunden zu sein. Die Demokratie ist in Afrika angekommen. Nicht überall, aber vielerorts.

Mali gilt in dieser Hinsicht als vorbildlich. Seit 1992 hat das Land eine demokratische Verfassung mit einer funktionierenden Gewaltenteilung, und die Wahlen werden von internationalen Beobachtern als frei und fair bezeichnet. Auch die Menschenrechtslage wird als befriedigend eingeschätzt – wobei diese Bewertung allerdings von der Frage abhängt, was genau man zu den Menschenrechten zählt.

So werden nach wie vor fast 90 Prozent der Malierinnen »beschnitten«, das heißt: der weiblichen Genitalverstümmelung unterzogen. Das ist in vielen afrikanischen Staaten so, vor allem im Westen und Nordosten des Kontinents. UN-Organisationen und auch nichtstaatliche Vereine wie Amnesty International und Terre des Femmes stufen diese traditionelle Praxis, die seit über zweitausend Jahren existiert, als Menschenrechtsverletzung ein, als Verstoß gegen das Recht auf körperliche Unversehrtheit. Angesichts der möglichen medizinischen Folgeschäden und des – beabsichtigten – Verlusts sexueller Empfindungsfähigkeit bei den meisten Formen der Beschneidung scheint das eine bloße Selbstverständlichkeit zu sein. Ist es aber nicht. Es ist kompliziert.

Die ersten Kampagnen gegen die Beschneidung weiblicher Geschlechtsorgane gab es im Kolonialzeitalter. Das Festhalten an der Tradition galt deshalb auch als eine Form des Protests gegen die Fremdherrschaft. Als christliche Missionare in den 20er-Jahren des letzten Jahrhunderts die Praxis bei den kenianischen Kikuyu bekämpften, entwickelte sich breiter, antikolonialer Widerstand. In den französischen Kolonien Westafrikas wurde als Reaktion auf die Eroberung durch Christen die Beschneidung zur islamischen Pflicht erklärt. Und das, obwohl afrikanische Mädchen aller Religionen beschnitten wurden.

Etwas anderes kommt hinzu. Bei jeder anderen Menschenrechtsverletzung wollen diejenigen, die sie verüben, denjenigen Schaden zufügen, die sie erleiden. Das gilt nicht für die weibliche Genitalverstümmelung. Eine Mutter, die ihre Tochter zur Beschneiderin bringt und selbst beschnitten ist, wünscht ihrem Kind nichts Böses. Sie hat andere Gründe für ihren Schritt: Es gehört sich so, das war schon immer so, das Mädchen wird andernfalls keinen Mann finden. Und: Wenn sich die Mutter aus grundsätzlichen Erwägungen heraus gegen eine Beschneidung entscheidet, dann übt sie damit zugleich Kritik an ihrer eigenen Mutter. Schwierig. In zahlreichen afrikanischen Ländern ist die Beschneidung inzwischen gesetzlich verboten. Untersuchungen zeigen jedoch, dass die Wirkung von Strafandrohungen in diesem Bereich begrenzt ist. Viele afrikanische Fachleute, darunter Ärztinnen, Soziologen, Intellektuelle, halten das Mittel der behutsamen Überzeugungsarbeit für sinnvoller. Andernfalls machten die Familien oder Dorfgemeinschaften die Schotten einfach dicht.

In diesem Streit der Meinungen möchte ich mich nicht einmischen, ich bin keine Expertin. Problematisch finde ich allerdings, dass die Verletzung der Menschenrechte von Frauen in Beurteilungen der jeweils spezifischen Situation eines Landes oft nach wie vor nur als Fußnote auftaucht, als eine Art lässlicher Sünde. Das gilt nicht nur für so komplexe Themen wie die weibliche Genitalverstümmelung. Es gilt auch für unspektakuläre Alltagsthemen, wie das Beispiel von Anick Diallo zeigt.

Um die Antwort auf eine vorhersehbare Frage vorwegzunehmen: Anick Diallo ist nicht beschnitten. Sie gehört außerdem zu jenen Afrikanerinnen, die Beschneiderinnen gerne im Gefängnis sehen wollen und für ein vollständiges Verbot jeglicher Form der Beschneidung eintreten. Wenn Anick Diallo mir all das nicht von sich aus erzählt hätte, dann hätte ich sie nicht danach gefragt. Sie hat mir ihre Informationen unaufgefordert geliefert.

Die Frage nach der eigenen Beschneidung ist nämlich die einzige Frage, die ich niemals – nicht ein einziges Mal – zu stellen gewagt habe, wenn ich einer afrikanischen Frau gegenübersaß. Da die Fronten so überaus klar zu sein scheinen und die Weltgemeinschaft inzwischen entschieden hat, wo die Guten und wo die Bösen sitzen, fürchtete ich stets, den Gesprächsfaden abzuschneiden, wenn ich danach fragte. Diese Auskunft muss meiner Ansicht nach freiwillig, unprovoziert gegeben werden, will man im Dialog bleiben. Wie im Fall von Anick Diallo.

Die 28-Jährige ist auffallend hübsch, bewegt sich elegant und trägt ein prächtiges Kleid, pink und lila, mit Goldstickerei. Man möchte »wow« sagen, wenn man sie trifft. Und man hat das Gefühl, dass sie diese Wirkung durchaus beabsichtigt. Seit ein-einhalb Jahren wohnt die junge Frau in einer gemieteten Dreizim-merwohnung, die mit allem ausgestattet ist, was hierzulande zum Komfort gehört. Polstergarnitur, Fernseher, Kühlschrank, Klimaanlage.

Anick Diallo hat Geschichte und Archäologie studiert. Lange habe ich darüber nachgedacht, ob mir – im Hinblick auf wirtschaftlichen und gesellschaftlichen Erfolg – eine blödsinni-gere Fächerkombination für eine Malierin einfällt als diese. Mir ist keine eingefallen. Aber Anick Diallo hat eben das Pech, dass sie sich ausgerechnet für diese Themen interessiert. Und das schon von Kindesbeinen an tat. »Mein Großvater hat immer so schöne Geschichten von früher erzählt.« Das fand sie spannend, und sie glaubt bis heute, dass diese frühen Erfahrungen für ihre berufliche Orientierung eine wichtige Rolle gespielt haben.

Die Familie war – erwartungsgemäß – wenig begeistert von ihrer Wahl. »Es gibt nicht viele archäologische Projekte, und die-jenigen, die es gibt, sind alle zumindest teilweise vom Ausland finanziert.« Der Markt ist also eng. Es ist drei Jahre her, dass Anick Diallo ihr Studium abgeschlossen hat. Gerade hat sie sich auf einen Posten in der öffentlichen Verwaltung beworben, sie be-zweifelt aber, dass sie in die engere Auswahl kommen wird. »Ich habe einige Angebote im Bereich Marketing erhalten.« Marketing also. Was heißt das konkret? Schulterzucken. Dann: »Ja. Im Grunde bin ich seit drei Jahren arbeitslos.« Die Familie sage nicht offen »siehste!«, aber es werde schon deutlich, dass sie genau das meine.

Wer ist denn eigentlich »die Familie«? Der Großvater mütterlicherseits ist Kleinbauer, der Großvater väterlicherseits Arzt. Die Mutter ist Hausfrau – was auch in Mali eine eher un-präzise Berufsbezeichnung ist –, der Vater lebt seit vielen Jahren in Frankreich und arbeitet dort im Bereich Wasser- und Forstwirt-schaft. Einmal im Jahr kommt er zu Besuch.

Anick Diallo ist als kleines Mädchen zum Vater gezogen und sollte sich in einer Familienkonstellation zurechtfinden, in der sie das älteste Kind war und in der sie auf einen Schlag sechs jüngere Halbgeschwister bekam. Eigentlich hätte sie in Frankreich zur Schule gehen sollen. Sie bekam Heimweh, sofort. Und kehrte nach wenigen Wochen zurück nach Mali.

Heute lebt die unverheiratete, kinderlose Frau allein in Bamako. Ein Skandal. »Die Gesellschaft akzeptiert es nicht. Es widerspricht unserer Kultur. Ich werde als Prostituierte angesehen.« Wenn die Umstände ihre Selbstständigkeit als unvermeidlich erscheinen ließen – etwa wegen eines Auslandsstipendiums –, dann würden sich Familie und Bekannte damit abfinden. Aber einfach nur so? Sie lebt ja ohne Not alleine in ihrer Wohnung. »Wenn ein Mann mich heiraten wollte, dann würden ihm seine Eltern davon abraten. Das habe ich mehrfach mitbekommen. Aber ich schere mich nicht um die Meinung der Leute.«

Tatsächlich? Sie schert sich darum nicht? Ein großes Wort. Anick Diallo ist als Christin erzogen worden, aber inzwischen zum Islam konvertiert. »Aus konventionellen Gründen.« So viel dazu, dass ihr die Meinung der Gesellschaft gleichgültig wäre. Sieht sie darin nicht selbst einen gewissen Widerspruch? »Ich hatte immer einen freien Geist. Jedem das Seine. Ich lasse andere Leute in Ruhe, sie sollen mich in Ruhe lassen.«

Niemand will ja von allen Leuten in Ruhe gelassen werden. Wer sind die Vertrauten von Anick Diallo? Zwei gute Freundinnen hat sie. Die eine lebt inzwischen in Kanada, sie ist weit weg, und die andere hat letztes Jahr geheiratet. »Mit der ist es schwierig geworden. Jetzt, wo sie verheiratet ist, stehen wir nicht mehr auf derselben gesellschaftlichen Ebene. Eine Frau, die verheiratet ist, muss sich bestimmten Regeln unterwerfen, sie verliert ihre Freiheit.« Pause. Dann sagt Anick Diallo: »Wenn der Traumprinz kommt, dann würde ich gerne heiraten.« Um sofort nachzuschieben: »Ich lasse mich von der Gesellschaft nicht in eine Ehe zwingen.«

Schütteln möchte ich sie. Nicht wegen ihrer Ansichten. Sondern weil mir auch nach stundenlanger Unterhaltung noch immer so unklar ist, welche Wünsche sie eigentlich für sich selber hat – und weil ich den Verdacht habe, dass sie das auch nicht genau weiß. 28 Jahre ist sie jetzt alt. Wo sieht sie sich denn selber in zehn Jahren? »Ich möchte verheiratet sein und mindestens vier, vielleicht sogar fünf oder sechs Kinder haben. Und ich würde gerne politisch aktiv sein. Für die Frauenrechte. Für die Angelegenheiten der Frauen.« Wenn ihr das gelänge, wenn sie einen einzigen Tag lang Präsidentin wäre – was würde sie bewirken wollen?

Darüber muss sie nur einige wenige Sekunden lang nachdenken. Dann sagt sie, rasch und entschieden: »Erstens: Jede Frau soll ihren Mann frei wählen dürfen und muss bei der Hochzeit erwachsen sein. Zweitens: Weibliche Genitalverstümmelung wird komplett verboten. Drittens: Es muss ein Weg gefunden werden, der vollständige Gleichberechtigung bei allen familiären Entscheidungen ermöglicht.«

Ich bin beeindruckt – und überrascht. So schnell, so radikal, so umfassend kann sie ihr Programm formulieren? Sie sollte wirklich in die Politik gehen. Anick Diallo macht eine abwehrende Handbewegung. »Keine Chance.« Meinen fragenden Blick beantwortet sie mit einer ausführlicheren Begründung und einem halben Lachen: »Ich bin nicht verheiratet. Die Hürden, die ich überwinden müsste, wären fast unüberwindlich. Ich habe ja nicht einmal einen sicheren Arbeitsplatz.«

Stimmt. Wovon lebt Anick Diallo eigentlich? Wovon bezahlt sie ihre Miete? Das bleibt ein wenig unklar. Ein Zimmer vermietet sie unter. Und außerdem hat sie einige gute Freunde, die ihr von Fall zu Fall behilflich sind. Ich schaue sie an, sie schaut zurück, und wir beide schweigen. Das lassen wir einfach mal so stehen. Schade, sehr schade, dass sie wohl wirklich keine Chance hat, in ein politisches Amt gewählt zu werden.

18. Ein freundlicher Abschied

Am nächsten Tag zeigt mir ausgerechnet die allerletzte Busfahrt, wo meine Grenzen liegen. Dass es keine Klimaanlage gebe, sei kein Problem, hatte mir der Fahrkartenverkäufer beruhigend versichert. Der Bus sei komfortabel, die Reise kurzweilig und jede Befürchtung absolut grundlos.

Lüge, Lüge, Lüge. Der Bus ist überhaupt nicht bequem, sondern verfügt nach meinem Eindruck über keinerlei Federung. Außerdem sind die Sitze so schmal und die Reihen so eng, dass ich unterwegs jede Sardine in der Dose beneide. Morgens um fünf stehe ich am Bahnhof in Bamako, gut gelaunt und ziemlich ausgeruht, trotz der frühen Uhrzeit. 27 Stunden später, am darauffolgenden Morgen um acht, komme ich als Wrack in Dakar an – die Hauptstadt des Senegal ist die letzte Station meiner Reise. Dazwischen lag das Grauen.

Es gab unterwegs durchaus malerische Szenerien zu bewundern. Traditionelle Ziehbrunnen, an denen Frauen in bunten Gewändern standen, riesige Affenbrotbäume, außerdem – ungewöhnlich in Ländern südlich der Sahara – immer wieder Pferdeherden. Die anpassungsfähigen Fleuve-Pferde wurden bereits im 6. Jahrhundert von Nordafrika aus in den Senegal gebracht und werden seither hier gezüchtet. Das fände ich unter anderen Umständen interessant, die karge Landschaft würde mir gefallen.

Aber ohne Klimaanlage mit dem Bus durch die Sahelzone: Davon kann ich nur abraten. Natürlich hätte man darauf kommen können, wenn man sich einen Rest gesunden Menschenverstands bewahrt hat. Man hätte auch auf halber Strecke übernachten können. Man hätte vieles tun können, aber man hat eben nicht. Ich jedenfalls habe nicht. Und deshalb sagt der Taxifahrer, als ich ihm die Adresse meines Hotels nenne, nach einem kurzen, prüfenden Blick: »Eigentlich möchte ich Sie lieber ins Krankenhaus fahren.« Das ist mir auch noch nicht passiert, und es ist nicht gut für mein Selbstbewusstsein. Meine Mitreisenden sehen nämlich weniger angegriffen aus.

Der Taxifahrer bringt mich dann doch ins Hotel, und wieder einmal habe ich Glück: Es ist meine vermutlich komfortabelste Unterkunft der letzten Monate, und ganz sicher schlafe ich in dem besten Bett, das ich während der Reise gefunden habe. Auch in anderer Hinsicht ist Dakar für mich unkompliziert und angenehm. Ousmane Niang, den ich ja schon in Bamako kennengelernt habe, trifft sich mit mir zu einem späten Mittagessen und bringt einen Freund mit, von dem er meint, dass er ein interessanter Gesprächspartner für mich sein könnte. Von da an muss ich mich um Kontakte nicht mehr bemühen – ich werde einfach weitergereicht. Wunderbar.

In der Innenstadt von Dakar habe ich fast das Gefühl, schon wieder in Europa angekommen zu sein. Das Warenangebot in den Geschäften und unser Restaurant erinnern mich an die nicht ganz so eleganten Stadtviertel von Paris, die Kellner könnten ihre Ausbildung in Frankreich genossen haben und der distinguierte, ältere Herr, der schräg gegenüber von uns den *Figaro* liest, sieht aus, als käme er geradewegs aus einer französischen Anwaltskanzlei. Erstaunlich ist all das nicht. Anders als viele andere afrikanischen Küstenstädte ist Dakar erst in der zweiten Hälfte des 19. Jahrhunderts unter französischer Herrschaft gegründet worden. Die Gegend um die heutige Hauptstadt lag abseits der traditionellen Handelsrouten nach Nordafrika, auch einen Hafen hat es in vorkolonialer Zeit hier nicht gegeben.

So ist Dakar bis heute französisch geprägt, in erheblich stärkerem Maße übrigens, als beispielsweise Nairobi britisch geprägt ist, das ja auch eine koloniale Gründung war. Was kein Zufall ist. Die französische Kolonialherrschaft basierte auf anderen Prinzipien als die britische. Paris setzte zur Stützung des eigenen Einflusses auf die Herausbildung einer lokalen Elite und war bereit, dieser Elite französische Bürgerrechte zu geben. Das hört sich aus heutiger Sicht so an, als habe es damals keinerlei rassistische Vorurteile gegeben. Diese Schlussfolgerung wäre falsch.

Das Integrationsangebot basierte nämlich auf der Vorstellung, die vollständige Anpassung der Kolonialisierten an die französische Kultur sei das einzig Wünschenswerte für alle Beteiligten. Die Beherrschten sahen das anders. Als Gegenbewegung entstand in der ersten Hälfte des 20. Jahrhunderts die Négritude. Ein energischer Widerspruch gegen die vermeintliche Kulturlosigkeit der Afrikaner: Die afrikanische Kultur sei weder exotisch noch gar minderwertig, sondern einfach anders – und sie habe ihren gleichberechtigten Platz neben anderen Kulturen. Den Kolonialisten wurde das Verbrecherische und Menschenverachtende ihres Handelns entgegengeschleudert. Einer der wichtigsten Vertreter der Négritude kam aus dem Senegal. Léopold Sédar Senghor, der 1960 der erste Präsident des unabhängigen Landes wurde.

Es gab eine Zeit, in der er genau das keinesfalls hatte werden wollen. Senghor war ein Vorkämpfer für afrikanisches Selbstbewusstsein, aber er entwickelte das in Abgrenzung zur europäischen Kultur. Diese Orientierung an Europa haben Kritiker ihm später vorgeworfen: Er sei nicht frei genug von dem kulturellen Wertesystem der imperialistischen Mächte. Politisch trat Senghor zunächst nur für eine Teilautonomie unter französischem Schirm ein, nicht für die vollständige Unabhängigkeit. Diese könne angesichts einer schwachen Wirtschaft nur eine Pseudo-Unabhängigkeit sein, so argumentierte er.

Diese Position war seinerzeit in Afrika nicht populär – aber absurd war sie nicht. Es ist ja wahr, dass die Unabhängigkeit der meisten afrikanischen Staaten an ihre Grenzen stieß, sobald es um Geld ging. Jahrzehntelang. Am Beispiel der ehemaligen französischen Kolonien lässt sich das besonders deutlich ablesen.

Das französische Angebot zur Integration hatte nämlich eine Kehrseite. Paris war vor allem daran gelegen, den französischen Einfluss in seinem früheren Imperium aufrechtzuerhalten. Dafür waren die Franzosen bereit, viel Geld zu bezahlen – noch Jahrzehnte nach der Unabhängigkeit finanzierten sie einigen ihrer ehemaligen Kolonien einen riesigen Militärapparat. Sie unterstützten selbst die schlimmsten Diktatoren, solange diese nur als Garanten dafür auftraten, den wachsenden anglophonen Einfluss in Afrika zurückzudrängen. Die langjährige französische Unterstützung für das verbrecherische Regime in Ruanda, das für den Machterhalt am Ende nicht einmal vor einem Völkermord zurückschreckte, ist ein besonders abstoßendes Beispiel.

Eine derart menschenverachtende Politik hatte Léopold Sédar Senghor sicherlich nicht vorhergesehen. Ihm ging es – zunächst – einfach um möglichst günstige Bedingungen für eine Kooperation und um weitestgehende Gleichberechtigung, nicht um Loslösung von der Kolonialmacht. Aber er erkannte bald, dass er sich dem Zeitgeist nicht entgegenstellen konnte. So wurde er denn 1960 Präsident des unabhängigen Senegal, nachdem eine kurzlebige Föderation mit der heutigen Republik Mali schon nach wenigen Monaten an politischen Meinungsverschiedenheiten zerbrochen war.

Der ehemaligen Kolonialmacht blieb Senghor bis zu seinem Tod 2001 eng verbunden. 1983 wurde er das erste afrikanische Mitglied der Académie française, seine letzten Lebensjahre verbrachte er in Frankreich. »Die Europäer nehmen Senghor vor allem als kulturelle Person zur Kenntnis, viel weniger als Politiker«, meint Ousmane Niang während unseres Mittagessens. Der Staatsmann war ein weltberühmter Dichter und Humanist, der übrigens 1968 auch den Friedenspreis des Deutschen Buchhandels erhielt – begleitet von wütenden Protesten demonstrierender Studenten vor der Frankfurter Paulskirche, die in dem Preisträger einen Handlanger der Imperialisten sahen.

Das war oberflächlich und ungerecht. Für eine romantische Verklärung des Wirkens von Senghor als Politiker besteht allerdings ebenfalls kein Anlass. Auch im Senegal gab es lange ein Einparteiensystem und staatliche Repressionen gegen Oppositionelle. Erst seit 2001 gilt in dem Land eine – weitgehend – demokratische Verfassung. Selbst Kritiker von Léopold Senghor erkennen jedoch seine Verdienste im Bereich der Kulturpolitik an, Verdienste, die bis heute nachwirken. In Dakar findet eine viel beachtete, internationale Kunstbiennale statt, es gibt hier modernes Theater und zeitgenössischen Tanz. Und die Frage, ob es eine eigenständige afrikanische Kunst gibt, stellt schon lange niemand mehr. Sie klänge heute nicht einmal provozierend, sondern nur albern.

Der Maler Mady Lefèvre empfängt mich in seiner Galerie im Stadtteil Dieuppel, einem freundlichen Viertel von Dakar mit gepflegten Reihenhäusern und kleinen Boutiquen. Wir sitzen auf schlichten, geschmackvollen Rattansesseln mit leuchtend grünen Kissen, umgeben von den Bildern des Künstlers. Der 40-Jährige hat sich nicht auf einen bestimmten Stil festgelegt. Einige Aquarelle zeigen Alltag, beispielsweise eine Gruppe von Tuareg in der Wüste oder eine Szene dörflichen Lebens. Andere Exponate sind abstrakt, unter Einbeziehung von Materialien wie Nägel, Stoffen oder Bonbonpapieren.

Der Sohn eines Juristen hat an der nationalen Kunstschule studiert, nachdem er zunächst eine Ausbildung als Choreograph absolviert hatte. Wie reagierte denn der Vater auf die Berufswahl des Sohnes? »Oh, mein Vater war zwar Jurist, aber er war auch Musiker. Er spielte Saxophon. Künstlerische Aktivitäten haben in unserer Familie immer eine große Rolle gespielt.« Ich möchte den Rechtsanwälten, die ich im kenianischen Nairobi kenne, nicht unrecht tun – aber ich kann mir bei keinem von ihnen vorstellen, dass sie begeistert wären, wenn Sohn oder Tochter erklärten, künftig als freischaffende Künstler leben zu wollen. Nach meinem Eindruck wird es noch ein wenig dauern, bis die bürgerliche Gesellschaft in Kenia einer künstlerischen Existenz denselben hohen Stellenwert einräumt wie der Ausbildung zum Arzt oder Juristen. Kenyatta war eben kein Senghor.

Der Künstler Mady Lefèvre beschränkt sich in seinem Wirken nicht auf die Malerei. Vor sieben Jahren fing er an, eine Gruppe von Tänzern zu unterstützen. »Niemand hat an den Erfolg geglaubt, aber es wurde ein Erfolg.« Plötzlich erhellt ein Lächeln sein bis dahin verschlossen, fast streng wirkendes Gesicht. »Es war eine ganz große Freude, diese Gruppe zu leiten und festzustellen, dass das Publikum ihre Arbeit auch anerkennt.« Fast alle Tänzer seien jetzt im Ausland erfolgreich: in Australien, in den USA, in Italien. Seither höre er allerdings nicht mehr so häufig von ihnen: »Ich bin ein bisschen betrübt, dass die jungen Leute nicht so oft anrufen, aber ich akzeptiere das.« Akzeptiert er das wirklich? Ich habe ähnliche Sätze schon ziemlich häufig von europäischen Mentoren gehört, ohne sie zu glauben. Manche Kränkungen scheinen universal zu sein.

»Die Kunst ist ein Zeichen meiner inneren, geistigen Welt, meiner Grundhaltung«, sagt Mady Lefèvre. »Damit kann ich mich anderen Leuten mitteilen.« Er deutet auf ein rötliches Netz, das über ein Bild gespannt ist: »Das soll dazu mahnen, dass die Menschen mit großer Geduld zusammenarbeiten müssen, um etwas Gutes zu schaffen. Das Leben ist wie ein Netz.« Sein Lieblingsbild heißt: »Licht der Seele«. In bräunlich-roten Farben ist es gehalten, aus deren Mitte heraus ein leuchtendes Gelb strahlt. Umgerechnet 1500 Euro soll es kosten. »Es hat eine Zeit gedauert, bis ich von meiner Kunst leben konnte. Aber inzwischen geht es.« Sogar im Ausland, in den USA und in Europa, seien Bilder von ihm ausgestellt worden, »dabei war ich selber noch nie da«. Er sieht etwas verwundert aus, als er das sagt – so, als käme es ihm seltsam vor, dass etwas derart Persönliches wie seine Kunstwerke ohne ihn an Orte gereist sind, die er nie gesehen hat.

Während wir uns unterhalten, schauen mehrfach seine Kinder herein, einmal kommen auch Freunde für einen kurzen Besuch in die Galerie. Sie liegt direkt neben seiner Wohnung. Auf meine Bitte hin zeigt Mady Lefèvre mir seinen Arbeitsplatz. Er könnte bescheidener kaum sein. Im Hinterhof seines Hauses steht eine Staffelei, daneben liegen Pinsel und Farbpaletten. Auf dem Boden sitzt ein Student und kopiert das Bild auf der Staffelei. Lebensfroh und friedlich wirkt die Atmosphäre. Ich glaube, ich bin heute einem zufriedenen Menschen begegnet.

Für den Mann, den ich am nächsten Tag treffe, gilt das sicher nicht – und er ist auch kein Angehöriger der Mittelschicht. Aber er wäre es so gern, so unfassbar gern. Ich denke, es ist angemessen, am Schluss dieser Reise, in der mir Bewohner aller sozialen Schichten dieses Kontinents viel Geduld, Hilfsbereitschaft und Gastfreundschaft erwiesen haben, auch einen Mann wie Mamour Fall zu Wort kommen zu lassen.

Dreimal hat er versucht, Europa mit dem Schiff zu erreichen. Vergeblich. Der erste Versuch 2006 kostete ihn umgerechnet etwa 750 Euro. Wenn die Familie zusammenlegt – sozusagen als Investition in die Zukunft und in der Hoffnung auf Geldsendungen des Auswanderers –, dann schaffen es auch viele der Ärmsten, irgendwie einen solchen Betrag zusammenzukratzen. Jemanden aufzutreiben, der den Transport übernimmt, ist ohnehin kein Problem. »Wenn du den Strand entlang gehst, dann findest du Schlepper«, erklärt Mamour Fall. Manche seiner Freunde hätten den Schritt ebenfalls gewagt. »Einige sind auf dem Meer gestorben, andere haben es nach Spanien geschafft.«

Er selbst kam beim ersten Mal bis vor die Küste Mauretaniens, dann geriet das überfüllte Boot in Seenot. Ein Freund, der Fischer war, habe ihm damals das Leben gerettet: »Er konnte sehr gut schwimmen und hat mir geholfen, an Land zu kommen.« Zweiter Versuch, dasselbe Boot. 90 Männer seien an Bord gewesen, 24 von ihnen seien unterwegs gestorben. »Sie haben ihre Hoffnung verloren – und ihren Verstand.« Sechs Tage hätte die Überfahrt dauern sollen, drei lange Wochen trieben sie auf dem Meer. Die Mannschaft hatte die Orientierung verloren. Irgendwann gab es kein Trinkwasser mehr. Wieder strandeten sie in Mauretanien, wieder ging es zurück in den Senegal.

Beim dritten Versuch gelang die Überfahrt auf spanisches Territorium. Nach tatsächlich nur sechs Tagen landeten die Passagiere auf der Insel Gran Canaria. Der Großvater von Mamour Fall hatte gute Beziehungen zum Kapitän dieses neuen Schiffes, deshalb kostete den Enkel die Fahrt nur knapp 400 Euro. Er wurde gemeinsam mit den anderen Reisenden in einem Flüchtlingslager untergebracht, 39 Tage lang. In dieser Zeit verhandelten Spanien und der Senegal über seine Zukunft.

Dann wurden die Flüchtlinge in ein Flugzeug gesetzt. »Wir dachten, jetzt geht es aufs spanische Festland.« Es ging aber zurück in den Senegal. Die Maschine landete in Saint-Louis, einer Küstenstadt im Nordwesten des Landes, die lange die Hauptstadt des Senegal gewesen war. »Einige Leute sind wahnsinnig geworden vor Schmerz. Die Enttäuschung war so groß.«

Mamour Fall ist nicht wahnsinnig geworden. Er will es wieder versuchen. »Hier ist die Lage für mich hoffnungslos, ich habe gar keine andere Wahl. Irgendwann schaffe ich es ins Ausland. Ich bin sicher.« Ich bin ziemlich sicher, dass er sich irrt. Aber er hat vermutlich recht, wenn er seine Lage hier als hoffnungslos bezeichnet. Aufgewachsen ist er in einem Dorf, 150 Kilometer von Dakar entfernt. Dort hat er, wie er sagt, die Grundschule besucht. Ich weiß nicht, ob er lesen und schreiben kann. Zwei Drittel der Bevölkerung des Senegal können es nicht, und die meisten von ihnen leben auf dem Land. 2003 kam Mamour Fall nach Dakar. Heute bezeichnet sich der Mann als Rapmusiker. Er trägt eine überdimensional große Uhr mit auffallendem, goldenem Plastikarmband und eine Fankappe der Lakers, des berühmten Basketballvereins von Los Angeles. Ja, er fällt auf – was er zweifellos will –, und wahrscheinlich gibt es Leute, die ihn cool finden. Ich wünsche es ihm. Aber Geld verdient er mit seiner Musik nicht.

Natürlich möchte er gerne einen Produzenten finden, der eine CD von ihm veröffentlicht. Doch wie soll ihm das gelingen? Und da dies hier kein Roman ist, in dem ein unerkanntes Genie durch Fügung endlich zu seiner wahren Bestimmung findet, sei der Wahrheit die Ehre gegeben: Selbst wenn Musikproduzenten bereit wären, ihm zuzuhören – nach einer kleinen Privatvorstellung, die er mir gegeben hat, bezweifle ich, dass sein Lebensweg dadurch einen anderen Verlauf nehmen würde.

Na und? Ändert Talentlosigkeit irgendetwas an dem Recht auf menschenwürdige Existenz? Die kitschige Geschichte, in der ein armer, aber hochbegabter Junge – nein, kein Mädchen, diese Geschichte ist reaktionär – entdeckt wird und sein Glück macht, liefert ja nicht nur die Grundlage für viele Träume der Ärmsten der Armen. Sie steht auch Pate in ungezählten Fällen, in denen Europäer die Schulgebühren für ein Slumkind bezahlen oder sich von einer Organisation ein Patenkind aus einer armen Familie vermitteln lassen. Sehr oft steht dahinter der Wunsch, einen künftigen Nobelpreisträger gefördert zu haben – oder doch wenigstens einen Arzt, der Leiden lindert. Als ob es nicht auch sehr erfreulich ist, wenn jemand sein Leben als Angestellter im Bereich der kommunalen Abwasserentsorgung führen kann, weil er die Chance hatte, eine Schule zu besuchen.

Mamour Fall ist derzeit als Straßenhändler unterwegs und verkauft Produkte des Affenbrotbaumes. Aus den Samen lässt sich Öl gewinnen, andere Teile des Baumes werden als Medizin verwendet, die Blätter kann man als Gemüse essen und die Fasern unter der Rinde eignen sich für die Herstellung von Seilen, Netzen und Körben. Sehr nützlich, aber eine halbwegs gesicherte Existenz kann man als einzelner Verkäufer damit nicht begründen. Der 30-jährige Mamour Fall ist unverheiratet und kinderlos.

Ob ich ihn nicht mitnehmen könne nach Deutschland, fragt er. »Warum ist es für Sie so viel leichter, hierherzukommen, als für mich, nach Europa zu gelangen?« Auf diese Frage gibt es viele Antworten. Aber keine, von der ich annehme, dass Mamour Fall sie befriedigend fände.

Wenige Stunden vor meinem Rückflug treffe ich Ousmane Niang auf einen letzten Drink. Ich habe das Gefühl, dass wir inzwischen alte Bekannte sind, obwohl wir uns doch erst vor wenigen Tagen in Bamako zum ersten Mal begegnet sind, und ich erzähle ihm von meiner Begegnung mit Mamour Fall. Seine spontane Reaktion verwirrt mich zunächst: »Ja, der Begriff der Mittelschicht ist abstrakt. Er hängt vom jeweiligen Kontext ab, von der wirtschaftlichen Situation. Ob ich als Mittelschicht oder als Oberschicht definiert werde, ist eine Frage des Standpunkts.«

Oberschicht? Wovon spricht Ousmane im Zusammenhang mit einem Leben wie dem von Mamour Fall? Dann begreife ich: Der Akademiker, der für eine ausländische Organisation tätig ist, spricht von sich selbst, von seiner eigenen Stellung in der Gesellschaft – und davon, wie Mamour Fall diese Stellung definieren würde. Als Oberschicht, selbstverständlich.

So würde ich die Stellung von Ousmane Niang gewiss nicht beschreiben. Meiner Ansicht nach täte das niemand in Europa. Aber die Frage, wer zur afrikanischen Mittelschicht gehört und wer nicht, ist eben auch keine Frage mehr, die von Europa aus beantwortet werden kann oder sollte. Jedenfalls nicht alleine von Europa aus. Die Gesellschaften in den Staaten südlich der Sahara haben inzwischen ein eigenes Koordinatensystem entwickelt. Wir können hinschauen und zuhören. Mit letzten Worten und endgültigen Definitionen sollten wir uns zurückhalten.

So fürchterlich wichtig finden viele Afrikanerinnen und Afrikaner es ohnehin nicht mehr, was Europa von ihnen hält.

Wenn ich auf dieser Reise eine neue Erkenntnis gewonnen habe, dann ist es diese: Wir sind nicht mehr das Maß aller Dinge. Das kann man betrüblich finden. Ich finde es vielversprechend.

Es wird Zeit, zum Flughafen zu fahren. Meine Reise ist zu Ende. Eine Reise, bei der ich kein einziges Mal in eine Situation gekommen bin, in der ich Anlass zu Angst oder auch nur zur Sorge gehabt hätte, sieht man von dem sportlichen Ehrgeiz einzelner Bus- oder Taxifahrer ab. Nirgendwo wurde ich bestohlen, niemals wurde ich Opfer von Gewalt. Kein einziges Mal bin ich krank geworden, es sei denn, man will Halsschmerzen infolge überhöht eingestellter Klimaanlagen als Krankheit bezeichnen. Niemand hat mich bedroht, niemand hat mich je beschimpft.

Monatelang war ich ganz alleine unterwegs, überwiegend mit öffentlichen Verkehrsmitteln. Fast überall haben Leute mir geholfen, völlig selbstlos, ohne mich zu kennen oder irgendetwas von mir erwarten zu dürfen. Manchmal war das, was ich brauchte oder wollte, für diese Leute ziemlich lästig. Sie waren – seufzend – dennoch bereit, Verantwortung für mich zu übernehmen. So, wie sie für ihr eigenes Leben und ihre Gesellschaft weit mehr Verantwortung übernehmen, als das der Rest der Welt zur Kenntnis nimmt. Was bleibt? Dankbarkeit.

Danksagung

Alle Bücher, die erscheinen, haben viele Autoren. Nicht nur diejenigen, die auf dem Einband stehen. Jeder Text bedarf nämlich der Unterstützung anderer, die selbstlos – oder weil ihnen das Thema gefällt – bereit sind, Hilfestellung zu leisten. Das vorliegende Buch hat besonders viele Verfasser. Anders ausgedrückt: Nur mit der Hilfe all derer, die der Autorin ihre Zeit, ihre Kraft und vor allem ihr Vertrauen geschenkt haben, konnte es entstehen. Das sind, zunächst und vor allem, alle Afrikanerinnen und Afrikaner, die bereit waren, freimütig mit mir über ihre Biografien und ihre Lebensbedingungen zu sprechen. Oder auch, ganz einfach: meine organisatorischen Probleme zu lösen.

Einige dieser Männer und Frauen werden in dem Buch vorgestellt. Andere bleiben unsichtbar. Diejenigen, die nicht erwähnt werden, haben nicht notwendigerweise eine geringere Rolle gespielt als die Gesprächpartner, die in dem Text vorkommen. Dankbar bin ich allen.

Mein Dank gilt darüber hinaus meiner Lektorin Carmen Kölz, ohne deren unerschöpflich scheinende Geduld und deren Vertrauen in das Buch ich es vermutlich nicht gewagt hätte, den Plan überhaupt in Angriff zu nehmen. Zur Seite stand mir außerdem – wieder einmal, wie inzwischen schon seit vielen Jahren – meine Agentin Erika Stegmann: ein Fels in der Brandung.

Georg Löwisch hat keinen Hilferuf ungehört verhallen lassen, auch dann nicht, wenn er selbst nicht wusste, wo ihm der Kopf stand. Dominic Johnson führte mich durch das Dickicht des Kongo, in dem er sich besser auskennt als fast alle anderen Ausländer. Professor Helmut Asche verhinderte wenigstens einige inhaltlichen Fehler – für diejenigen, die sich noch immer in dem

Buch finden, kann er nichts! – und machte Verbesserungsvor-schläge, »nach denen man kochen kann«, wie er selbst sagte. Sollte heißen: Er verlangte nicht, dass ich meinen Text in einen wissen-schaftlichen Aufsatz verwandelte. Sondern bemühte sich darum, in einem journalistischen Manuskript zurückhaltend nur das zu korrigieren, was für ihn als Wissenschaftler gänzlich inakzeptabel war. Auch dafür bin ich ihm dankbar.

Ebenso wie vielen anderen, die an der Entstehung dieses Manuskripts beteiligt waren.

»Amerikaner sind vom Mars,
Europäer von der Venus«

Christoph von Marschall
Amerikaner sind vom anderen Stern
Warum sie an Barack Obama hassen, was wir lieben
224 Seiten / Gebunden mit Schutzumschlag
ISBN 978-3-8218-6552-2

Seit 2009 haben die USA einen Präsidenten, der scheinbar europäische Positionen vertritt: Krankenversicherung für alle, Abzug aus Irak und Afghanistan, Schließung Guantanamos, Verschärfung der Finanzaufsicht. Doch den US-Bürgern geht sein Kurs zu weit, sie sind von ihm enttäuscht. T-Party-Bewegung, Politische Lobbys und Bürgerproteste zwingen Obama, amerikanischer zu werden. Uns dagegen gehen seine Reformen nicht weit genug, deshalb sind auch wir Europäer enttäuscht.

Christoph von Marschall erklärt uns die unterschiedlichen politischen Kulturen und entlarvt typische Ressentiments auf beiden Seiten. Denn je länger Obama regiert, desto mehr entfernt sich Amerika wieder von uns.

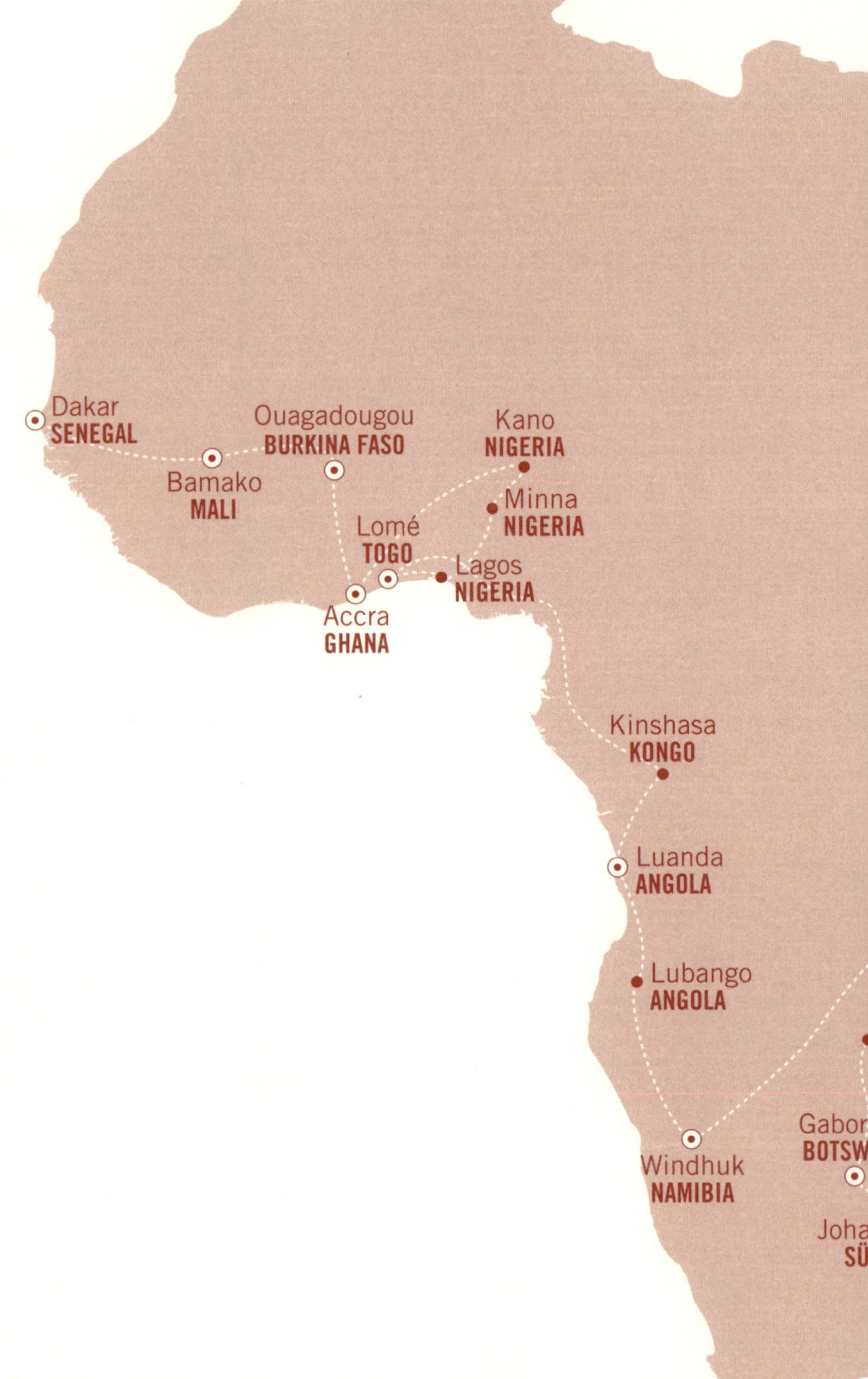

Dakar
SENEGAL

Ouagadougou
BURKINA FASO

Kano
NIGERIA

Bamako
MALI

Minna
NIGERIA

Lomé
TOGO

Lagos
NIGERIA

Accra
GHANA

Kinshasa
KONGO

Luanda
ANGOLA

K
S

Lubango
ANGOLA

S

Gaboro
BOTSWA

Windhuk
NAMIBIA

Johan
SÜD